지브리의 천재들

지브리의 천재들

전 세계 1억 명의 마니아를 탄생시킨
스튜디오 지브리의 성공 비결

スタジオジブリ作品
STUDIO GHIBLI

스즈키 도시오 지음

이선희 옮김

Miyazaki
Takahata

스튜디오 지브리의 대표작

1
1. **「모노노케 히메」** : 미야자키 하야오 감독의 작품으로 디즈니와 제휴를 통해 스
튜디오 지브리를 전 세계적인 기업으로 성장하게 해준 작품.

1 2

1. 「이웃집 토토로」 : 미야자키 하야오 감독의 애니메이션으로 극장 흥행에는 큰 성공을 거두지 못했지만 DVD 판매, 토토로 인형 등이 뒤늦게 인기를 끌면서 스튜디오 지브리의 공식 로고로 사용하게 될 만큼 세계적으로 인지도가 높은 작품.

2. 「마녀 배달부 키키」 : 사랑스러운 초보마녀 키키가 검은 고양이 지지와 함께 마법 수련을 떠나는 내용의 미야자키 하야오 감독의 애니메이션.

1. 「추억의 마니」 : 요네바야시 히로마사 감독의 두 번째 작품. 그는 이 작품을 통해 미술과 음악 등에 관여하며 연출가로서 폭을 넓혔다.

2. 「마루 밑 아리에티」 : 요네바야시 히로마사 감독의 데뷔작. 지브리 스튜디오가 감독 중심에서 기획 중심으로 나아가는 발판이 된 작품이다.

1

1. 「센과 치히로의 행방불명」: 2002년 베를린 국제 영화제 금곰상, 2003년 아카데미 장편 애니메이션 작품상을 수상한 미야자키 하야오 감독의 대표작.

1

1. 「하울의 움직이는 성」: 국내 관객만 261만 명을 모은 미야자키 하야오 감독의
작품으로 제78회 아카데미상 장편 애니메이션 후보에 오르기도 했다.

1	2
3	4

1. 「천공의 성 라퓨타」 : 1986년에 개봉한 미야자키 감독의 초기작.
2. 「추억은 방울방울」 : 1991년에 제작된 다카하타 이사오 감독의 대표작.
3. 「붉은 돼지」 : 1992년에 제작된 미야자키 감독의 대표작.
4. 「귀를 기울이면」 : 콘도 요시후미 감독의 지브리 스튜디오 최초 로맨스 애니메이션.

1	2
3	4

1. 「**코쿠리코 언덕에서**」: 미야자키 하야오 감독의 아들인 미야자키 고로가 연출을 맡아 화제가 된 작품.

2. 「**바람계곡의 나우시카**」: 미야자키 하야오의 초기 작품. 이 작품을 통해 스튜디오 지브리가 탄생하게 되었다.

3. 「**이웃집 야마다군**」: 4컷 만화에서 출발한 다섯 가족의 감동 스토리. 다카하타 감독의 연출력이 돋보이는 작품이다.

4. 「**게드전기**」: 마법사 게드와 아렌 왕자의 모험 이야기로 미야자키 고로가 감독으로서 자리매김하는 데 결정적 역할을 했다.

1. **「벼랑 위의 포뇨」**: 2008년 개봉한 미야자키 감독의 히트작. 당시 OST가 폭발적 인기를 끌며 관객을 불러모았다.

1

스튜디오 지브리에서 탄생한 작품들

1984년　3월　「바람계곡의 나우시카」(미야자키 하야오 감독) 개봉.

1985년　6월　(주)스튜디오 지브리, 기치조지에서 탄생.

1986년　8월　「천공의 성 라퓨타」(미야자키 하야오 감독) 개봉

1988년　4월　「이웃집 토토로」(미야자키 하야오 감독) 개봉.

　　　　　　　「반딧불이의 묘」(다카하타 이사오 감독) 개봉.

1989년　7월　「마녀 배달부 키키」(미야자키 하야오 감독) 개봉.

1991년　7월　「추억은 방울방울」(다카하타 이사오 감독) 개봉.

1992년　7월　「붉은 돼지」(미야자키 하야오 감독) 개봉.

　　　　　8월　고가네이시에 제1 스튜디오 완성.

1994년　7월　「폼포코 너구리 대작전」(다카하타 이사오 감독) 개봉.

1995년　7월　「귀를 기울이면」(콘도 요시후미 감독) 개봉.

1997년　7월　「모노노케 히메」(미야자키 하야오 감독) 개봉.

1999년　7월　「이웃집 야마다군」(다카하타 이사오 감독) 개봉.

2001년　7월　「센과 치히로의 행방불명」(미야자키 하야오 감독) 개봉.

　　　　10월　미타카의 숲 지브리 미술관 개관 (관장 미야자키 하야오)

2002년　2월　「센과 치히로의 행방불명」 제52회 베를린 국제영화제에서 금
　　　　　　　곰상 수상.

　　　　　7월　「고양이의 보은」(모리타 히로유키 감독) 개봉.

2003년　3월　「센과 치히로의 행방불명」
　　　　　　　제75회 미국 아카데미상 장편 애니메이션 영화상 수상.

2004년　9월　「하울의 움직이는 성」(미야자키 하야오 감독)
　　　　　　　제61회 베네치아 국제영화제에서 오젤라상 수상.

　　　　11월　「하울의 움직이는 성」 개봉.

2005년　4월　(주)도쿠마쇼텐에서 (주)스튜디오 지브리로 독립.

	9월	미야자키 하야오 감독, 제62회 베네치아 영화제에서 영예금 사자상 수상.
2006년	7월	「게드전기」(미야자키 고로 감독) 개봉.
2008년	7월	「벼랑 위의 포뇨」(미야자키 하야오 감독) 개봉.
2010년	7월	「마루 밑 아리에티」(요네바야시 히로마사 감독) 개봉.
2011년	7월	「코쿠리코 언덕에서」(미야자키 고로 감독) 개봉.
	9월	미야자키 하야오 감독, 장편영화 은퇴 기자회견.
2013년	7월	「바람이 분다」(미야자키 하야오 감독) 개봉.
	11월	「가구야공주 이야기」(다카하타 이사오 감독) 개봉.
2014년	7월	「추억의 마니」(요네바야시 히로마사 감독) 개봉.
	11월	미야자키 하야오 감독, 아카데미 명예상 수상.
2016년	9월	「레드 터틀 - 어느 섬 이야기」(미카엘 뒤독 더 빗Michaël Dudok de Wit[1] 감독) 개봉.
2017년	6월	아이치현, 지브리파크 구상 발표(2022년 개장 예정).
2018년	4월	다카하타 이사오 감독 사망.
		「그대들, 어떻게 살 것인가」(미야자키 하야오 감독) 개봉 미정.

1　네덜란드 출신으로 영국에서 활동하는 애니메이터이자 영화감독

차례

(1장) 바람계곡에서 토토로의 숲으로

(2장) 지브리의 첫 도전

3장   영화를 만드는 일은 엄청난 도박이다

4장   감독 은퇴? 천재들의 대화

THE GENIU

바람계곡에서
토토로의 숲으로

1   바람계곡의 나우시카

– 도박으로 돈을 잃어주고 만든 영화

시작은 내가 도쿠마쇼텐이라는 출판사에 다니던 1970년대로 거슬러 올라간다. 지금은 많은 사람들이 동경하는 직업이지만, 당시만 해도 편집자나 신문기자라고 하면 정상적인 직업으로 보지 않았다. 심지어 취직한 지 1년이 지나 고향에 내려갔더니, 어머니는 나지막한 목소리로 이렇게 말했다.

"동네 사람들에게는 아직 대학에 다닌다고 했으니까 그렇게 알고 있거라."

얼마 뒤 나는《아사히 예능》이란 주간 잡지의 기자로 일했다. 당시에는 혈기왕성한 선배 기자가 많아서 편집부 안에서 "결투다!"라고 소리치며 싸우기도 하고, 야쿠자를 취재하고 돌아온 기자가 옆에서 피를 흘리며 원고를 쓰기도 하는 등 지금으로선 상상도 할 수 없는 일이 벌어지곤 했다. 나도 사건 현장을 취재하다 경찰서에 불려간

적도 있고 시퍼런 식칼로 위협당한 적도 있다. 그러면서 매주 기사를 썼으니, 목숨을 걸고 일했다고나 할까?

그런 경험을 쌓으면서 《TV랜드》라는 잡지의 편집자로 일하고 있던 어느 날이었다. 《아사히 예능》의 기획부장을 지내고 《아니메주》라는 애니메이션 잡지의 창간을 준비하던 오가타 히데오라는 사람이 회사 옆에 있는 커피숍으로 나를 불러냈다. 편집자는 모두 셋집에 살던 시대에 일찌감치 자기 집을 사는 등 여러모로 독특한 사람이었다.

그는 나를 보자마자 《아니메주》를 맡으라고 말했다.

"지난 6개월 동안 외부 프로덕션과 함께 준비해왔는데 결국 싸우고 갈라섰어. 원고를 인쇄소에 넘겨야 하는 날까지 이제 2주밖에 안 남았네……."

애니메이션의 '애'자도 모르는 내게 애니메이션 잡지를 만들라니. 더구나 직원도 없다고 한다. 당연히 거절했지만 그는 몇 시간 동안이나 애원하며 쉽게 놔주지 않았다. 결국 나는 그의 제안을 승낙할 수밖에 없었다.

"아무것도 없는 상태에서 원고는 어떻게 하죠?"

"애니메이션을 좋아하는 여고생을 세 명 소개해줄 테니까 그들의 이야기를 들어보게."

며칠 뒤 그가 소개해준 여고생들을 만났다. 그리고 그들의 말을 듣는 사이에 조금씩 눈이 뜨이기 시작했다. 내가 어렸을 때에는 「우주소년 아톰」이나 「에이트맨」을 보지 않는 친구들은 한 명도 없었다. 그런데 요즘 아이들은 특정 캐릭터에 열광하고 그 캐릭터를 그린 만화가를 만나러 가기도 한다. 즉, 애니메이션 캐릭터가 아이돌이 된 것이다.

창간호는 118쪽이었다. 사람들이 다시 보고 싶어 하는 애니메이션이나 독자 페이지를 만들면 페이지를 채울 수 있지 않을까라는 아이디어가 떠올랐을 때, 여고생들이 「태양의 왕자 호루스의 대모험」이란 애니메이션을 가르쳐주었다.

'좋아, 이 작품에 대해 쓰면 8쪽을 벌 수 있겠어!'

나는 「태양의 왕자 호루스의 대모험」을 만든 감독에게 코멘트를 얻기 위해 다카하타 이사오라는 사람에게 전화를 걸었다. 직접 만나 부탁할 요량이었다. 그런데 전화기 건너편에서 냉정한 말이 돌아왔다.

"왜 만나야 하지요?"

나는 당황하면서도 주저리주저리 이유를 설명했다. 한 시간쯤 물고 늘어졌을 때 다카하타가 이렇게 말했다.

"나는 인터뷰를 하고 싶지 않습니다. 하지만 그 작품을 같이 만든 미야자키 하야오라는 사람은 다르게 생각할 수도 있습니다. 지금 내 옆에 있는데, 바꿔줄까요?"

전화를 받은 미야[2]의 대답은 달랐다.

---

2   미야자키 하야오 감독의 애칭.

"이야기는 옆에서 대충 들었습니다. 저는 인터뷰를 하겠습니다. 그 대신 8쪽이 아니라 16쪽으로 해주십시오. 이 작품에 대해서 말할 때, 노동조합 활동까지 제대로 설명하지 않으면 제가 하고 싶은 말이 전해지지 않으니까요."[3]

미야의 호의에도 불구하고 두 사람의 취재는 성사되지 못했다. 대신 호루스 역을 맡은 오카타 히사코와 그룬왈드 역을 맡은 히라 미키지로의 코멘트를 싣는 선에서 가까스로 창간호를 마무리했다.

두 사람의 존재가 계속 마음에 걸려 있던 어느 날, 이케부쿠로 문예좌 극장에서 주최하는 애니메이션 대회에서 「태양의 왕자 호루스의 대모험」을 상영한다는 말을 들었다. 나는 그때까지 애니메이션 잡지를 만들면서 "잘 팔리는 걸 만들면 되겠지 뭐"라는 막연한 생각을 가지고 있었다. 그런데 「태양의 왕자 호루스의 대모험」을 보고 깜짝 놀랐다. 그 두 사람이 이렇게 깊이 있는 만화를 만들었단 말인가!

그래서 「쟈린코 치에」 극장판을 만들고 있던 다카하타를 취재하러 갔다. 그랬더니 「태양의 왕자 호루스의 대모험」의 작화감독이자 「루팡 3세」 시리즈로 유명한 오쓰카 야스오가 우리를 보고 말했다.

"여기서 이러지 말고 둘이 근처의 커피숍이라도 다녀오게."

---

3   「태양의 왕자 호루스의 대모험」은 도에이동화 노조가 격렬한 투쟁을 하는 와중에 만든 작품이다.

그런데 아무리 걸어도 커피숍이 보이지 않아 한참을 헤매게 되었다. 덕분에 스스럼없이 말하게 됐을 때쯤 겨우 커피숍이 눈에 들어왔다. 다카하타는 자리에 앉자마자 작품 이야기를 꺼냈다. 잊을 수 없는 세 시간이 지나고, 그는 마지막으로 이렇게 말했다.

"이 이야기를 정리할 수 있다면 해보십시오."

그 말을 듣고 머리끝까지 화가 났던 기억이 지금도 생생하다.

한편 당시 미야는 「루팡 3세 : 칼리오스트로의 성」을 제작하고 있었다. 그는 나중에 그때를 회상하면서 "수상쩍은 녀석이 왔다고 생각했지"라고 했지만, 당시에는 나를 보고 이렇게 말했다.

"애니메이션 붐을 타고 장삿속으로 만든 《아니메주》에는 호의를 가질 수 없습니다. 그런 잡지와 인터뷰를 한다면 내가 더러워지지요. 당신과는 말하고 싶지 않습니다."

그 말을 듣고 화가 나서 의자를 가져와 그의 옆에 앉았다. 그래도 그는 나를 상대해주지 않고 그림만 그릴 따름이었다. 점심과 저녁도 가져온 도시락으로 5분 만에 끝냈다. 한밤중이 되어도 입도 벙긋하지 않더니, 새벽 3시쯤 되었을까? 그가 이렇게 말하며 자리에서 일어섰다.

"이만 집에 가겠습니다. 내일은 9시까지 출근해야 하니까요."

그것이 미야 감독과의 첫 커뮤니케이션이었다.

할 수 없이 이튿날 아침에 또 찾아갔다. 그가 내게 말을 걸어준 것은 사흘째였다. 「루팡 3세 : 칼리오스트로의 성」의 첫 부분에 나오는 카체이싱 장면을 그리다가 나를 쳐다보며 물었다.

"이런 때 쓸 만한 전문용어는 없나요?"

그러자 나와 같이 갔던 가메야마 오사무라는 동료가 대답했다.

"경륜에서는 '추입젖히기'[4]라고 합니다."

미야가 내게 스스럼없이 말하기 시작한 것은 그때부터였다. 나는 어느새 매일 두 사람을 만나러 가게 되었다. 그리고 모든 열정과 에너지를 작품에 쏟는 두 사람을 보고 감탄을 금할 수 없었다.

'어떻게 이렇게까지 열심히 일할 수 있지? 요즘 진정한 작가는 이런 곳에 있나?'

그 무렵 내가 존경하는 작가는 요시유키 준노스케[5] 정도밖에 없었는데, 놀라우리만큼 금욕적이며 엄격한 프로정신을 지닌 사람이 그곳에 있었다. 그들이 바로 다카하타 이사오와 미야자키 하야오다.

애니메이션을 관두고 만화가가 될까?

두 사람과 친해졌을 무렵, 그들에게 「리틀 네모」의 기획이 도착했다. 후지오카 유타카라는 프로듀서가 미국에서 애니메이션 영화를

---

4   경륜에서 바깥쪽에서 코스의 경사면을 이용해서 결렬하게 몰아넣는 주법.
5   일본의 작가. 대표작으로 『모래 위의 식물군』 등이 있다.

만들어 일본에서 흥행시키겠다고 결심한 뒤, 「스타워즈」를 제작한 게리 커츠Gary Kurtz 를 미국의 프로듀서로 삼은 것이다. 그는 일본의 애니메이션을 모조리 보고 나서 다카하타를 선택했다. 그리하여 다카하타와 미야는 미국 LA에 가서 현지 스태프와 함께 「리틀 네모」 제작에 들어갔는데, 작품을 만드는 사이에 편집권을 둘러싸고 문제가 발생했다. 미국에서 편집권을 가진 사람은 프로듀서뿐이다. 다카하타와 미야는 그것에 불만을 품고 일본으로 돌아왔는데, 그와 동시에 일자리를 잃고 말았다.

그 무렵 미야는 "애니메이션을 관두고 만화가가 될까?"라고 말하면서도, 한편으로 애니메이션 영화를 만들 방법이 없는지 모색했다. 당시 도쿠마쇼텐에서는 도쿠마 야스요시 사장이 앞장서서 영상과 음악, 활자의 융합을 주장하고 있었다.

"좋은 기획이 있는 사람은 영화기획위원회로 가져와!"

그 말을 듣고 나는 미야에게 의논해서 「하야오 전기」와 「전국마성」이라는 두 개의 기획을 가져갔다. 그런데 그 기획을 보고 기획위원 중 한 사람이었던 Y라는 프로듀서가 이렇게 말하는 게 아닌가.

"이봐, 영화란 건 그렇게 간단한 게 아니야. 원작도 없는 걸 어떻게 영화로 만들어?"

미야에게 그 말을 전했더니 상당히 열이 받았는지 이렇게 말했다.

"그러면 원작을 그리면 되겠군. 하지만 영화를 만들 목적으로 만화를 그리는 건 불순하니까 만화로밖에 표현할 수 없는 걸 그리겠어!"

당시 미야 감독은 니바리키라는 회사를 만들어 아사가야에 사무실을 가지고 있었다. 그로부터 얼마나 지났을까? 사무실로 오라고 해서 갔더니 그림이 세 종류 있었다. 하나는 꼼꼼하게 그린 그림이고, 하나는 마쓰모토 레이지[6]의 그림처럼 단순한 그림, 또 하나는 그 중간이었다.

"마쓰모토 레이지 방식이라면 하루에 20~30장은 그릴 수 있어. 중간 방식은 하루에 5~6장, 이쪽은 하루에 한 장 그릴까 말까 하고. 스즈키 씨, 원하는 걸 선택하게."

주사위를 내게 맡긴 것이다.

"애니메이션 잡지에 연재할 거니까 일반적인 그림은 좀 그렇지요. 가장 힘든 걸 합시다."

"이건 여간 힘든 게 아니야."

미야는 그렇게 말하면서 내게도 도와달라고 말했다. 나도 조금은 그림을 그릴 수 있어서 스크린 톤 screen tone[7]을 붙이거나 바탕색을 칠하곤 했다. 그것이 《아니메주》에서 연재하기 시작한 「바람계곡의 나우시카」였다.

만화 단행본은 대부분 200쪽 정도로 구성된다. 나는 「바람계곡의

---

6   「우주전함 야마토」, 「은하철도 999」 등을 만든 일본의 만화가.
7   만화 제작에서 회색조 명암이나 무늬, 패턴을 그리는 데 사용하는 도구.

나우시카」가 연재 10회째인 120쪽 정도 됐을 때부터 단행본으로 만들고 싶었다. 한시라도 빨리 영화를 만들고 싶었던 것이다. 「도라에몽」을 영화로 만들 때, 원작자인 후지코 후지오가 100쪽이 조금 넘는 B5판으로 원작을 출간한 적이 있으므로 이 정도라면 충분하다. 페이지를 얇게 하면 팔릴 것이다……. 나는 그렇게 생각하고 무턱대고 7만 부를 발행했다. 그런데 예상과 달리 5만 부밖에 팔리지 않아서 막심한 손해를 보고 말았다.

지금과 달리 《아사히 예능》이 매주 60만 부, 내가 만들었던 《아니메주》가 매달 24~30만 부 팔리던 시대였다. 따라서 5만 부 정도로는 영화화 기획을 받아주지 않는다. 그래서 가메야마와 둘이 머리를 맞대고 의논했다.

"우리 둘이 움직여봐야 소용이 없으니까 지원군을 찾아보자."

우리가 점찍은 사람은 와다 유타카 홍보부장이었다.

"그는 도박을 좋아하니까 친치로린[8]을 해서 하룻밤에 5만 엔씩 잃어주자. 그러면 우리를 위해 움직여줄 거야."

앞에서 말한 것처럼 그 무렵의 출판사 직원은 사회에 적응하지 못한 낙오자들이나 마찬가지였다. 도박은 그런 사람들이 배워야 할 일

---

8   일본의 대중적인 도박의 일종으로, 둥글게 앉아서 주사위 세 개와 밥그릇을 사용하여 진행하는 게임.

종의 교양으로, 월급날에는 모두 현금을 걸고 친치로린을 했다. 그로 인해 월급을 날리는 사람이 한둘이 아니었다.

나는 주사위를 산더미처럼 사서, 어떻게 하면 예상한 숫자가 나올지 머리에 쥐가 날 만큼 필사적으로 훈련했다. 어느 정도 지나자 흐름이 중요하다는 사실을 깨닫고, 어떻게 하면 지는지도 알게 되었다.

와다 부장과 밤 10시부터 아침 6시까지 친치로린을 하면서 나와 가메야마는 정확히 5만 엔씩을 잃어주었다. 그러면서 넌지시 말을 꺼냈다.

"「바람계곡의 나우시카」를 영화로 만들고 싶은데, 밀어주는 사람이 없습니다."

그날 아침 출근했더니, 와다 부장이 허겁지겁 달려왔다.

"도시오 씨, 영화로 만들 수 있을 것 같아!"

그동안 말하지 못했지만 「바람계곡의 나우시카」가 탄생한 계기는 도박이었던 것이다.

거절의 이유를 노트 한 권에 빼곡히 쓴 다카하타

「바람계곡의 나우시카」의 영화화를 위해 와다 부장이 의논한 상대는 광고회사인 하쿠호도의 미야자키 시로라는 사람이었다. 그는 놀랍게도 미야 감독의 동생이다. 도쿠마쇼텐과 하쿠호도가 손을 잡고 영화를 만들면 재미있지 않을까? 어쩌면 도쿠마쇼텐의 영역을 넓힐 수 있을지도 모른다. 무엇보다 상대가 하쿠호도라는 점이 크게 작용했다.

하쿠호도의 콘도 미치타카가 사장으로 취임한 지 얼마 지나지 않았을 때, 우익 거물에 의한 하쿠호도 탈취 사건이 발생했다. 그때 콘도 사장과 우익 거물 사이에서 이야기를 매듭지어준 사람이 도쿠마쇼텐의 도쿠마 야스요시 사장이었다. 그런 인연도 있어서 도쿠마쇼텐과 하쿠호도가 손을 잡고 멋진 일을 할 수 없을까 했을 때, 「바람계곡의 나우시카」가 등장한 것이다.

이 이야기는 즉시 콘도 사장에게 전해졌다. 더구나 콘도 사장은 영화를 매우 좋아하고, 문부성의 영화 선정위원 중 한 사람이었다. 그래서 결국 두 회사가 손을 잡고 애니메이션 영화를 만들기로 했다.

"하쿠호도에서 영화를 만들 수 있게 되었습니다. 모두 시로 씨 덕분입니다."

이 소식을 들은 미야 감독은 "그 녀석과 같이 일해야 해?"라고 투덜거리면서도 모든 사람들과 같이 식사를 했다. 그가 그렇게 하는 일은 흔하지 않다.

그 이후, 나는 영화화 준비에 착수했다. 하쿠호도의 정관에 영화 제작이란 항목이 없어서 정관을 고치거나 끌어 모은 돈을 회계상 어떻게 처리하는지 공부하기도 했다.

영화 제작에서 미야가 내놓은 조건은 한 가지였다.

"다카하타 씨를 프로듀서로 하고 싶어."

그날 바로 다카하타를 찾아가서 부탁했는데, 한 달간 매일 찾아가도 대답을 해주지 않았다. 그동안 그는 대학 노트 한 권에 "프로듀서란 무엇인가?"라는 주제로 각종 연구 결과를 빼곡히 정리해두었다. 그리고 노트의 맨 마지막에는 이렇게 쓰여 있었다.

"그래서 나는 프로듀서에 맞지 않는다."

뜨거운 눈물을 흘린 미야자키 하야오

나는 결국 항복하고 미야를 찾아가서 따지듯 물었다.

"왜 다카하타 씨인 거죠? 프로듀서를 맡지 않겠다던데요?"

그랬더니 그가 웬일로 술을 마시러 가자고 했다.

아사가야의 작은 술집에서 그토록 말이 많은 미야가 맥주와 사케를 묵묵히 마시더니, 돌연 뜨거운 눈물을 흘리면서 말했다.

"난 15년간 다카하타 이사오에게 청춘을 바쳤지. 하지만 돌려받은 건 아무것도 없어."

그 눈물을 보고는 다시 다카하타를 설득하러 갈 수밖에 없지 않은가? 그래도 다카하타는 똑같은 말만 되풀이할 뿐이었다.

"난 하고 싶지 않아."

나는 평생에 딱 한 번, 그를 향해 주위가 떠나가라 고함을 질렀다.

"미야 씨는 다카하타 씨의 소중한 친구잖습니까? 그 친구가 곤경에 처했는데, 왜 도와주지 않는 거죠!"

그 말이 효과를 발휘했는지 그는 고개를 끄덕이더니 대뜸 이렇게 말했다.

"어디서 만들지?"

그 말을 듣고는 깜짝 놀랐다. 그때까지 회사가 필요하다는 생각은 하지 못했다. 솔직하게 말했더니 날선 호통이 돌아왔다.

"미야자키 하야오라는 한 사람에게 올라타려고 하다니! 그래서는 영화를 만들 수 없어. 그가 영화를 만들 수 있도록 하기 위해서는 거점이 되는 제작회사가 필요하지 않겠나!"

그때부터 다카하타와 같이 애니메이션 제작 회사를 돌아다녔는데, 어디에서도 「바람계곡의 나우시카」의 제작을 맡아주지 않았다. 그들은 약속이라도 한 것처럼 똑같이 말했다.

"미야자키 하야오 감독이라면 좋은 작품을 만들 수 있겠지. 그건 알고 있네. 하지만 스태프와 회사는 엉망이 될 거야. 지금까지 그래 왔으니까."

완벽주의자와 같이 일하면 회사가 타격을 받는다는 뜻이다. 더구나 그 당사자인 다카하타를 데려간 것이 가장 큰 문제였다.

어떻게 해야 할지 몰라서 막막하던 차에 머릿속에 한 회사가 떠올랐다. 미국의 애니메이션 일을 맡아서 하는, 아사가야에 있는 톱 크래프트라는 회사였다. 소박하지만 진지하고 성실하게 일하는 곳이었다.

나는 재빨리 하라 도오루 사장을 만나러 갔다. 하라 사장도 예전에 도에이동화에 다닌 적이 있고, 「태양의 왕자 호루스의 대모험」의 네 프로듀서 중 한 명이었다.

"미야 씨도, 다카하타 씨도 모르는 사이가 아니니까 두 팔을 걷어붙이고 도와주지."

그때부터 일이 순조롭게 진행되었다. 하라 사장과 같이 모두 모였을 때, 미야가 이렇게 말했다.

"10년 만에 다시 하라 사장님을 만나 작품을 만들게 되다니, 굉장한 인연이군요."

그러자 다카하타가 재빨리 그 말을 가로막았다.

"미야 씨, 작품과 관계없는 말은 하는 게 아니야. 인연으로 작품을 만들 수 있는 게 아니니까. 그런 건 관계가 없어."

대충 일하는 사람들이 아니라는 사실을 깨달은 순간이었다.

드디어 영화를 만들 수 있어!

톱 크래프트의 스태프는 60여 명이었다. 인원은 많지 않지만 그림 그리는 것부터 촬영까지 전부 할 수 있는 곳이라서 나는 안도의 한숨을 내쉬었다. 그런데 그도 잠시, 다카하타가 하라 사장에게 이렇게 말하는 게 아닌가?

"미야 씨는 혼자 낙하산을 타고 뛰어내리지. 따라서 아군을 만드는 것부터 시작해야 하네. 여기 스태프들이 미야자키 애니메이션에 맞는 사람인지 테스트를 하게 해주게."

그가 원하는 대로 테스트를 했는데, 대부분이 맞지 않는다는 결론이 나왔다. 결국 원화 담당자를 동화로 돌려도 스태프가 모자라는 바람에, 다시《아니메주》에서 알게 된 연줄을 통해 스태프를 구하러 돌아다니게 되었다.

원화를 담당했던 가나다 요시노리는 마침 다카하타의 집 근처에 살기도 해서, 다카하타와 둘이 설득하러 갔다. 그리고 그가 숨은 다카하타·미야자키 팬이라는 사실과 함께, 업계에 들어와 처음으로 관여한 작품이 다카하타가 감독한 「팬더와 친구들의 모험」이라는 사실을 알게 되었다. 그는 나중에 미야와 굉장히 친해졌다.

다쓰노코 프로덕션(현 다쓰노코프로)에 있던 나카무라 다카시는 나우시카가 비행장치인 메베를 타고 휘잉 날아가는 앞부분 등을 그려주었다. 미술감독은 「기동전사 건담」에 관여했던 나카무라 미쓰키에게 부탁하고, 그림 책임자이자 작화감독은 「우주 해적 캡틴 하록」에 관여했던 고마쓰바라 가즈오에게 부탁했다. 그런 식으로 한 사람씩 끌어모아 겨우 진용을 갖추고 제작에 들어갔다.

미야는 스태프들 앞에서 하는 첫 연설에서 비상사태를 선언했다.

"6개월 만에 만들어야 하니까 여유는 조금도 없다! 작품이 완성될 때까지 한 달에 하루만 쉰다!"

내가 감탄한 점은 굉장한 수다쟁이인 그가 작화에 들어간 순간, 쓸데없는 말을 일절 하지 않았다는 점이었다. 아침 9시부터 새벽 3~4시까지 책상 앞에 앉아, 가져온 도시락을 젓가락으로 이등분해서 아침과 저녁에 절반씩 먹는다. 그 이외는 오직 일만 했다. 음악도 듣지 않았다. 옆에서 보는 사람이 혀를 내두를 정도였다.

현장은 가혹하기 이를 데 없고 말로 표현할 수 없을 만큼 힘들었다. 그러는 와중에 안노 히데아키¹가 훌쩍 나타났다. 그는 학창시절에 그린 그림을 들고 톱 크래프트를 찾아왔는데, 미야는 그 그림을 보자마자 바로 채용했다. 애니메이션 세계에서는 보통 동화를 그린 다음에 원화를 맡는 것이 일반적이지만, 미야는 안노에게 다짜고짜 원화를 그리게 했다. 그러고는 거신병 장면을 전부 그에게 맡겼다. 당시 가방 하나만 달랑 들고 도쿄에 상경해서 잘 곳이 없었던 그는 그때부터 작품이 끝날 때까지 스튜디오에서 자면서 그림을 그렸다.

사라진 '거신병 VS 오무'의 격투 장면

모두가 작업에 매달려 있던 중 대형사고가 발생했다. 3월 11일 개

---

1   「신세기 에반게리온」, 「신비한 바다의 나디아」 등을 만든 애니메이션 감독.

봉을 앞두고 2월 말이 되어서야 개봉 때까지 완성할 수 없다는 사실을 알게 된 것이다.

미야는 내게 관계자들을 모두 모아달라고 말했다. 그리고 그들 앞에서 이렇게 말했다.

"지금 상태라면 이 영화는 개봉에 맞출 수 없습니다. 어떻게 하면 좋을지 여러분과 의논하고 싶어서 모두 모이라고 했습니다. 일단은 다카하타 프로듀서의 의견을 듣고 싶군요."

다카하타는 좀처럼 입을 열지 않고 머뭇거리다가 이렇게 말했다.

"개봉에 맞출 수 없으면 어쩔 수 없지 않은가?"

"프로듀서가 이렇게 말하는 이상, 계속 의논해봐야 소용없겠지요."

미야는 그렇게 말하더니 놀라운 행동을 보여주었다. 그림 콘티의 내용을 바꾸기 시작한 것이다. 사실 바꾸기 전의 그림 콘티에는 거신병과 오무의 격돌 장면이 있었다.

한편 다카하타도 최선을 다했다. 배급사인 도에이와 의논해 필름이 완성되는 대로 홋카이도나 규슈처럼 먼 곳부터 보내면 시간을 단축할 수 있지 않을까 하는 것도 그의 아이디어였다. 효과음을 넣는 작업도 지금이라면 두세 달이 걸리지만, 「바람계곡의 나우시카」 때는 스튜디오에 틀어박혀 거의 잠도 자지 않고 일주일 만에 만들었다.

음악을 히사이시 조에게 맡기기로 결정한 사람도 다카하타였다. 그래서 히사이시는 항상 "나를 발견하고 키워준 사람은 다카하타 씨다"라고 말한다.

어쨌든 우리는 이 영화 한 편에 모든 것을 걸었다. 그때는 영화를 만드는 데 열중해서 홍보와 흥행 같은 뒷일은 생각할 여유가 없었다. 그렇게 만든 「바람계곡의 나우시카」는 다행히 히트했지만, 성공의 뒤에서는 많은 일이 있었다. 영화 완성과 함께 주력으로 일해준 톱 크래프트의 스태프들이 일제히 사표를 내면서 톱 크래프트는 이름뿐인 회사가 된 것이다. 「바람계곡의 나우시카」를 완성하고 나서 미야가 다시는 감독을 하지 않겠다고 말한 것은 그런 현실 속에서 친구를 잃는 것이 너무도 괴로웠기 때문이리라. 그때는 모두 이번이 마지막이라는 심정이었다. 하지만 외줄을 타듯 아슬아슬하게 태어난 「바람계곡의 나우시카」는 모든 것의 출발점이 되었다.

2   천공의 성 라퓨타

– 빚을 내서 발족한 '스튜디오 지브리'

「바람계곡의 나우시카」를 완성했을 때, 미야는 이렇게 선언했다.

"다시는 감독을 하지 않겠어. 더는 친구를 잃고 싶지 않아!"

작품을 완성하기 위해서는 옆에서 일하는 사람에게 혹독하게 굴어야 할 때도 있다. 애니메이터가 그린 연기가 자신의 의도와 다른 방향으로 가면 다그치기도 한다. 그렇게 말할 때마다 한 사람씩 떨어져나간다. 미야는 그 고독감을 견딜 수 없다고 했다.

"난 다카하타 씨 밑에서 15년간 스태프로 일해왔지. 내 역할은 애니메이터였어."

다카하타 감독의 데뷔 작품인 「태양의 왕자 호루스의 대모험」을 비롯해 「팬더와 친구들의 모험」, 「알프스 소녀 하이디」, 「엄마 찾아 삼만리」, 「빨강머리 앤」 등의 작품에서 그는 계속 다카하타와 함께 일해왔다.

그리고 「엄마 찾아 삼만리」와 「빨강머리 앤」을 만드는 사이에 처음으로 그에게 「미래소년 코난」을 연출할 기회가 돌아왔다. 원작이 있고, 26화 시리즈였다. 미리 여유 있게 만들어두면 나머지는 흐름을 탈 수 있으리라고 여기며 3화까지 만들어나갔다.

「미래소년 코난」은 주인공 코난과 라나의 이야기인데, 미야 감독의 작품에 나오는 남녀는 만난 순간에 100퍼센트 서로 좋아한다는 특징을 가지고 있다. 갈등 요소는 제로다! 남녀관계에서는 보통 망설임이나 타산, 밀당 같은 것이 끊임없이 반복되는 법인데, 미야는 그런 것을 싫어한다. 그래서 만난 순간에 서로 좋아한다. 「미래소년 코난」에서도 남녀의 만남이 있고 연애도 있었으며 결혼식도 있었다. 극단적인 부끄럼쟁이인 그가 신혼여행도 그렸다. 가슴 설레는 수중 키스신이 나온 것이 8화였을까? 그것까지 그렸을 때 그는 "어떡하지? 다 끝났어"라고 말했다.

전부 26화 시리즈인데 8화 만에 벌써 끝나버리다니. 미야와 다카하타의 최대 특징은 자신의 고민을 거침없이 드러낼 수 있는 점으로, 스태프들 앞에서도 "이제 다음에 할 게 없어"라고 태연하게 말한다. 다행히 나카지마 준조 프로듀서가 다카하타와 의논해서, 9화와 10화는 다카하타가 연출했다. 그는 워낙 꼼꼼한 사람이라서 1화부터 전부 본 다음에 미야에게 잇따라 물었다고 한다.

"왜 이런 일이 일어났나?"

"그때 그게 참 싫었지."

미야는 나중에 이렇게 말했는데, 그곳에서 다카하타가 새로 문제를 만들어둔 덕분에 미야가 다시 11화 이후부터 이어나갈 수 있었다. 이건 공공연한 비밀이다.

「미래소년 코난」을 마무리했을 때, 사람들은 모두 미야가 앞으로 감독만 할 것이라고 생각했다. 그런데 다카하타가 '세계명작극장'[2]의 제3탄으로 「빨강머리 앤」을 만든다는 이야기를 듣자마자 자신이 도와주겠다고 나서서 그를 깜짝 놀라게 만들었다. 26화 시리즈를 만든 감독이 다시 스태프로 돌아오겠다는 것이다.

이것이 미야다운 모습이다. 자기 과시욕도 있지만, 자기 소멸욕도 있다. 모두를 이끌고 일할 때는 즐겁지만 일이 끝나면 싸움도 끝나고 해도 저문다. 그러면 쓸쓸함과 허망함을 느끼고 다시 사람들과 같이 작품을 만드는 즐거움을 찾아가는 것이다.

그리하여 미야는 「빨강머리 앤」에 스태프로 참여하게 되었는데, 원래 남이 만든 것에 순순히 고개를 끄덕이지 않는 데다가 한 번 감독을 해서 그런지 하고 싶은 말을 거침없이 하는 바람에 결국 도중에 빠질 수밖에 없었다.

2   닛폰 애니메이션에서 제작한 애니메이션 시리즈. 「알프스 소녀 하이디」, 「키다리 아저씨」, 「플란다스의 개」 등이 있다.

위기 속에서 기획이 시작되다

미야는 기획을 굉장히 좋아한다. 다카하타와 오시이 마모루[3]가 모여 있던 어느 날, 누가 먼저 말을 꺼냈는지 기억나지 않지만 규슈의 야나가와 이야기가 나왔다. 시궁창이었던 곳을 깨끗한 수로로 만든 사람이 있다는 이야기였다. 마침 그 무렵 한밤중에 재방송하는 닛폰 TV의 「청춘이란 무엇인가」라는 학교 드라마 시리즈를 보고 있던 내가 이렇게 제안했다.

"「청춘이란 무엇인가」란 드라마는 처음에 고등학생들이 어른들과 같이 마을의 작은 문제를 해결했는데, 회가 거듭될수록 고등학생들은 학교 안에 갇히게 되지요. 이것과 반대로 어느 사람이 야나가와를 깨끗하게 만드는데, 고등학생도 관여하는 걸로 하면 어떨까요?"

"그거 재미있겠는데?"

다들 찬성하는 걸 보더니, 미야가 다카하타에게 말했다.

"파쿠 씨[4]가 만들면 어떻겠습니까?"

얘기를 들은 그는 재빨리 현지로 취재하러 달려갔다. 한편 시나리오를 써야 해서 나와 미야, 취재에서 돌아온 다카하타가 시나리오 작

---

3 「공각기동대」, 「이노센스」 등을 만든 일본의 애니메이션 감독.
4 다카하타 이사오 감독의 애칭. 젊은 시절에 항상 아슬아슬하게 출근해 출근 카드를 찍은 뒤, 사온 빵을 꾸역꾸역(파쿠파쿠) 먹는 모습에서 연유했다고 한다.

가인 야마다 다이치에게 부탁하러 갔는데, 그는 유감스럽게도 두 가지 이유로 거절했다.

"저는 지방도시에는 관심이 없습니다. 또 지금은 제가 생각한 작품을 만들고 싶고, 오리지널이 아닌 작품을 쓸 시간이 없습니다."

더구나 현지에서 돌아온 다카하타가 별안간 실사 영화 이야기를 꺼냈다.

"이 작품은 애니메이션이 아니라 실사로 만드는 편이 좋을 것 같아."

그 말을 들은 순간 모두 난감한 표정을 지었다. 어디서 상영할지, 자금은 어떻게 마련할지 막막했던 것이다.

마침 그 무렵 미야에게 목돈이 굴러들어왔다. 「바람계곡의 나우시카」를 만들 때, 나는 영화의 흥행 수입과 기타 수입이 감독에게도 배분되도록 계약서를 만들었다. 그때까지 애니메이션 감독의 수입은 월급뿐이었다. 따라서 회사에 속해 영화를 만드는 경우, 저작권은 회사에 귀속된다. 하지만 나는 출판사에 다니는 만큼, 저작물에 대한 창작자의 권리를 지켜주고 싶었다. 영화를 만든 사람이 어떤 대우를 받는지도 알고 있어서, 이번 기회에 감독 개인의 저작권을 확보해두고 싶었던 것이다.

그 결과 미야는 지금까지 본 적이 없는 거금을 손에 들고 눈을 크게 떴다.

"스즈키 씨, 어떡하지? 물론 갖고 싶은 게 한두 가지가 아니야. 집도 허름하니까 좋은 집에서 살고 싶고, 멋진 차도 사고 싶어. 하지만 그러면 세상 사람들이 뭐라고 하겠어? 분명히 손가락질을 하며 비난할 거야. 지금은 허세와 오기를 부려서 의미 있는 곳에 사용하는 게 좋겠어."

그리하여 미야는 다카하타의 다큐멘터리에 돈을 쏟아붓게 되었다.

그때 나는 이렇게 생각했다.

"다카하타 이사오와 미야자키 하야오의 처지가 바뀌어 또 하나의 명작을 만든다. 제대로 만들기만 하면 관객이 봐줄 것이다……."

실사로 제작하는 것은 처음이었지만 다카하타는 관련 지식을 많이 알고 있었다. 그는 곧바로 야나가와에 방을 빌려 스태프들과 함께 먹고 자면서 작품을 만들기 시작했다. 당시 도쿠마쇼텐의 직원이었던 나는 작품과 직접적인 관계가 없어서, 미야의 학창시절 친구인 구보 스스무를 프로듀서로 해서 「야나가와 수로 이야기」 프로젝트를 진행했다. 그런데 얼마 뒤 돈이 떨어졌다면서 미야가 나를 찾아왔다.

"돈과 시간을 쏟아부었지만 완성하려면 아직 멀었어. 우리 집을 담보로 잡히면서까지 영화를 만들 생각은 없고……. 스즈키 씨, 좋은 생각이 없나?"

나는 곧바로 대답했다.

"힘들긴 하겠지만 영화를 한 편 더 만들지 않겠습니까? 그러면 어떻게든 해결될 겁니다."

결정이 빠른 것도 미야의 장점이다. 그 자리에서 불과 5분 만에 「천공의 성 라퓨타」의 시놉시스를 줄줄 읊은 것이다. 파즈, 쉬타, 무스카, 「걸리버 여행기」, 비행석을 둘러싼 수수께끼 등. 제목은 원래 「소년 파즈, 비행석의 수수께끼」였지만, 내용은 거의 지금과 똑같았다. 나는 깜짝 놀라서 물었다.

"계속 생각하신 겁니까?"

"초등학교 때부터 생각했어. 수학시간에 '세타'라고 배웠지? 그 단어를 본 순간, 주인공 이름을 쉬타로 하기로 정했거든."

미야는 관객의 연령층에 대해서도 이렇게 말했다.

"이번에는 어린 남자아이에게 보여주고 싶군. 남자아이가 활약하는 작품을 만들고 싶어."

"그렇게 하시지요. 프로듀서는 다카하타 씨로 하겠습니다."

그렇게 결론을 내리고, 나는 다카하타에게 부탁하러 갔다. 로케이션 장소인 야나가와에서 도쿄로 돌아온 다카하타와 한밤중에 샤쿠지이 공원을 걸으면서 나눈 이야기는 지금도 기억에 생생하다.

"「천공의 성 라퓨타」의 프로듀서를 해주십시오. 저도 「바람계곡의 나우시카」를 통해 다카하타 씨로부터 프로듀서가 무슨 일을 하는지 조금은 배웠으니까 실질적인 일은 제가 맡겠습니다. 다카하타 씨는 「야나가와 수로 이야기」에 전념하셔도 됩니다. 문제가 생기면 의논드리러 곧장 달려가겠습니다. 「천공의 성 라퓨타」를 만들면 「야나가와 수로 이야기」의 부족한 제작비를 마련할 수 있을 겁니다."

"미안하네. 그나저나 이 주변에는 좋은 집이 참 많군. 내가 이번 영화를 만들지 않았다면 미야 씨도 이렇게 좋은 집에 살 수 있었을 텐데……."

'말은 잘도 하는군.'

나는 쓴웃음을 짓지 않을 수 없었다.

난항을 거듭한 스튜디오 찾기

「바람계곡의 나우시카」의 성공 덕분에 도쿠마쇼텐에서는 「천공의 성 라퓨타」의 영화화를 즉시 승인해주었다. 문제는 '어디서 만들까?' 였다. 「바람계곡의 나우시카」를 만든 톱 크래프트는 스태프가 모두 그만둔 바람에 이름만 남고 사람은 없는 상태였다. 그래서 다시 제작할 곳을 찾아다니게 되었다. 하지만 어디에서도 작품을 받아주지 않았다. 닛폰 애니메이션에서만 검토해보겠다고 했는데, 그 대신 새로 스튜디오를 지어야 한다고 말했다.

그 말을 듣고 다카하타는 이렇게 말했다.

"이제 새 스튜디오를 만들 수밖에 없겠군."

나는 스튜디오를 만들려면 비용이 얼마나 필요한지 재빨리 계산해보았다. 다카하타는 사무능력도 굉장히 뛰어난 사람으로 「바람계곡의 나우시카」를 만들 때 그가 만든 예산서는 거의 완벽했다. 그런 신뢰감이 밑바닥에 깔려 있어서 나는 곧장 그 이야기에 대응했다. 그때 떠오른 문제는 스튜디오의 책임자를 누구로 하느냐는 것이었다.

"지금 잡지를 만들고 있으니까 스즈키 씨는 곤란하겠지. 어디 좋은 사람 없을까?"

나는 여러 사람들에게 제의해보았다. 하지만 안타깝게도 스튜디오를 맡겠다는 사람은 아무도 없었다. 애니메이션 업계에서 다카하타와 미야 감독은 너무나 유명해서 "좋은 작품을 만든다는 건 알지만 두 사람이 떠난 후에는 풀 한 포기도 자라지 않는다"고 다들 고개를 절레절레 가로저었다. 적당한 사람이 없다고 말했더니 다카하타로부터 생각지도 못한 대답이 돌아왔다.

"톱 크래프트의 하라 사장이 있잖나? 그는 어떻겠나?"

하라 사장은 정말로 좋은 사람이다. 우리의 부탁을 들어준 것이다. 나중에 "내 인생은 그곳에서 뒤틀렸다"라고 말했지만…….

다음은 스튜디오 구하기였다. 다카하타는 스튜디오의 위치가 주오 선 근처였으면 좋겠다고 한 미야의 바람을 들어주기 위해 후보지를 고엔지에서 기치조지 사이로 결정했다. 나는 다카하타, 하라 사장과 함께 고엔지에서 아사가야까지 순서대로 전철역에서 내려서 부동산을 돌아다녔다. 그런데 좀처럼 적당한 곳을 찾을 수 없었다. 부동산에서는 우리를 이상한 눈으로 보기도 했다. 생각해보면 양복을 입은 사람은 하라 사장뿐이고, 나와 다카하타는 지저분한 점퍼 차림이다. 수상하게 여기지 않는 편이 이상하리라.

"왜 좋은 곳이 없는 거야?"

그렇게 한탄하는 다카하타에게 나는 농담처럼 말했다.

"이게 다 다카하타 씨 때문입니다. 그 연세에 그런 차림은 좀 그렇잖아요? 수상쩍게 여겨서 좋은 곳을 안 보여주는 겁니다."

그러자 그는 다음 날 단정하게 재킷을 입고 왔다. 그런 보람이 있어서인지 그날 기치조지에서 좋은 장소를 발견했다.

하지만 기치조지의 건물 안에 있던 그곳은 이미 찜해놓은 회사가 있었다.

"그쪽 회사의 사내 결재가 모레 나온다고 합니다. 여기가 마음에 드시면 내일까지는 정하셔야 합니다."

문제는 우리가 예상한 것보다 보증금이 비싸다는 점이었다. 우리는 1천만 엔으로 생각했는데, 그곳은 무려 3천만 엔이다. 나는 밤새 고민한 끝에 이튿날 혼자 부동산에 가서 흥정했다.

"3천만 엔까지는 무리지만, 1,800만 엔까지는 될 것 같습니다."

1,500만 엔이라고 하면 거절할 것 같아서 300만 엔을 더 붙인 것이다. 그랬더니 그쪽에서 흔쾌히 받아들여주었다. 회사에는 사후에 보고했지만 다행히 계약은 무사히 이루어졌다.

그 무렵, 미야로부터 「천공의 성 라퓨타」의 구상을 들은 다카하타가 영국 웨일스 계곡으로 취재하러 가자고 제안했다. 그런데 야나가와의 촬영과 겹쳐서 다카하타가 갈 수 없게 되자 미야는 갑자기 소심해져서 혼자 가기 싫다고 투덜거렸다. 어쩔 수 없이 다카하타와 같이 설득해서, 출발하는 날까지 투덜거리는 미야를 나리타 공항까지 배웅해주었다. 미야는 지나칠 만큼 성실한 사람이라서, 취재하러 영국까지 왔는데 수확이 없으면 안 된다고 여겼는지 아침 일찍부터 이곳 저곳을 스케치하러 돌아다녔다. 일본에 돌아와 그것을 바탕으로 그림 콘티를 만들기 시작했는데, 그때 그린 그림이 작품에 많이 반영되었다.

한편 스튜디오의 이름을 둘러싸고 많은 아이디어가 나왔는데, 최종적으론 미야가 정했다.

"이탈리아의 군용정찰기 중에 지브리라는 게 있거든. 스튜디오 지브리로 하고 싶어."

그는 그렇게 말하며 'gibli'라고 알파벳으로 써서 모두에게 보여주었다. 그러자 외국어를 잘하는 다카하타가 이의를 제기했다.

"이봐, 정확한 발음은 기블리 아닌가?"

"아닙니다. 이탈리아 친구가 지브리라고 했어요."

그리하여 어디에서도 볼 수 없는 이름의 스튜디오가 탄생했다. 나중에 기블리가 맞다는 게 밝혀져서 전 세계 사람들은 모두 '스튜디오 기블리'라고 부르지만 이미 때는 늦었다.

그나저나 스튜디오는 구했는데, 그 후에 정말로 곤란한 상황이 발생했다. 회사를 어떻게 만들어야 하는지 아무도 몰랐던 것이다. 도쿠마쇼텐의 총무부에 갔더니 차갑게 내치듯이 말했다.

"자네가 알아서 만들게."

스튜디오 책임자가 하라 사장으로 정해지기 전이라서 하는 수 없이 『주식회사 만드는 방법』이라는 책을 사서 나름대로 계획을 세웠다. 그랬더니 얼마 지나지 않아 총무부에서 휴면회사가 있으니까 그걸 사용하라고 했다. 「천 평의 기와집」이라는 영화를 만들 때 사용했던 '기와집 기획'이란 회사였다. 그 회사의 재정을 들여다봤더니 3,600만 엔 정도의 차입금이 남아 있었다.

"처음부터 빚을 떠안아야 하는가?"

화가 나긴 했지만 어쩔 도리가 없다. 그것을 제로로 만드는 목표를 갖고 '스튜디오 지브리'는 출발했다.

작품 제작에서는 중요한 때마다 다카하타가 와서 이런저런 의논을 했다. 미야는 다른 때와 달리 시나리오를 일찌감치 끝냈다.

여담이지만 「천공의 성 라퓨타」의 처음 설정은 코난이 작살을 가지고 있었던 것처럼 파즈도 트럼펫을 가지고 다니며 모험을 하는 것이었다. 그런데 도중에 트럼펫이 사라졌다.

"어? 트럼펫은 어디 갔나요?"

그러자 미야는 태연하게 말했다.

"귀찮아서 없앴어."

"이야기의 구조가 무스카의 야망과 좌절인데, 이걸로 괜찮을까요? 파즈를 더 주인공답게 만드는 편이 좋지 않을까요? 파즈의 나이를 조금 올리면 캐릭터에 깊이가 나오고, 무스카의 야망과 좌절은 조금 뒤쪽으로 물러서지 않을까요?"

시나리오를 읽은 뒤, 몇 가지 의견이 생겨 미야에게 전했더니 그가 펄펄 뛰면서 화를 냈다.

"이건 초등학생에게 보여줄 영화야. 파즈의 나이를 올려서 어쩌자는 건가?"

결국 처음 스토리 그대로 「천공의 성 라퓨타」는 출발했다. 그런데 내가 '무스카의 야망과 좌절 이야기'라고 말했을 때, 미야가 조금 난처한 표정을 지었다. 미야는 무스카를 좋아한 것이다. 「미래소년 코난」으로 말하면 레프카인데, 그에게 감정을 이입하고 자신을 투영하는 것이다. 돌라는 「천공의 성 라퓨타」의 제작 도중에 세상을 떠난 그의 어머니였다. 캐릭터에 자기 자신과 어머니를 투영하는 것은 스스로 생각해도 부끄러운 일이므로, 남에게 지적받고 싶지 않았으리라. 내가 시나리오의 문제점을 지적했을 때, 그가 발끈한 진짜 이유는 그것이다. 나중에 완성된 작품은 파즈와 쉬타가 조금 앞으로 나와 있다. 시나리오에 따라 그림 콘티를 만드는 과정에서 무의식중에 두 사람을 좀 더 앞으로 내보내자는 의식이 작용한 게 아닐까?

이 작품에서 프로듀서로서 다카하타의 판단력은 놀라울 정도였다. 「바람계곡의 나우시카」를 만들 때도 다른 애니메이션보다 예산을 많이 책정했는데, 「천공의 성 라퓨타」를 만들 때 그는 이렇게 말했다.

"나우시카의 두 배로 하지. 그러면 시간에도 여유가 생기니까."

용기 있는 결단이었다.

또 하나는 음악이었다. 이번 영화에서 가장 고민한 부분은 음악이었는데, 미야는 음악에 관해서는 전부 다카하타에게 맡겼다. 다카하타는 무언가 결심한 듯 이렇게 말했다.

"다시 히사이시에게 맡기는 게 어떻겠나?"

직감이 작용한 것이리라. 더구나 한 번 말을 꺼내면 바꾸지 않는 사람이라서, 나는 그 자리에서 히사이시에게 전화를 걸어 롯폰기에 있는 그의 사무실로 직행했다. 결국 히사이시가 음악을 맡아줌으로써 「천공의 성 라퓨타」는 완성되었다.

당시에 나는 도쿠마쇼텐의 《아니메주》 부편집장이었다. 낮에는 지브리에서 일하고, 저녁부터 신바시에 있는 출판사로 가서 편집하는 날들이 계속되었다. 지브리에서는 아무런 직책이 없어서 지브리 건으로 사람을 만날 때는 곤란하기도 했지만, 일 자체가 신나고 재미있어서인지 그런 건 아무 상관이 없었다. 편집부의 자리는 점점 위태로워졌지만 미야자키와 다카하타라는 두 사람과 같이 있는 것이 너무도 즐거웠다.

3 이웃집 토토로
― 두 편 동시 상영으로 기적이 태어나다

「바람계곡의 나우시카」의 내용이 심각해지면서 관객의 연령층이 올라간 탓에 소년을 주인공으로 '피가 끓고 힘이 넘치는 모험 활극'인 「천공의 성 라퓨타」를 만들었지만, 사실 활극에 싫증이 난 상태였다.

그래서 계속 마음에 걸렸던 기획으로 눈을 돌렸다. 오랫동안 미야의 마음속에 자리하고 있고, 그림도 두세 장 그렸던 「이웃집 토토로」였다. 1950년대의 일본을 무대로 요괴와 어린아이의 교류를 그린 이야기로 이 작품이라면 새로운 마음으로 만들 수 있지 않을까 해서 미야에게 넌지시 의견을 물었다.

"다음에는 「이웃집 토토로」를 만들지 않겠습니까?"

맨 처음 「이웃집 토토로」를 만들자고 했을 때, 미야의 머릿속에 있는 감독은 자신이 아니라 다카하타였다.

"이 작품의 감독은 내가 아니야. 스즈키 씨, 다카하타 씨를 설득해주게."

그래서 당시 아사가야에 있던 미야의 사무실로 다카하타를 데려갔다. 내가 중간에서 설득하기보다 본인들끼리 말하는 편이 좋다고 판단한 것이다.

미야는 최선을 다해 다카하타를 설득했다.

"이런 기획이 있습니다. 캐릭터는 제가 만들었지만 스토리도 생각하지 않았고 어떤 영화로 만들지도 정하지 않았지요. 이 작품을 파쿠 씨가 만들어주십시오. 이런 내용은 저보다 파쿠 씨가 더 잘 만들잖습니까?"

아무리 설득해도 다카하타가 고개를 끄덕이지 않자 미야도 결국 포기하지 않을 수 없었다. 사무실에서 나와 아사가야역까지 가는 도중에, 다카하타와 차를 마시게 되었다.

"오랜만에 두 분의 콤비가 부활하면 재미있지 않을까요?"

내가 묻자 다카하타는 이렇게 대답했다.

"이번 기획은 원작이 미야자키 하야오고 그림도 미야 씨가 그리지. 즉, 내가 감독을 맡으면 나는 샌드위치가 될 수밖에 없네. 내게는 굉장히 힘든 작품이 될 거야."

그리하여 「이웃집 토토로」를 다카하타에게 맡긴다는 계획은 물거품이 되었다. 하지만 정작 문제는 다른 곳에 있었다. 기획을 들은 당시 도쿠마쇼텐의 야마시타 다쓰미 부사장이 난색을 표한 것이다.

"이보게, 어떻게 좀 안 되겠나?"

토토로란 캐릭터는 그보다 10년 전, 미야자키가 닛폰 TV의 특별 기획으로 제안했을 때에도 통과되지 않았다. 사실 그의 캐릭터는 외모적인 매력이 강하지지 않아서, 캐릭터만을 보고 좋아하는 사람은 거의 없다. 즉, 미야가 만든 캐릭터의 진정한 매력은 '움직여야' 비로소 알 수 있는 것이다.

「천공의 성 라퓨타」를 개봉하고 나서 미야와 다카하타, 나, 야마시타 부사장, 그리고 오가타 히데오라는 나의 상사와 함께 긴자에서 식사를 한 적이 있었다.

그 자리에서 야마시타 부사장은 이렇게 말했다.

"다음 작품도 잘 만들어주게."

그래서 재빨리 「이웃집 토토로」 이야기를 했더니, 부사장은 솔직하게 대답했다.

"그 기획은 쉽지 않을 걸세. 나우시카라든지 라퓨타처럼 관객은 역시 외국 이름이 붙은 작품을 기대하지 않겠나?"

그 말을 듣고 다카하타가 멋지게 되받아쳤다. 내가 그에게 다음 작품으로 「이웃집 토토로」를 하고 싶은데 부사장이 반대한다고 미리 귀띔해둔 덕이다.

"부사장님의 말씀은 미야자키 애니메이션의 팬들을 대표한 의견이겠지요. 외국 이름이라는 건 부사장님의 독특한 표현으로, 이른바 활극 판타지라는 뜻이 아닌가요? 관객들은 분명히 그런 작품을 기대하고 있을 겁니다."

그는 그런 다음에 이렇게 덧붙였다.

"그렇다면 미야 씨가 해보고 싶어 하는, 이를테면 「이웃집 토토로」 같은 작품은 언제 만들 수 있을까요?"

절묘한 표현이었다. 그랬더니 부사장이 살짝 당황한 표정을 지었다.

"다카하타 씨 말씀은 충분히 이해할 수 있습니다. 그렇다면 비디오용으로 만들지 않겠습니까?"

영화는 작품에 따라서 수억 엔의 적자가 나오기도 한다. 모험 활극 판타지라면 어느 정도 수익을 기대할 수 있는데, 「이웃집 토토로」한 편만 개봉해서는 실패할 수도 있다. 더구나 적자는 수억 엔이 예상된다. 그런 사실은 모두 알고 있었다. 그래서 부사장이 '비디오용'으로 만들면 어떻겠냐고 말한 것인데, 그 말을 듣고 나는 처음으로 불타올랐다. 자존심이 상해서 견딜 수 없었던 것이다.

2편 동시 상영으로 간다

그때 내 머릿속에서 한 가지 아이디어가 떠올랐다. 「이웃집 토토로」로 안 된다면 다카하타도 작품을 만들어 두 편 동시 상영으로 가면 되지 않는가? 당시 나의 상사이자 《아니메주》 편집장이었던 오가타 히데오는 내 아이디어를 듣자마자 이렇게 말했다.

"다카하타 씨가 꼭 만들어주셨으면 하는 작품이 있습니다. 저는 전쟁 중에 어린 시절을 보내서 굉장히 힘들게 자랐지요. 그런데 전쟁이 끝나고 어른들이 모두 자신감을 잃었을 때, 어린아이들만은 기운이 넘쳤습니다. 그런 영화를 만들어주시지 않겠습니까?"

그 순간, 오가타가 정말로 대단한 사람이라는 생각이 들었다.

"그거 재미있을 것 같군요."

다카하타가 하겠다는 의사를 보이자 오가타가 나를 쳐다보며 말했다.

"그럼 나머지는 도시오 씨에게 맡길게."

그 이후 나와 다카하타는 어떤 작품을 만들지 머리를 맞대고 의논했다. 다카하타는 원래 그런 경우에 즉시 반응을 보이지 않는 사람이지만, 이때는 눈빛을 바꾸더니 "재미있는 작품을 만들 수 있을 것 같아!"라고 말하면서 깊숙이 파고들었다.

우리는 계속 원작이 될 만한 책을 찾았다. 그러던 어느 날, 다카하타가 도쿄의 전쟁고아를 다룬, 무라카미 하야토의 『일본을 달린 소년들』이라는 책을 가져왔다. 검토한 결과 영화로 만들기 어렵다는 결론이 나왔는데, 그 책의 띠지에 추천사를 써준 사람이 바로 『반딧불이의 묘』의 작가인 노사카 아키유키였다.

『반딧불이의 묘』는 내가 굉장히 좋아하는 작품이다. 나는 열여덟 살인 1967년에 도쿄에 상경했는데, 『반딧불이의 묘』가 《올 요미모노》란 잡지에 실린 것이 그해 가을이었다. 그 무렵 앞으로 영화와 관련된 일을 하고 싶다는 막연한 꿈을 가지고 있어서 언젠가 『반딧불이의 묘』를 영화로 만들 수 있다면 얼마나 좋을까 하는 생각을 했다. 다만 전쟁이 끝나고 아이들이 죽는 이야기라서 다카하타에게 조심스럽게 물어보았다.

"기획의 취지와는 좀 다를지 모르겠지만 혹시 『반딧불이의 묘』란 책을 아십니까?"

아직 읽어보지는 않았지만 여러 작품을 폭넓게 보는 사람이라서 대강의 내용은 알고 있었다. 그는 며칠 뒤 책을 다 읽고 와서는 해보겠다고 말했다.

기획은 정해졌지만 두 편 동시 상영 아이디어에 관해 당시 지브리의 현장 책임자였던 하라는 "두 편을 동시에 만드는 건 무모한 일이야. 대체 어쩔 셈인가?"라고 하며 고개를 저었다.

지금도 그렇지만 당시에는 애니메이션을 만들 수 있는 사람이 그렇게 많지 않아서, 인력 쟁탈전이 될 게 뻔했다. 하지만 나는 각각 60분 정도의 중편이니까 충분히 가능하리라고 생각했다.

그런데 두 편 동시 상영을 야마시타 부사장에게 말한 순간, 날벼락이 떨어졌다.

"요괴, 요괴라고 노래를 부르더니 이번에는 무덤인가? 요괴에다 무덤이라니, 대체 정신이 있어 없어!"

그 즈음에 동료인 가메야마 오사무의 친구이자 신초샤의 출판부장인 하쓰미 구니오키를 알게 되었다. 그는 우리 집에 책방이 따로 있다는 이야기를 듣고, 그 방을 보고 싶다고 말했다. 하지만 그것은 표면적인 이유일 뿐, 진짜 목적은 따로 있었다.

"저희 출판사 사장이 애니메이션이나 만화를 하고 싶어 합니다. 그 생각을 포기하게 만들고 싶은데, 저는 애니메이션을 잘 모릅니다. 그것에 관해 이야기를 나누고 싶은데, 스즈키 씨 집으로 찾아가도 될까요? 혹시나 다른 사람이 들으면 큰일이니까요."

그 말을 들은 순간, 머릿속에서 아이디어가 번뜩였다. 『반딧불이의 묘』의 출판권은 신초샤가 가지고 있다. 도쿠마쇼텐이 「이웃집 토토로」를 만들고 신초샤가 「반딧불이의 묘」를 만들어 두 편을 동시에 상영하는 형태로 하면 상황이 달라지지 않을까? 하쓰미 부장은 처음에 난색을 표했지만, 끈질긴 설득 끝에 겨우 협조하겠다고 말해주었다. 그 이후 프로젝트팀에 지금의 신초샤 사장인 사토 다카노부도 참여하게 되었다.

문제는 도쿠마쇼텐이다. 어떻게 하면 도쿠마쇼텐을 설득할 수 있을까? 도쿠마쇼텐과 신초샤가 프로젝트를 같이하는 것이 쉽지 않으리라는 사실은 알고 있었다. 그래서 다시 머리를 쥐어짰다. 오랜 역사를 가지고 있는 신초샤에 비해 도쿠마쇼텐은 그렇지 않다. 도쿠마 사장은 어쩌면 신초샤에 콤플렉스를 가지고 있을지도 모른다. 혹시 신초샤의 사장이 도쿠마 사장에게 같이 일하자고 손을 내밀면 단숨에 정해지지 않을까? 그렇게 생각해서 사토 사장에게 부탁했더니, 그는 단번에 승낙해주었다. 그가 도쿠마 사장에게 전화를 걸어준 다음부터는 일이 순조롭게 진행되었다.

다음에는 배급 문제가 앞을 가로막았다. 도쿠마 사장과 야마시타 부사장은 두 편 동시 상영 기획을 「바람계곡의 나우시카」와 「천공의 성 라퓨타」의 배급을 담당했던 도에이에 가져갔다. 그런데 도에이에서는 자신들과 색깔이 맞지 않는다는 이유로 거절했다고 한다. 물론 본심은 그게 아니었다. 그 작품으로는 돈이 되지 않는다고 판단한 것이다. 도쿠마 사장과 야마시타 부사장은 다음에 도호로 가져갔는데, 그곳에서도 거절당했다. 하는 말은 모두 똑같았다. 요괴와 무덤으로는 흥행이 안 된다는 것이다. 생각해보니 일본 영화의 제목에 '무덤'이라는 말이 들어간 작품은 거의 없었다. 『들국화의 무덤』이란 책도 영화로 만들었을 때는 「들국화 같은 그대이어라」라고 제목을 바꾸었다. 그만큼 영화계에서는 무덤이라는 단어에 예민하다. 당연한 일이다. 흥행에 실패하면 수억이나 되는 적자가 나오니까.

어쨌든 도에이에서도, 도호에서도 안 된다는 말을 듣고 난감한 상황에 빠졌다. 겨우 정해졌다고 기뻐하던 차에 배급사에게 거절을 당하다니……. 난감함을 뛰어넘어 낙담이 온몸을 휘감았다. 그때 성격이 불같은 도쿠마 사장이 나섰다. 도호에서 "이 두 편은 개봉하기 힘들 것 같습니다"라고 저항하자 그는 진지한 얼굴로 선언했다.

"알겠습니다. 그럼 「돈황」을 도에이로 가져가지요."

그 무렵, 도쿠마쇼텐은 「돈황」이라는 초대작 영화를 도호와 같이하기로 되어 있었는데, 그것을 방패 삼아 협박한 것이다.

당황한 도호는 개봉을 약속할 수밖에 없었다. 단 개봉일은 4월 16

일로 못박았다. 그때까지 애니메이션 개봉 시기는 봄방학이나 여름 방학, 또는 4월 말에서 5월 초까지 이어지는 황금연휴로 정해져 있었다. 개봉할 수 있게 된 것은 다행이지만 처음부터 엄청난 고전이 예상되는 일정이었다. 하지만 미야와 다카하타, 그리고 나는 앞으로 얼마나 힘들지는 생각도 하지 않고 하고 싶은 작품을 만들 수 있다는 기쁨으로 가득 찼다.

88분 VS 86분의 싸움

두 편을 동시에 만든다는 것은 스튜디오가 하나 더 필요하다는 뜻이다. 우리는 기치조지에 있는 지브리 스튜디오 근처에 스튜디오를 하나 더 빌렸다. 누가 어떤 스튜디오를 사용할지는 고민할 필요가 없었다. 미야는 원래 새로운 곳을 좋아하기 때문이다.

가장 고민한 부분은 스태프였다. "두 편 동시 상영 스타트!"라고 말한 그날, 지금까지 일하던 주요 스태프들을 모두 미야가 확보해놓은 것이다. 그런 면에서도 그는 굉장한 사람이다.

그때 곤 짱이라는 애칭으로 불리는 작화감독 콘도 요시후미를 미야와 다카하타가 서로 데려가려는 쟁탈전이 벌어졌다.

그 무렵 미야는 하야시 아키코라는 그림책 작가가 그린 『첫 심부름』이란 작품을 보고 감동한 상태였다. 그 책에는 네 살쯤 되는 여자아이가 등장하는데, 그 나이대 아이들은 대개 똑바로 서서 걷지 못하고, 반드시 몸을 앞으로 숙이든지 뒤쪽으로 젖혀서 걷게 마련이다. 그것을 정확하게 표현한 사람이 하야시 아키코였다. 그림쟁이인 미야는 그런 점을 재빨리 발견하고, 그곳에 움직임을 붙여 애니메이션으로 만들어보고 싶었던 것이다. 그런 리얼리즘을 가장 잘 표현할 사람이 누구일까? 그때 찾아낸 사람이 콘도 요시후미였다. 당시 콘도는 지브리 사람이 아니라서 미야는 그를 설득하러 갔다.

한편 콘도를 원하는 것은 다카하타도 마찬가지였다.

"그림은 어떻게 하실 겁니까?"

"곤 짱이 좋아."

원하는 사람이 미야와 겹친다. 조정을 하려고 해도 잘 되지 않았다. 나는 누가 콘도와 작업을 하는 편이 좋을지 몰라서 일부러 그를 만나지 않았다. 어설픈 마음으로 만나면 오히려 상황이 복잡해질 수 있다고 판단해서였다.

이때 재미있었던 것이 미야와 다카하타의 행동이다. 미야는 뻔질나게 콘도를 찾아가 열심히 설득했다. 반면에 다카하타는 꼼짝도 하지 않았다.

"미야 씨는 콘도 씨를 설득하러 갔는데, 다카하타 씨는 가지 않아도 됩니까?"

내가 그렇게 말해도 "그건 프로듀서 쪽에서 정할 일이야"라고 대꾸할 뿐이었다. 미야가 다른 사람을 추천해도, 다카하타는 일절 관심을 보이지 않았다.

그러던 어느 날, 다카하타를 만나 직접 물어보았다.

"콘도 씨가 맡아주지 않으면「반딧불이의 묘」는 어떻게 됩니까?"

"그럼 만들 수 없겠지."

나는 말문이 턱 막혔다. 일이 여기까지 진행됐는데, 이제 와서 태연하게 그런 말을 하다니!

내가 결단을 내린 것은 그때였다. 미야는 자신이 직접 그리면 된다……. 나는 콘도를 찾아가 솔직하게 물었다.

"솔직히 어느 작품을 하고 싶나요?"

"양쪽 모두 하고 싶습니다."

"어느 한쪽을 선택해주십시오."

"저는 선택할 수 없습니다. 스즈키 씨가 정해주시면 그걸 따르겠습니다. 저는 누구에게도 원망을 듣고 싶지 않습니다."

"그렇다면「반딧불이의 묘」를 만들어주십시오."

나는 그렇게 말하고 그 길로 미야를 만나러 갔다.

감이 좋은 미야는 내가 가자마자 사태를 알아차리고 화를 내며 토해내듯 말했다.

"난 그만두겠어! 건초염이라고 하면서 내일부터 입원할 거야. 곤짱을 빼앗겼다는 둥 분해서 일을 못할 거라는 둥 뒷담화는 딱 질색이야. 내가 입원하면「반딧불이의 묘」도 만들 수 없겠지."

참 재미있는 사람이다. 그럴 때 나는 당황하지 않고 화내고 싶은

만큼 화내게 내버려둔다. 그러고는 미야가 집에 가겠다고 말할 때까지 이야기를 들어준다. 편집자는 원래 그런 사람이다. 작가가 화를 낼 때도 직성이 풀릴 때까지 이야기를 들어주는 것이다.

다음 날 아침, 8시쯤에 미야로부터 전화가 걸려왔다.

"곤 짱을 마구 패줬어."

깜짝 놀라 자세히 물어보니 꿈에서 그랬다는 것이다. 미야는 이윽고 "이제 마음이 풀렸으니까 작품을 만들겠네"라고 말했다. 그것이 「이웃집 토토로」의 시작이었다.

다카하타에 대한 미야의 감정은 매우 복잡하다. 한마디로 말하면 애증의 관계라고나 할까? 작품에 들어간 뒤에도 이런저런 일이 있었는데, 가장 큰 문제는 각각 60분씩 만들기로 했던 작품의 시간이 달라진 점이다. 맨 처음 그 규칙을 깨뜨린 사람은 물론 다카하타였다. 무려 28분을 초과한 88분이었다.

어느 날, 미야가 마음에 걸렸는지 내게 물었다.

"다카하타 씨 작품은 몇 분이 될 것 같나?

"조금 길어질 것 같습니다."

"60분은 아니지?"

"네, 80분쯤 될 것 같습니다."

「이웃집 토토로」에서 여자아이는 원래 한 명이었다. 그런데 다카하타에 대한 대항심에 불탄 미야가 "영화를 길게 만들 좋은 방법이 없을까?"라고 머리를 짜낸 결과, 여자아이를 두 명으로 늘렸다. 지기 싫어하는 미야의 성격이 사츠키와 메이를 탄생시킨 것이다.

포스터에도 재미있는 사연이 있다. 원래 버스 정류장에서 토토로와 여자아이가 서 있는 그림이 있었는데, 그때는 자매가 아니라 혼자였다. 미야는 토토로 옆에 사츠키와 메이를 모두 세우려고 했지만, 막상 그려보니 어딘가 어색했다. 그래서 사츠키와 메이의 합친 한 명의 여자아이를 그렸다. 포스터를 자세히 보면 알겠지만 키와 헤어스타일, 입고 있는 옷까지 사츠키와 메이를 합친 모습이다. 미야의 그런 센스에는 혀를 내두를 수밖에 없다.

반면 「반딧불이의 묘」의 제작은 늦고 또 늦어졌다. 처음에 8개월이었던 작화기간이 지연되면서 제작비도 부풀었는데, 결국 다카하타의 작품은 88분, 미야의 작품은 86분이 되었다.

그러자 미야는 웃으면서 이렇게 말했다.

"2분이라도 짧으면 칭찬해주겠지?"

미야는 기본적으로 매우 따뜻한 사람이다. 정도 많고 참견도 많이 한다. 자기 일만 해도 힘든 상황에서, 매일 「반딧불이의 묘」의 가혹한 스케줄을 정확히 파악하고 있었다. 매일 그쪽 제작팀을 불러서 알아보았던 모양이다. 집에 가도 그 이야기만 해서, 어느 날 부인이 "당신은 요즘 입만 떨어지면 「반딧불이의 묘」 이야기를 하는데, 도대체 회사에서 뭘 하고 있어요?"라고 화를 냈다는 에피소드도 남아 있다.

나 역시 눈 코 뜰 새 없이 바쁜 나날이 이어지고 있었다. 「바람계곡의 나우시카」와 「천공의 성 라퓨타」를 만들 때는 아침 9시부터 오후

6시까지 지브리에서 보내고, 이후부터는 《아니메주》 편집부로 돌아가 일을 했다. 그런데 영화 두 편을 동시에 만들게 되자 9시부터 6시로는 일이 끝나지 않았다. 밤 12시까지 지브리에 있다가 출판사로 가서 새벽까지 잡지를 만들었다. 잡지 만드는 직원과 아르바이트생을 포함해 약 60명이 새벽까지 내 지시를 기다리고 있었던 것이다. 당시 《아니메주》는 24시간 체제로, 인쇄소에서 원고를 가지러 오는 아침 7시까지는 원고를 마무리해야 했다.

평소에 낮에 지브리에 있으면 편집부에서 누군가가 의논하러 온다.

"편집장님, 지브리의 이 사람을 취재해도 될까요?"

그러면 나는 화를 내면서 소리친다.

"안 돼. 이렇게 바쁜데 어떻게 취재한다는 거야?"

그런데 한밤중에 편집부에 가서는 반대로 말한다.

"왜 그 사람을 취재하지 않았지?"

"편집장님께서 낮에 시간이 없어서 안 된다고 하셨잖습니까?"

하지만 그런 말은 기억나지 않는다. "그러고 보니 내가 그랬지……"라고 기억나는 것은 지브리의 현장에 도착한 다음이다. 완전히 이중인격자가 되어버렸다.

그러는 사이에 「이웃집 토토로」와 「반딧불이의 묘」에 양분했던 시간을 「반딧불이의 묘」에 더 투입하게 되었다. 작업이 계속 지연되면서 그쪽 회의가 늘어난 것이다. 그랬더니 출판사로 돌아갈 때를 노린 것처럼 밤 1시에 미야로부터 전화가 왔다. 회의를 하고 싶다는 것이다. 나는 1시에는 출판사로 돌아가야 한다. 그걸 뻔히 알면서 일부러 전화하다니. 회의라고 해도 대단한 것이 아니다. "엔딩 크레디트를 어떤 순서로 할까"처럼 사소한 것들이다. 화는 났지만 그의 속마음은 알고 있다. 자기 쪽에도 신경을 쓰라는 뜻이다. 그런 일이 사흘 넘게 계속되면서, 그 후에는「이웃집 토토로」를 꼭 먼저 들러야 했다.

일이 길어지면서 내 시간은 거의 없어졌다. 그럼에도 재미있어서 피곤한 줄을 몰랐다. 물론《아니메주》편집부 직원에게는 많은 폐를 끼쳤지만.

행복을 가져다준 작품

「이웃집 토토로」를 통해 미야 감독은 처음으로 음악에 관여하게 되었다. 제작이 크게 늦어지고 있는「반딧불이의 묘」에 좀 더 시간을 할애했던 나도 음악에는 신경을 쓰지 않을 수 없었다.

주제가를 어떻게 할까, 누구에게 가사를 써달라고 할까 의논하던 중 미야와 나의 입에서 동시에 똑같은 사람의 이름이 뚫고 나왔다.

"나카가와 리에코!"

나와 그 사이에서는 그런 일이 종종 있었는데, 나카가와 리에코는 『싫어싫어 유치원』이란 책을 쓴 작가다. 나는 나카가와에게「이웃집 토토로」의 가사를 부탁하러 갔다.

그런데 쉽게 승낙해주지 않았다. 그때까지 전혀 몰랐는데, 『싫어싫어 유치원』이라는 그림책은 수백만 부가 팔린 엄청난 베스트셀러라고 한다. 당연히 영화로 만들고 싶다는 사람들도 줄을 섰는데, 그것을 전부 거절한 사람이다. 만만한 상대가 아닌 것이다. 한참의 설득 끝에 그녀는 내 제안을 받아들여서 좋은 가사를 써주었다.

문제는 거기서 끝나지 않았다. 힘들게 가사를 받았는데, 이번에는 작곡가인 히사이시 조에게 거절을 당한 것이다.

「이웃집 토토로」의 내용도 정해지지 않았을 때, 미야와 둘이 어린아이가 부를 수 있는 노래를 만들어달라고 히사이시에게 부탁하러 간 적이 있었다. 그는 "알겠습니다, 도전해보겠습니다"라고 말했지만, 그런 경험이 없어서 좀처럼 곡을 완성할 수 없었다. 그러는 동안에 나카가와의 가사가 완성되었고 조바심이 난 히사이시는 가사를 보고 이렇게 말했다.

"가사에 맞춰서 곡을 쓸 수는 없습니다."

모든 게 물거품이 될 수 있는 상황이었다. 그런데 하늘이 도왔는지 자신의 지인이 나카가와의 팬이라는 소식을 들은 히사이시가 마음을 돌렸고 우여곡절 끝에 곡을 받을 수 있었다. 그렇게 해서 태어난 작품이 「산책」을 비롯한 명곡들이다.

하지만 「이웃집 토토로」의 흥행 성적은 별로 좋지 않았다. 6주간 제1차 개봉을 한 결과, 극장에 온 관객은 45만 명. 이 숫자가 어느 정도인지 감이 오지 않겠지만, 「센과 치히로의 행방불명」의 개봉 첫날 관객이 42만 명이었다. 즉, 6주간 개봉 45만 명이라는 숫자는 엄청난 적자였다. 처음에 많은 사람들이 예상한 결과로 끝난 것이다. 그래서 그때는 나중에「이웃집 토토로」덕분에 모두가 행복해질 줄은 꿈에도 몰랐다.

미야가 만든 첫 그림 콘티에는 영화의 초반부터 토토로가 등장한다. 스토리 흐름상 토토로가 초반에 등장하는 게 아무래도 어색해서 진지하게 미야를 설득한 결과, 토토로를 중간부터 등장시키게 되었다. 그때 미야가 스스로를 설득시킨 것은 '한 편 더 있으니까 괜찮아'라는 마음이었다. 실제로 나도 미야에게 그렇게 말했고, 다카하타가 또 한 편을 만들기에 관객 서비스는 조금 줄여도 된다고 생각했다. 그래서「이웃집 토토로」는 조용하게 시작되게 되었다.

만약「이웃집 토토로」한 편만을 개봉했다면 완전히 다른 작품이 되었을지도 모른다. 미야는 처음부터 끝까지 콧노래를 부르면서 이 작품을 만들었다. 실제로「이웃집 토토로」는 극장 수입에서는 적자를 면치 못했지만 DVD 판매, TV 방영, 토토로 인형 등으로 막대한 수익을 가져왔다. 미야 감독의 진심이 통한 게 아닐까 생각하는 부분이다.「이웃집 토토로」가 가져온 부가 수익으로 인해 지브리의 재정은 눈에 띄게 좋아졌다. 또한 스튜디오 지브리 작품의 마크에도 토토로를 사용하게 되었다.

토토로는 두 팔을 들어 만세를 부르고 싶을 만큼 지브리에 막대한 공헌을 했다. 장차 토토로 신사를 만들고 싶을 정도다.

4   반딧불이의 묘

– 어둠 속에서 고개를 내민 쿠데타 계획

「반딧불이의 묘」 이야기를 하는 것은 굉장히 힘든 일이다. 내용의 무게도 그렇지만 개봉할 때까지의 과정이 외줄타기의 연속이라서 지금 돌이켜보아도 숨이 막힐 지경이다.

처음에 문제가 된 것은 시나리오였다.

다카하타의 말에 따르면 영화에는 두 종류가 있다고 한다. 주인공에 대한 감정이입형과 그렇지 않은 영화다. 미야 감독의 영화는 전자다. 「바람계곡의 나우시카」를 비롯해 「바람이 분다」에 이르기까지, 그의 작품에서 관객은 시종일관 손에 땀을 쥐고 주인공의 일거수일투족을 보면서 일희일비한다. 한편 다카하타는 후자를 목표로 모든 등장인물에 적당히 거리를 둔다.

원작에서 작가인 노사카 아키유키는 여동생에 대한 속죄의식이 강해서, 그대로 만들면 주인공인 세이타에게 감정이입한 영화가 되어버린다.

"자기 연민은 그리고 싶지 않아······."

다카하타의 중얼거림을 지금도 똑똑하게 기억하고 있다. 그가 쓴 시나리오는 언뜻 보기에 원작과 똑같았지만, 내용은 세이타가 말하는 여동생 이야기였다.

원작자인 노사카를 처음 만났을 때의 기억은 지금도 머릿속에 선명하게 남아 있다. 원작의 사용 허락을 받기 위해 신초샤의 하쓰미 부장을 따라 그의 자택으로 찾아갔다. 그런데 그때까지 잠을 자고 있던 그가 일어나자마자 맥주를 들이켜는 게 아닌가? 그것도 웬만큼 마시는 게 아니라 입이 다물어지지 않을 만큼 벌컥벌컥 들이켜 우리를 당황시켰다. 하지만 충격적이었던 첫인상과 달리 그는 영화 개봉에 맞추어 추천사를 써주는 등 여러모로 큰 도움을 주었다.

"개봉을 연기해주게"

「반딧불이의 묘」의 제작이 계속 지연되면서 프로듀서인 하라와 다카하타 사이는 서로 말도 하지 않을 만큼 험악해졌다. 문제는 다카하타가 하라의 말을 전혀 듣지 않는다는 것이었다. 제작의 막바지에 접어들면서 개봉에 맞추기 위해 하라가 색을 칠하게 한 적이 있었는데, 다카하타가 이것을 전부 뒤집은 적도 있었다.

069

"스즈키 씨, 이럴 때는 셋이 모여서 단판을 짓는 편이 좋아."

미야가 내게 조언하기에 다카하타와 하라를 만나 기치조지의 다이이치 호텔에 방을 잡아놓았으니까 그곳에서 흉금을 터놓고 이야기하자고 제안했다. 그런데 호텔 방에 들어가 이야기를 하려고 한 순간, 전화벨이 울렸다. 상대는 역시 미야. 그는 다짜고짜 "어떻게 됐나?"라고 물었다.

"어떻게 되긴요? 아직 시작도 안 했습니다."

전화를 끊고 나서 대화를 시작했는데, 결론부터 말하면 역시 결렬되었다.

자세한 상황은 기억나지 않지만, 갈등의 배경에는 두 사람의 성격이 자리하고 있었다. 하라는 의리나 인정을 중요하게 여기는 반면에 다카하타는 전형적인 합리주의자로 자기 작품의 완성도를 가장 중요하게 여기는 사람이기 때문이다.

그러는 와중에 신초샤 안에서도 "신초샤의 첫 영화가 개봉에 맞추지 못한다면 큰일이다"라는 목소리가 커지기 시작했다. 그러자 당시 신초샤 임원이었던 닛타 히로시가 나를 호출했다.

"나도 시바타 렌자부로[5]라든지 마쓰모토 세이초[6]라든지, 지금까지

---

5 『유령신사』 등 주로 역사소설을 많이 쓴 일본의 작가.
6 『점과 선』을 비롯해 수많은 명작을 내놓은 사회파 추리소설의 아버지.

굉장한 작가들을 많이 상대해왔지만 그렇게 꽉 막힌 사람은 본 적이 없네. 좋은 방법이 없겠나?"

"지금은 이 영화의 최고책임자인 사토 사장님께서 다카하타 감독에게 단호하게 말씀하시는 수밖에 없지 않을까요?"

"사토 사장님이 어떻게 말하면 가장 효과가 있겠나?"

나는 순간적으로 이렇게 대답했다.

"질을 떨어뜨리지 말고 개봉에 맞춰달라고 말씀하시면 됩니다."

그리고 그 시점까지 완성된 필름을 신초샤로 가져가 사장에게 보여주기로 했다. 당일 아침, 다카하타와 이야기를 하고 있을 때 하라가 나타나서 손짓을 했다.

"잠깐 나 좀 보세."

별실로 들어가자마자 하라는 내게 무릎을 꿇고 규슈 사투리로 말했다.

"나와 다카하타 씨는 지금으로선 일을 같이 할 수 없네. 미안하지만 자네가 나를 대신해 「반딧불이의 묘」를 맡아주지 않겠나?"

이렇게까지 말하는데 모른 척할 수가 없어서, 하라를 대신해 다카하타와 동행하게 되었다. 신초샤로 가는 전철 안에서 나는 다카하타에게 솔직히 털어놓았다.

"다카하타 씨, 한 말씀만 드리겠습니다. 아마 사토 사장은 질을 떨어뜨리지 말고 개봉에 맞춰달라고 말할 겁니다. 어떻게 대답할지는 다카하타 씨에게 맡기겠습니다."

신초샤에 도착해 일단 사토 사장, 다카하타와 함께 그때까지 완성된 영상을 보았다. 70~80퍼센트쯤 완성되었을까, 연기자들의 목소리도 들어가지 않은 상태였다. 그 이후 잠시 이야기를 나누다 사토 사장이 나와 약속한 말을 입에 담았다.

"다카하타 감독님, 질을 떨어뜨리지 말고 개봉에 맞춰주십시오."

다음 순간, 다카하타의 입에서 상상을 초월한 말이 튀어나왔다.

"개봉을 연기해주십시오."

이 말에 사토 사장은 말문이 막힌 표정을 지었다. 나도 예상치 못한 대답이었다.

다카하타는 오직 "개봉을 연기해주십시오"라는 말만 반복할 따름이었다. 사토 사장은 곤란한 표정으로 대꾸했다.

"이건 나 혼자만의 문제가 아닙니다. 우리 회사 전체의 일인 만큼 의논해봐야 하겠지만, 개봉을 연기하기는 어려울 겁니다."

한마디로 말하면 결렬이다. 그렇게 말하는 두 사람을 나는 구경꾼처럼 바라보았다.

색을 칠하지 않고 개봉하다

왜 이렇게까지 늦어지는가. 내가 보기에 다카하타라는 사람은 영화를 제대로 만들 수 있다면 죽어도 좋다고 생각하는 사람이다. 그래서 무서운 것이 없다. '개봉에 맞춘다, 맞추지 않는다'에 대해 그가 어떻게 생각하는지는 잘 모르겠다.

과연 개봉에 맞출 수 있을까 하는 마지막 갈림길에서, 미야가 신바시의 편집부로 전화를 걸어왔다. 언제나 그렇듯이 밤 1시가 넘어서였다.

"스즈키 씨, 좋은 아이디어가 떠올랐으니까 빨리 오게."

무슨 일인가 해서 기치조지로 달려간 것이 오전 2시였다. 미야는 술집 같은 곳으로 나를 데려가더니, 어둠 속에서 천천히 종이 한 장을 꺼냈다. 그곳에는 「반딧불이의 묘」 쿠데타 계획'이라고 쓰여 있다. 내용을 살펴보니 "완성된 원화를 이런 식으로 해서 동화로 만들면 된다. 색은 이렇게 칠하면 된다"라는 식으로 기술적인 아이디어가 자세히 쓰여 있는 게 아닌가? 그는 목소리를 낮추며 덧붙였다.

"이 계획을 내가 실행할 수는 없어. 이걸 실행할 수 있는 사람은 자네밖에 없으니까 알아서 하게."

드디어 최후의 순간이 다가왔다. 이대로는 개봉에 맞추지 못하게 되었을 때, 마지막 설득을 하기 위해 다카하타 감독의 집 근처로 가 전화를 걸었다.

"지금 댁으로 가겠습니다."

그랬더니 부인이 그의 말을 전해주었다.

"역 앞의 커피숍에서 기다리시라고 합니다."

커피숍에 들어간 것이 낮 12시. 하지만 아무리 기다려도 연락이 오지 않았다. 결국 다카하타가 나타난 것은 저녁 8시였다. 원래 곤란하거나 난처한 자리에는 오지 않는 사람이다. 그는 입을 열자마자 이렇게 말했다.

"폴 그리모Paul Grimault [7] 감독의 「왕과 새」 에피소드를 알고 있나?"

무슨 말인지 몰라서 잠자코 듣고 있었더니, 「왕과 새」라는 프랑스 영화도 2년 만에 완성하기로 했지만 3년이 지나도 절반밖에 완성되지 않았고, 프로듀서가 다시 2년을 연장해주어도 결국 완성되지 않았단다. 화가 난 프로듀서가 그때까지 찍은 필름을 가져가 억지로 개봉하려고 하자 감독인 폴 그리모가 법에 호소했고 프랑스 법원에서는 프로듀서의 처지도 이해하지만 폴 그리모의 심정도 이해가 된다고 하면서, 영화의 앞부분에서 미완성인 채 개봉하기에 이른 경위를 전부 설명하라는 판결을 내렸다고 한다.

다카하타는 거기까지 말하고 나를 똑바로 쳐다보면서 덧붙였다.

"그와 똑같은 일을 「반딧불이의 묘」에서 해줄 수 있겠나?"

나는 그 자리에서 딱 잘라서 거절했다.

"그럴 수 없습니다."

그는 알겠다고 하면서 의외로 순순히 물러났다.

그가 최종적으로 "스즈키 씨, 이렇게 하면 어떻겠나?"라고 제안해

---

7 「왕과 새」, 「작은 병정」 등을 만든 프랑스 애니메이션의 아버지.

온 것은 두 장면의 색을 칠하지 않고 개봉하는 아이디어였다. 나는 "알겠습니다. 그렇게 하지요"라고 대답하고 관계자에게 그 사실을 전했다.

물론 색을 칠하지 않고 개봉하는 게 말도 안 되는 일이었지만 그때까지 너무나 많은 사건이 있었기에, 다들 개봉할 수 있다는 것만으로 안도할 수밖에 없었다.

첫 시사회는 지금도 선명하게 기억하고 있다. 시사회는 보통 점심 때쯤 하는데, 「반딧불이의 묘」의 경우에는 아침 8시쯤 시작했다. 밤을 꼬박 새우며 배급사에 필름을 넘기기 직전까지 작업한 탓에 그렇게 이례적인 시간이 된 것이다. 신초샤 사람들도 같이 시사회를 봤는데, 영화가 끝나도 아무도 입을 열지 않았다. 분위기는 더할 수 없이 무거웠다.

「반딧불이의 묘」가 지브리에 끼친 영향

1988년 4월, 「반딧불이의 묘」는 결국 두 군데를 색칠하지 못한 상태로 개봉했다. 관계자로서 부끄러운 일이지만, 미완성 작품이라는 말은 입도 벙긋하지 않았다. 미리 말해야 한다는 사람도 있었지만 설명할수록 이야기가 복잡해지는 탓에, 이런 때는 잠자코 있는 게 낫다고 마음먹었다.

더욱이 문제의 장면은 세이타가 채소를 훔치는 처절한 장면이라서, 실제로 본 사람 중에는 연출이라고 받아들인 사람도 많았고, 미완성임을 알아차린 사람은 거의 없었다.

그런데 세상은 참 무서운 법이다. 가족과 함께 시부야의 극장으로 「반딧불이의 묘」를 보러 갔을 때, 우연히 미야의 동생이자 「바람계곡의 나우시카」 등에서 스태프로 활약한 미야자키 시로를 만났다. 그도 가족과 함께 영화를 보러 와 있었다.

그는 영화가 끝나자마자 벌떡 일어서더니 큰 소리로 나를 불렀다.

"도시오 씨, 이거 혹시 미완성 아닌가요?"

그곳에 있던 사람들이 모두 그 말을 들은 탓에 나는 몰래 식은땀을 흘려야 했다.

「반딧불이의 묘」는 개봉한 후에도 작업을 계속했다. 그리고 마침내 완성본이 나온 것은 개봉한 지 약 한 달 후인 5월 중순이었다.

감사하게도 「반딧불이의 묘」는 수많은 영화상을 받았다. 특히 프랑스에서는 약 20년간 매일 상영하는 쾌거를 이루었다.

「반딧불이의 묘」에 그토록 신경을 쓰던 미야는 이 영화를 어떻게 받아들였을까? 순순히 칭찬하고 싶지 않았는지, 그는 기묘한 포인트에서 투덜거렸다.

"군인의 자식이 그런 꼴을 당하는 건 리얼리티가 없어요."

반면에 다카하타는 「이웃집 토토로」에 찬사를 보냈다.

"토토로는 지금까지 미야 씨 작품 중에서 단연 최고일세."

그들의 목표는 평범한 사람에게 찾아온 작은 희로애락 안에서 드라마를 발견하는 것이 아닐까? 린드그렌 Astrid Lindgren [8]의 작품 중에 한 가족의 이사를 그린 작품이 있는데, 다카하타는 그런 이야기를 만들고 싶어 했다.

반대로 미야 감독의 주특기는 「바람계곡의 나우시카」나 「천공의 성 라퓨타」처럼 웅장한 설정이지만, 「이웃집 토토로」에서는 사츠키와 메이가 시골로 이사오는 장면을 멋지게 그려냈다. 두 사람을 잘 아는 사람은 「이웃집 토토로」를 보고 전반부는 꼭 다카하타 감독의 작품 같다고 말했는데, 그래서인지 미야는 더욱 다카하타의 평가가 마음에 걸린 듯했다. 그는 다카하타 감독의 "이것은 지금까지 우리 둘이 키워온 게 아닌가?"라는 말을 듣고 진심으로 기뻐했다.

지금 돌이켜보면 「이웃집 토토로」와 「반딧불이의 묘」는 지브리에 커다란 초석이 되었다. 「바람계곡의 나우시카」와 「천공의 성 라퓨타」에 이어서 '피가 끓고 힘이 넘치는 모험 활극' 노선으로 한정했다면, 성장은 그곳에서 멈추었을 것이다. 하지만 두 작품을 통해 문학작품을 애니메이션으로 만드는 것에 도전했고, 세상 사람들의 찬사를 받음으로써 지브리의 폭은 몰라보게 넓어졌다.

---

8   스웨덴의 아동문학가. 『말괄량이 삐삐』, 『꼬마 닐스 칼손』 등의 작품을 썼다.

THE GENIU

지브리의 첫 도전

5   마녀 배달부 키키
– 미야자키 하야오, 사춘기에 도전하다

「마녀 배달부 키키」는 스튜디오 지브리 최초로 외부에서 가져온 기획이다.

광고회사를 통해 이야기가 들어온 것은 1987년 봄으로, 마침 「이웃집 토토로」와 「반딧불이의 묘」의 제작이 시작되었을 무렵이다. 일본 경제가 활기를 띠면서 영화 제작에 기업이 본격적으로 투자하고 제휴하기 시작한 시기이기도 하다.

사실 광고회사에서 감독으로 지명한 사람은 다카하타였다. 그런데 그가 거절해서 미야에게 물어보았다.

"이런 기획이 들어왔는데 어떻게 할까요?"

"난 시간이 없으니까 자네가 읽어보게."

그런 경우에 미야는 반드시 다음 날 아침에 감상을 묻는다. 그래서 편집 일이 끝나자마자 한밤중에 원작을 읽었다. 물론 아동문학으로서는 훌륭하다고 생각했다. 그런데 이 작품을 어떤 관점으로 만들면 좋을지는 알 수 없었다.

이튿날 아침, 예상한 대로 미야가 물었다.

"어떤가?"

"언뜻 보면 아동문학 같지만, 독자층은 젊은 여성이 아닐까요?"

"왜?"

"제 생각엔 시골에서 올라와 도시에서 일하는 여성에 관해 쓴 것 같습니다. 그녀들은 좋아하는 물건을 사고, 좋아하는 곳에 여행을 가고, 자유롭게 연애하면서 인생을 즐기고 있습니다. 그런데 아무도 없는 집으로 돌아왔을 때, 불현듯 찾아오는 외로움 같은 게 있지 않을까요? 그걸 메울 수 있다면 좋은 영화가 될 겁니다."

내 말을 들은 그는 눈을 반짝이며 흥미를 드러냈다.

미야자키식 시나리오 집필법

하지만 당시 미야 감독은 한창 「이웃집 토토로」를 만드는 중이었다. 즉, 본인이 직접 제작할 수 없었다.

"언제까지나 우리 같은 영감들이 영화를 만들 순 없잖아? 젊은 사람에게 기회를 주는 게 어때?"

미야는 그렇게 말하면서 본인이 프로듀서 겸 시나리오를 맡고, 자신의 곁에서 연출을 공부했던 가타부치 스나오를 감독으로 발탁했다. 참고로 가타부치는 나중에 「이 세상의 한구석에」란 작품으로 명성을 날리게 된다.

「이웃집 토토로」의 제작이 끝나자마자 미야는 곧바로 시나리오 집필에 들어갔다. 그런데 원작을 읽고 나더니 내게 따지듯 말했다.

"스즈키 씨가 말한 내용은 어디에도 쓰여 있지 않잖아!"

"물론 그렇게 쓰여 있는 건 아니지만……."

결국 나는 시나리오가 완성될 때까지 미야의 사무실이 있던 아사가야에 매일 나가야 했다. 그가 질문하거나 의논할 때마다 곧바로 대답할 수 있도록 아침부터 밤까지 옆에 있어야 했던 것이다.

미야의 집필 방식은 굉장히 독특해서, 내게 이런저런 말을 하면서 연필로 계속 글을 쓴다. 그리고 한 시퀀스가 끝날 때마다 원고를 보여준다.

"어떤가?"

"여기는 좀 더 이렇게 해야 하지 않나요?"

이렇게 감상을 말하면 금세 다시 고쳐 쓴다. 그런 식으로 시나리오를 쓰는 작가는 본 적이 없어 처음에는 어리둥절했다. 일반적인 작가라면 대부분 혼자 서재에 틀어박혀 머리를 감싸고 쓰지 않을까?

시나리오를 쓰는 방식도 그렇지만 장면을 구상하는 솜씨에도 감탄을 금할 수 없었다. 열세 살이 된 마녀 키키는 독립 후 고향을 떠나 여행을 하게 된다. 원작에서는 그 내용에 많은 시간을 할애한다. 아마 보통 사람이 만들면 최소 20분 정도는 될 분량이다. 그런데 미야는 그 장면을 불과 5분 만에 마무리했다. 기본 설정을 간단하게 정리해서 이해하기 쉽게 보여줄 뿐만 아니라 매우 인상적인 장면을 만들어낸 것이다. 시나리오를 읽은 순간 나도 모르게 "미야 씨, 굉장합니다!"라고 말한 것이 지금도 기억난다.

키키는 코리코 마을에 도착하자마자 톰보라는 소년을 만난다. 남녀가 금방 만나는 것이 미야자키 감독 영화의 특징이지만, 이번만큼은 조금 이상하지 않을까 생각했다.

"보통은 동성인 여자아이와 친구가 된 다음, 조금 안정되고 나서 이성으로 눈길을 향하지 않나요?"

"세계는 남자와 여자로 되어 있으니까 이걸로 괜찮아."

아, 참으로 미야다운 발상이다.

그 이후 잠시 스토리가 진행된 다음에, 키키는 숲속에서 우슐라라는 여성을 만난다. 미야는 처음에 그녀의 나이를 27세로 설정했는데, 나는 좀 더 어려야 할 것 같다고 주장했다. 키키와 비슷한 나이인 게 어울릴 것 같다는 생각이었다. 결국 우슐라의 나이는 18세가 되었다.

우슐라에 관해 가장 기억에 남는 것은 영화 속에서 그녀가 그렸던 그림이다. 그 그림의 밑바탕이 된 것은 미야의 장인이 가르치던 장애인학교 학생의 작품이다. 그의 장인은 전쟁 중에 반전 활동으로 투옥된 적도 있을 만큼 심지가 곧은 분으로, 그 이후 오랫동안 장애아의 사회복귀를 위해 일했다고 한다. 그 인연으로 그림을 사용했는데, 그런 소도구를 활용하는 능력이 놀라울 만큼 뛰어나다.

영화의 중반쯤에 톰보가 키키를 파티에 초대하는 장면이 있다. 그런데 키키는 노부인이 만든 청어파이를 배달하느라 파티에 늦고, 비가 내린 탓에 감기에 걸려 자리에 눕게 된다. 그 이후 다시 만났을 때 두 사람의 거리는 단숨에 좁아지는데, 나는 그 전에 슬며시 미소가 배어나오는 사랑싸움 같은 장면을 넣으면 어떻겠냐고 제안했다. 그것을 계기로 두 사람 사이가 더욱 좋아지는 식으로 표현하면 좋지 않을까 한 것이다.

미야는 내 의견을 받아들이는 듯하더니 "그런 건 도저히 쓸 수 없어!"라고 포기했다. 이제야 고백하지만 그때 내가 한 제안은 그를 곤란하게 만들기 위한 장난이었다. 나는 그가 일반적인 남녀관계에 대해 그릴 수 없다는 걸 이미 알고 있었기 때문이다.

그런 식으로 시나리오가 나아가면서 문제의 마지막 장면에 도착했다. 우슐라의 오두막에서 돌아온 키키는 청어파이 배달을 맡긴 노부인으로부터 뜻밖의 선물을 받고 눈물을 흘린다. 미야는 처음에 그곳에서 이야기를 끝내려고 했다. 그곳에서 마무리해도 대단히 감동적인 이야기다. 하지만 나는 그것만으론 조금 부족하다는 생각이 들었다. 오락 영화인 만큼 마지막에는 관객을 위한 화려한 장면이 필요하지 않을까? 그래서 비행선을 타고 톰보를 구하는 스펙터클한 장면을 덧붙이게 되었다.

감독 교체라는 쓰디쓴 결단을 내리다

시나리오가 완성된 이후, 원작자인 가도노 에이코가 자기 작품이 어떻게 만들어지는지 걱정하고 있다는 이야기를 들었다.

미야에게 그 말을 전했더니 "스즈키 씨, 둘이 만나러 가자"라고 말했다. 우리는 차를 가지고 그녀의 집에 간 뒤 이렇게 말했다.

"지브리에 놀러 가보지 않겠습니까?"

미야는 15분 만에 갈 수 있는 거리를 한 시간에 걸쳐 여기저기 돌아다니며, 그녀에게 무사시노의 풍경을 보여주었다. 그 주변의 길이 전부 머릿속에 들어 있어서, 어디에 어떤 자연이 있고 어떤 풍경이 있는지 잘 알고 있었기 때문에 가능한 일이었다.

"이렇게 아름다운 곳이 있군요!"

가도노는 연신 탄성을 내뱉었다. 그리고 우리가 지브리에 도착했을 무렵에는 마음의 거리가 완전히 메워져 있었다. 머릿속에서 계산된 일이 아니다. 그는 본능적으로 그렇게 행동하는 사람이다.

실은 나도 이 방법을 똑같이 써본 적이 있다. 프레드릭 백Frédéric Back[9]이라는 캐나다의 애니메이션 감독을 지브리 미술관에서 스튜디오까지 모실 때 여기저기를 보여주면서 돌아다녔다. 그랬더니 그도

---

[9] 아카데미 단편 애니메이션 상을 수상한 세계적인 애니메이션 감독.

"도쿄에 이렇게 멋진 곳이 있습니까!"라며 좋아했다.

　미야 감독이 시나리오 집필에 착수하는 한편, 연출의 가타부치와 작화감독인 콘도 등 주요 스태프는 스웨덴의 스톡홀름과 고트랜드 섬으로 로케이션 헌팅을 떠났다.

　그곳은 예전에 미야가 린드그렌를 만나기 위해 방문했던 곳이기도 하다. 당시 미야에게는 첫 해외여행이었던 터라 동행했던 사람의 말에 따르면 그는 긴장한 나머지 오른손과 오른발을 같이 내밀며 걸었다고 한다. 아마 그는 자신이 처음 접한 유럽의 아름다운 풍경을 젊은 사람에게도 보여주고 싶었으리라.

　스태프가 로케이션 헌팅에서 귀국하고 시나리오도 완성되어 드디어 본격적으로 제작에 착수하려고 하자 과연 이 체제로 좋은 작품을 만들 수 있을까 하는 불안이 스멀스멀 피어올랐다. 나는 미야를 커피숍으로 불렀다.

　"이런 상태에서 잘될까요?"

　솔직하게 물어보니 그도 나와 똑같이 생각하고 있었다.

　"나도 그렇게 생각했어. 스즈키 씨, 어떻게 하면 좋을까?"

　"토토로에 이어 바로 하시게 돼서 죄송하지만, 미야 씨가 맡아주시지 않겠습니까?"

　다행히도 그는 그 자리에서 "알았어"라고 승낙해주었다.

　며칠 후에 스태프를 모아서 그 사실을 말하고, 가타부치는 계속해서 조연출로 일하기로 했다.

내가 보기에 미야 감독은 후배들에게 좋은 선생님은 아니다. 당시 지브리에는 녹음 스튜디오가 없어서 녹음을 하려면 외부에 나가야 했는데, 그런 경우에 미야를 태우고 가는 사람은 엄청난 곤경에 처하게 된다. 어느 루트로 갈지, 어느 타이밍에 방향 지시등을 켜고 어디에서 브레이크를 밟을지 모든 상황에서 일일이 지시를 내린다. 그러면 대부분의 사람은 노이로제에 걸릴 수밖에 없다. 그 결과 언젠가부터 그를 태우고 운전하는 일은 내 담당이 되었다…….

그런 성격은 그림을 그릴 때도 발휘돼서, 미야가 얼굴을 내밀면 모두 마음 편하게 작업할 수 없다. 미야가 원하는 것은 상대방 안에서 장점을 찾아내 성장시키는 게 아니라 오직 '자신의 분신'일 뿐이다. 이런 성격 때문에 많은 사람들이 힘들어하긴 했지만 반대로 생각하면 그 덕분에 좋은 영화를 만들 수도 있어서, 그것을 어떻게 받아들여야 할지는 어려운 문제다.

어쨌든 감독이 교체된 이후, 미야가 웬일로 나를 보면서 이렇게 말했다.

"스즈키 씨, 산책 가자."

입을 꼭 다문 채 기치조지의 거리와 이노카시라 공원을 세 시간쯤 걸어다녔을까? 커피숍에 들어가 커피를 주문하더니 내 얼굴을 똑바로 쳐다보며 물었다.

"키키를 어떻게 그려야 할까?"

이럴 때는 곧바로 구체적인 대답을 내놓지 않으면 안 된다. 나는 반사적으로 대답했다.

"사춘기가 아닐까요?"

미야는 신음하듯 말했다.

"사춘기라……."

"아직 어엿한 성인이 되지 않은 유예기간이라고 생각하시면 어떨까요?"

"알았네."

그는 그렇게 말하고는 냅킨에 캐릭터를 그리기 시작했다. 키키의 머리에 큼지막한 리본이 달려 있는데, 그 리본은 아직 자신을 지켜줄 확실한 것을 가지고 있지 않은 사춘기의 상징이었다.

"열세 살 소녀는 어떤 느낌일까?"

마침 우리 딸이 열세 살이기도 해서 나는 구체적인 에피소드를 들려주었다. 사춘기에 관해 생각하는 사이에 지지의 역할도 확실해졌다. 지지는 단순한 반려동물이 아니라 또 하나의 자기 자신이었다.

비행선을 넣지 않았더라면

그림 콘티와 작화 작업을 진행하는 사이에 라스트 신을 어떻게 할까 하는 이야기가 나왔다. 메인 스태프들 사이에서는 키키가 노부인으로부터 케이크를 선물 받은 장면으로 끝내는 편이 좋다는 의견이

대다수를 차지했다.

나는 미야가 없는 곳에서 메인 스태프들을 모아놓고 설득했다.

"감독이 미야 씨가 아니라면 나도 비행선 장면은 없는 편이 좋다고 생각해. 하지만 미야 씨가 비행선 장면을 그린다면 반드시 멋진 장면이 될 거야. 차분하게 끝나는 영화도 좋지만, 오락 영화라면 역시 마지막에 '영화를 봤다'는 만족감이 필요하지 않겠나? 그러기 위해서는 화려한 장면이 있는 편이 좋겠지."

그러자 지금까지 반대했던 스태프들도 모두 고개를 끄덕였다.

이 이야기에는 후일담이 있다. 영화가 개봉된 뒤, 영화잡지인 《키네마준호》의 영화평에 이런 내용이 쓰여 있었다.

"좋은 영화이긴 했지만 케이크 장면으로 끝났다면 더 명작이 되었을 것이다."

그때는 나도 아직 젊어서 "말도 안 되는 소리! 관객의 마음을 모르는군"이라고 반발했다. 하지만 마음 깊은 곳에서는 "이 글을 쓴 사람은 정말 굉장하군" 하고 감탄했다.

분명히 스토리 면에서 볼 때는 그런 편이 좋았을지도 모른다. 하지만 영화라는 건 한 장면마다 화면에서 눈을 떼지 않고 가슴을 두근거리면서 봐야 하지 않을까? 관객의 만족도라는 점에서 보면 비행선 장면을 넣길 잘했다고 지금도 생각한다.

「마녀 배달부 키키」 때부터 본격적으로 기업과 제휴하기 시작했다. 그로 인해 프로듀서의 일도 크게 달라지게 되었다.

제작에 들어가기 전에 인사도 할 겸, 택배회사인 야마토운수의 사장을 비롯해 간부들이 지브리에 온 적이 있었다. 그때 미야는 그들 앞에서 단호하게 말했다.

"저는 야마토운수의 사원 교육을 위해 영화를 만들 생각은 추호도 없습니다."

어디까지나 관객을 위해 영화를 만들겠다고 선언한 것이다. 그 말을 듣고 역시 대단한 감독이라고 생각했다.

야마토운수의 쓰즈키 미키히코 사장도 그 말을 받아들이는 도량 있는 사람이었다. 하지만 그 후는 고생의 연속이었다. 그때만 해도 기업과의 제휴에 대한 나의 인식이 안이했던 탓이다.

가장 크게 달라진 것은 홍보 방식이었다. 일본 영화 시장은 옛날부터 쇼치쿠, 도호, 다이에이, 도에이, 닛카쓰라는 다섯 개 대형 회사가 제작과 배급, 홍보를 담당했다. 관객은 어느 영화를 보러 갔다가 다음 영화의 예고편을 보고 다시 극장을 찾는다. 그것이 홍보에 굉장히 큰 역할을 담당했다.

그런데 1980년대에 접어들자 영화를 습관적으로 보러 가는 사람이 많이 줄었다. 아무리 열심히 만들어도 작품을 알리기가 힘들어진 것이다. 그래서 나온 것이 기업과의 제휴를 통한 홍보 방식이다.

나는 야마토운수의 TV 광고를 통해 「마녀 배달부 키키」를 많은 사람들에게 알리고 싶다고 단순하게 생각했다. 그런데 막상 광고회사와 교섭을 시작하자 그쪽의 무리한 요구와 이쪽의 인식 부족이 부딪치면서 상당히 옥신각신하게 되었다. 결국 광고회사와 정식으로 계약하지 않은 채 일을 진행하게 되었다.

"미야자키 감독도 이제 끝났군"

야마토운수와의 제휴에서도 많은 일들이 있었다. 배급사인 도에이는 야마토운수의 전국 영업소를 이용해 예매권을 수만 장 팔려고 했다. 그런데 일이 틀어지면서 예매권을 팔 수 없게 되었다. 그러자 도에이 담당자인 하라다 무네치카의 입에서 험한 말이 튀어나왔다.

"미야자키 감독도 이제 끝났군."

나는 깜짝 놀라서 물었다.

"네? 그게 무슨 말씀이시죠?"

"자네도 알다시피 흥행 성적이 계속 떨어지고 있잖아?"

화는 났지만 그는 어디까지나 사실을 말한 것이다. 영화에서는 좋은 작품을 만드는 것도 중요하지만 흥행 성적도 중요하다. 지금 생각하면 그런 당연한 사실을 잊어버리고, 만드는 즐거움에만 취해 있었다는 점을 부정할 수 없다. 하라다의 말을 듣고 처음으로 영화의 성공에는 두 가지가 필요하다는 사실을 깨달은 것이다.

나는 그 길로 곧장 닛폰 TV로 향했다. 관객을 동원하려면 홍보를 해야 한다는 사실은 알고 있었다. 하지만 홍보의 구체적인 방법에 대해서는 제대로 아는 바가 없었다. TV에서 뭔가를 하면 자연스레 홍보가 되지 않을까 하는 소박한 생각뿐이었다.

그래서 지브리 영화의 TV 방영으로 알게 된 영화부의 요코야마 무네요시를 만나서 의논했다. 그와 이야기를 하는 사이에 갑자기 닛폰 TV도 출자하겠다는 의견을 전해왔다.

홍보에 큰 도움이 되리라고 안심한 것도 잠시, 요코야마의 부하직원인 오쿠다 세이지로부터 연락이 왔다.

"스즈키 씨, 지브리에는 굿즈가 많이 있죠? 되도록 많이 가져와주시지 않겠습니까?"

굿즈가 왜 필요할까? 이상하게 여기고 물어보았더니 다음과 같이 설명해주었다.

"투자가 정해졌다고 해서 곧바로 닛폰 TV의 전원이 협조해주는 건 아닙니다."

한마디로 말해서 각 프로그램의 프로듀서와 연출가에게 굿즈를 나눠주면서 인사하러 돌아다녀야 한다는 것이다. 나는 오쿠타와 같이 굿즈를 들고 닛폰 TV 안을 돌아다녔다.

'아하! 홍보를 하려면 이렇게 해야 하는군.'

홍보가 얼마나 힘든지 절실하게 깨달은 순간이었다.

그런 보람이 있어서인지, 닛폰 TV에서 「마녀 배달부 키키」의 특별 프로그램을 만들어주기로 했다. 굉장한 홍보가 될 것 같아서 기뻐했더니, 방송 시간은 겨우 30분밖에 되지 않는다고 한다. 오쿠다의 말에 따르면 예산도 없다고 한다.

"네? 그럼 어떻게 하죠?"

"스즈키 씨 따님과 친구들이 출연해서 '마녀 배달부 놀이'를 하는 건 어떻겠습니까?"

"그걸로 특별 프로그램이 되나요……?"

어쨌든 TV에 나갈 수 있다고 딸을 설득하고, 딸의 친구들에게도 협조를 구하게 되었다. '마녀 배달부 놀이'라는 이름으로 열세 살짜리 여자아이들이 생각하는 것, 그리고 본편 영상의 일부와 제작 현장의 모습을 합쳐서 가까스로 프로그램을 만들었는데, 내게는 홍보의 세례식 같은 작업이었다.

비록 예매권은 팔지 못했지만 야마토운수와의 제휴는 홍보에 큰 효과를 발휘했다. 모든 영업소에 포스터를 붙이고 「마녀 배달부 키키」의 영상을 사용해 TV에 스폿 광고도 내보냈다.

광고 제작도 공부의 연속이었다. 싱어송라이터인 유밍의 「따스함에 안겨진다면」을 배경음악으로 예고편 영상이 15초 흐르면서 '원작·가도노 에이코/후쿠인칸쇼텐'이라는 자막이 들어가는데, 이것은 영화와 서적의 이중 광고이고 거기에 노래까지 들어가면 삼중 광고에 해당한다는 것이다. 그래서 각 TV 방송국의 심의부와 논의하게 되었다. 원작까지는 좋지만 노래는 안 된다는 등 그 반대라는 등, 방송국에 따라 결론이 다른 탓에 그것에 맞추어 광고도 여러 버전을 만들어야 했다.

영화와 기업의 제휴라고 하면 그럴듯하게 들리지만 처음부터 제대로 된 시스템이나 전략이 있었던 것은 아니다. 모든 것은 시행착오의 연속이었다.

솔직히 말하면 영화 제작에 전념하고 싶은데 왜 이런 것까지 해야 하느냐는 마음도 있었다. 그런데 홍보의 영역에 발을 들이밀고 시행착오를 거듭하는 사이에 많은 것을 배우게 되었다. 그러면 다음에는 미리 계획을 짜서 확실하게 하려는 마음이 생기는 법이다.

하라다의 말에서 중요한 사실을 깨닫고, 처음으로 반드시 히트시키겠다는 마음으로 임한 작품이 「마녀 배달부 키키」였다. 어느 면에서는 그의 한마디가 내 인생을 바꾼 것이다.

지브리의 '소득 2배 증가 계획'

대대적인 홍보 덕분에 영화는 예상을 뛰어넘어 엄청난 흥행 수입을 올렸지만, 한편으로 커다란 과제도 남겨놓았다. 영화를 제작하는 도중에 미야가 "일단 이곳을 접는 게 좋겠어"라고 말한 것이다.

그는 지브리를 설립할 때부터 이렇게 말해왔다.

"한 스튜디오에서는 세 편까지만 만드는 게 좋겠어. 그 후로는 인간관계가 엉망이 돼서 좋은 작품을 만들 수 없거든."

그런데 「마녀 배달부 키키」로 벌써 다섯 편째다.

반면에 나는 기업과의 제휴를 비롯해 새로 배운 홍보 경험을 살려 더 해보고 싶다는 마음이 강했다. 그래서 그를 설득했더니 "그러면 지금의 현실은 어떡하고?"라는 대답이 돌아왔다.

'현실'이란 말을 이해하기 쉽게 바꾸면 돈 문제다. 「마녀 배달부 키키」의 제작비는 4억 엔이었다. 1억 엔도 되지 않는 영화가 많았던 시대에 4억 엔이라면 엄청난 금액이다. 하지만 당시 애니메이터 한 사람이 받는 월급은 고작 10만 엔 수준이었다. 당시의 급여 수준으로 봤을 때 다른 사람들의 절반 정도다. 미야는 이런 현실을 굉장히 괴로워했다.

그래서 우리는 새로운 계획을 마련했다. 이름 하여 스태프의 정규직화와 '소득 2배 증가 계획'을 내걸었던 것이다. 제작비의 90퍼센트 이상이 인건비이므로, 단순하게 말하면 4억 엔이던 제작비를 8억 엔으로 올려야 된다는 뜻이다. 그 돈을 마련하기 위해 우리는 새로운 과제에 도전하게 되었다.

6 추억은 방울방울

- 두 거장의 갈림길

"이 작품을 파쿠 씨에게 만들게 하자."

「마녀 배달부 키키」의 다음 작품을 검토하던 어느 날, 음향감독인 시바 시게하루가 가져온 「추억은 방울방울」의 기획을 앞에 두고 미야가 이렇게 말했다.

이유는 이러했다. 다카하타 감독은 「반딧불이의 묘」에서 미완성 영화를 개봉하는 사상 초유의 문제를 일으켰다. 아무리 훌륭한 작품을 만들어도, 그런 감독에게 작품을 의뢰할 사람은 없다. 하지만 그렇게 재능 있는 사람을 이대로 묻히게 할 수는 없다. 여기까지 생각한 미야가 스스로 프로듀서가 되어 다카하타를 기용한다는 작전을 짠 것이다.

나는 재빨리 다카하타의 집으로 찾아가서 타진했다.

"이런 기획이 있습니다만."

물론 다카하타의 성격상 "그래, 하겠네"라고 흔쾌히 대답하는 일은 있을 수 없다. 그는 "내가 왜 이 영화를 만들어야 하는가?"를 모든 각도에서 검토하는 사람이다. 사실대로 말하면 일일이 트집을 잡을 게 분명하므로 나는 프로듀서로서 차분히 대응하기로 마음먹었다. 그래서 매일 그의 집을 찾아가 어떻게든 의욕을 끌어내기 위해 계속 작품 이야기를 나누었다.

그렇게 반년쯤 지났을까? 상황이 조금도 진전되지 않자 미야가 답답한 얼굴로 이렇게 말했다.

"스즈키 씨, 오늘은 나도 가겠네."

그는 다카하타의 집에 도착하자마자 "파쿠 씨, 이 작품을 해줘요"라고 대뜸 애원하더니, "처음을 이렇게 시작하는 게 어떨까요?"라고 잇따라 아이디어를 내놓았다. 그중에서 기억에 남는 내용은 영화의 첫 부분을 타에코 가족의 이사로 시작한다는 것이었다. 이미 어른이 된 타에코가 이제 곧 철거될 집에 작별을 알리고 있을 때, 언니의 가방이 나온다. 깜짝 놀라서 달려간 순간, 불현듯 초등학교 5학년인 자신을 떠올린다…….

다카하타는 잠자코 미야의 이야기를 들은 뒤에 하나에서 열까지 꼬투리를 잡았다.

"미야 씨, 그러면 과거를 그리워하는 영화가 되잖아? 그건 좀 그렇지 않을까? 우리는 지금까지 그런 시점에서 영화를 만든 적이 없잖나?"

인내심이 강한 미야도 마지막에는 분통을 터트렸다.

"어지간히 하십시오! 파쿠 씨는 아이디어를 하나도 내지 않고, 남이 낸 아이디어를 부정하기만 하잖아요! 할 마음이 없으면 그렇다고 말하세요!"

미야는 성실함으로 똘똘 뭉친 사람으로, 자신이 정한 목표에 도달하기 위해 한 걸음씩 내딛으며 끊임없이 노력하는 타입이다. 반면에 다카하타는 하루 종일 빈둥거려도 행복하게만 살면 된다는 사람으로, 그 연장선에서 영화도 만들면 된다고 생각하는 타입이다. 정말이지, 하나에서 열까지 전부 다르다. 그것도 극단적일 만큼…… 미야는 다카하타를 가리켜 '엄청난 게으름뱅이의 자손'이라고 말하는데, 실제로도 젊은 시절부터 제대로 된 일을 하지 않았다고 한다.

데뷔작인 「태양의 왕자 호루스의 대모험」만 해도, 1년의 제작기간을 3년으로 늘렸으며 한 작품을 끝내면 회사에 나오지 않는 일도 종종 있었다고 한다. 할 수 없이 미야가 집으로 달려가서 "파쿠 씨, 이러면 안 됩니다. 어서 일어나서 회사에 가요"라고 깨워서 데려가기도 했다. 1974년에 TV에서 방영한 「알프스 소녀 하이디」를 만들 때도, 1년간 한 번도 방송 펑크를 내지 않은 것은 오로지 미야의 노력 덕분이다. 미야는 입만 열면 "파쿠 씨를 돌보는 게 지긋지긋하다"라고 불평하지만, 나는 미야의 그런 지극정성이 지금의 다카하타를 만든 게 아닌가 생각한다.

아무튼 미야는 펄펄 뛰며 화를 내고 책상을 뒤집어엎더니, 혼자 돌아가버렸다. 그의 분노에 자극을 받았는지, 그토록 태평하던 다카하타가 이렇게 말했다.

"제목을 「추억은 방울방울」이라고 한 걸 보면 과거를 회상하는 어른이 있다는 뜻이겠지. 그렇다면 그 사람의 나이는 어느 정도일까?"

그러더니 타에코의 현재 모습과 초등학교 시절의 회상 장면을 번갈아 그린다면 괜찮을 것 같다고 얘기하며 허리를 들었다.

"기획이 좋은지 나쁜지는 둘째 치고, 일단 한번 해볼까?"

이미 한밤중이었지만 나는 가슴을 쓸어내리며 미야에게 전화를 걸었다.

"다카하타 씨가 해주기로 했습니다."

"아까 한다고 했으면 좋잖아? 괜히 무게만 잡고 말이야……."

전화기 너머의 그는 아직도 화가 풀리지 않은 듯했다.

전대미문의 27세 여주인공

드디어 제작에 들어가면서 다카하타가 시나리오를 쓰기 시작했다. 처음에는 과거를 회상하는 쪽의 타에코를 고등학생으로 설정했는데, 어느 날 갑자기 27세로 바뀌었다. 어디까지나 내 추측이지만 다카하타의 따님이 마침 그 나이대였기 때문이 아닐까? 두 사람의 작품은 항상 가족 중 누군가를 연상케 하는 부분이 있다.

주인공을 27세로 정하고 나서, "그 나이에는 어떤 의미가 있을까?"

에 대해 이야기를 나누었다. 당시에는 남자들과 어깨를 나란히 하고 당당하게 일하면서, 사생활도 소중히 지켜나가는 커리어우먼이 등장하는 드라마가 유행이었다. 27세는 그런 여성들이 갈림길에 서게 되는 나이라고도 할 수 있다.

그런 현상을 보고 다카하타가 물었다.

"여성이 실제로 자신이 원하는 일과 지위를 손에 넣고 사회에서 성공할 확률은 몇 퍼센트인가?"

"5퍼센트도 채 안 되지 않을까요?"

"그러면 나머지 95퍼센트의 여성은 그렇지 않다는 거군."

그렇다면 95퍼센트의 여성 중 한 사람을 주인공으로 하는 편이 더 많은 사람들에게 공감을 얻을 수 있지 않을까. 그렇게 해서 타에코의 이미지가 설정되었다.

한편 시나리오의 초기 단계에서는 농가의 청년인 도시오가 나오지 않았다. 나는 왠지 아쉬운 느낌이 들어서 다카하타에게 말했다.

"여성이 혼자 여행을 하면 아무래도 남자를 만나는 법이지요."

그는 깜짝 놀란 표정을 지었다.

"뭐? 그런 걸 안 하면 안 되나?"

"꼭 그렇지는 않지만 영화에는 필요하지 않을까요?"

그렇게 몇 번 부탁하고 나서 겨우 내 이름을 붙인 남자 주인공 도시오가 태어났다.

여행의 무대를 야마가타로 선택한 이유는 미술을 담당한 오가 가즈오의 그림을 최대한 살리고 싶다는 다카하타의 의도 때문이었다. 「이웃집 토토로」의 미술에 감탄한 그는 오가와 꼭 작업을 해보고 싶어 했다.

풍경을 그릴 때는 역시 태어나고 자란 고향의 영향을 많이 받는 법이다. 북쪽 지방은 공기도 맑고 흙 색깔도 다르다. 「이웃집 토토로」를 제작할 때, 미야는 관동지역에 있는 롬loam[10] 층의 붉은 흙을 그리고 싶어 했지만, 아키타 출신인 오가가 그리자 흙 색깔이 검어진다는 문제가 있었다. 때문에 오가가 멋진 그림을 마음껏 그릴 수 있도록 무대를 아키타 옆에 있는 야마가타로 정한 것이다.

영화에 잠시 등장하는 '횻코리효탄섬' 에피소드도 잊을 수 없다. '횻코리효탄섬'은 NHK 개국 초기에 방영되었던 어린이 인형극이다. 다카하타는 잡지의 특집 기사를 통해 인형극에 등장하는 노래를 조사하더니, 도라히게와 돈 가바초의 노래를 들어보고 싶다고 말했다. 나는 재빨리 NHK에 연락해서 비디오를 빌려왔다.

"정말 재미있군. 이렇게 걸작이었을 줄이야! 이걸 매일 만들다니, 역시 이노우에 히사시 작가는 대단해!"

그의 입에서는 감탄사가 끊이지 않았다. 하지만 정작 중요한 노래가 나오는 영상이 없었다. 당시에는 비디오테이프가 비싸서 방송이

---

10 모래와 점토가 같은 양으로 혼합된 황갈색 토양.

끝나면 다른 프로그램에 돌려서 사용했기 때문이다.

레코드판을 냈던 일본 콜롬비아에 문의해도 주제가 음원밖에 남아 있지 않다고 했다. 다카하타가 "작곡가에게는 악보가 있을지도 몰라"라고 해서, 우노 세이치로의 집에도 찾아갔지만 안타깝게도 아무것도 남아 있지 않았다. 상황을 설명하자 다카하타는 말없이 내 말을 듣더니 혼잣말처럼 중얼거렸다.

"꼭 듣고 싶군."

감독이 그렇게 말하면 프로듀서는 포기할 수 없게 된다. 내가 편집장으로 일했던《아니메주》에는 마니아들이 우글거려서 그중 한 사람에게 말했더니, 인터넷이 없는 시대임에도 불구하고 전국의 지인에게 연락해 방송을 녹음한 카세트테이프를 사흘 만에 구해주었다.

"이런 노래였던가?"

다카하타는 몹시 기뻐하면서 노래를 들으며 악보를 직접 그렸다.

그걸로 모든 것은 해피엔딩이다…… 라고 생각한 것도 잠시, 이번에는 "안무는 어땠나?"란 말이 나왔다. 거기에는 두 손을 들 수밖에 없었다. 인형극을 만든 히토미좌 극단에 갔지만 워낙 오래된 일이라 아는 사람이 없었다. 그래서 당시 연출가를 통해 안무가를 찾아내 가까스로 안무를 배웠다. 그 짧은 장면의 뒤에 이런 땀과 눈물의 수색작전이 있었던 것이다. 다카하타 감독과 영화를 만들면 고생도 많이 하지만, 많은 것을 배울 수 있어서 재미있다. 영화 제작 자체가 일종의 다큐멘터리이자 지적 엔터테인먼트가 되는 것이다.

미야자키 하야오, 분노하다

「추억은 방울방울」은 다카하타가 내용과 표현기법의 일치를 시도한 첫 번째 작품이다. 그중에서 가장 큰 과제는 캐릭터 얼굴의 입체감이었다.

사토 추료라는 조각가의 대표작 중에 「군마 사람」이라는 작품이 있다. 유럽에 유학한 대부분의 일본인 조각가가 서양인 얼굴을 만들던 시절에, 사토는 일본인의 입체적인 얼굴을 처음으로 유럽에 소개해 높은 평가를 받았다. 다카하타는 그와 똑같은 일을 애니메이션 세계에서도 하고 싶어 했다. 그래서 사토의 아틀리에를 찾아가 어떤 방식으로 일본인의 얼굴을 그림으로 재현할지 연구하기 시작했다.

그러는 사이에 배우인 이마이 미키의 얼굴에 주목했다. 특히 광대뼈 모양에 반해서 "이마이 씨의 얼굴은 그야말로 일본인의 얼굴이야"라고 말했다. 그 말을 듣고 황급히 이마이에게 타에코 역을 부탁하러 갔지만 거절당했다. 당시에 인기 절정을 누리던 배우라 도무지 시간이 나지 않았던 것이다. 다카하타에게 말했더니 그는 다시 혼잣말처럼 중얼거렸다.

"그녀로 하고 싶네."

이렇게 되면 그는 한 발짝도 물러서지 않는다. 그래서 나는 다시 그녀를 찾아가 몇 번으로 설득한 끝에 가까스로 허락을 받아낼 수 있었다.

상대역인 도시오 역을 야나기바 도시로에게 부탁한 것은 그가 아키타 출신이라서 말할 때의 입 모양까지 리얼하게 표현할 수 있기 때문이었다. 다카하타의 경우, 그림이 완성되기 전에 배우의 목소리를 녹음하는 선녹음 방식으로 영화를 만드는데, 이때 배우의 표정이나 연기를 비디오에 담아 그림을 그릴 때 참고했다. 이런 방식을 사용하면 목소리와 그림의 타이밍이 맞을 뿐만 아니라 입 모양이나 얼굴의 움직임까지 재현할 수 있어서, 애니메이션임에도 불구하고 사람의 자연스러운 모습을 느낄 수 있다. 다카하타의 작품이 보통 애니메이션과 다른 점은 이런 부분에 있다고 생각한다.

어쩌면 이 무렵부터 다카하타 이사오와 미야자키 하야오의 지향점이 나누어진 게 아닐까? 미야의 영화는 흔히 말하는 만화 애니메이션이다. 만화다운 캐릭터가 만화답게 움직인다. 다카하타는 미야와 같이 작업했을 때는 그것을 받아들였지만, 미야가 감독으로서 자립한 이상, 똑같은 무대에서 승부할 수는 없다고 생각했으리라. 그래서 캐릭터 디자인과 작화감독을 맡은 콘도에게 리얼한 입체감을 요구한 것이다.

하지만 그것은 기술적으로 굉장히 어려운 일이었다. 애니메이션에서 광대뼈를 나타내는 선을 그리면 주름으로밖에 보이지 않기 때문이다. 콘도는 다카하타의 기대에 부응하기 위해 수많은 시행착오를 거듭하다 이런 결론에 도달했다.

"다카하타의 의도는 충분히 이해한다. 하지만 이것은 불가능하다."

그리고 나를 불러서 이렇게 말했다.

"정말로 이 선을 그려야 합니까? 꼭 하라고 한다면 할 테니까 프로 듀서가 결정을 내려주십시오."

나는 이를 악물고 고개를 끄덕였다. 다카하타의 꿈을 이루어주고 싶었다.

콘도는 합리적인 사람이라서 내 지시를 받아들여주었다. 하지만 그렇게 하면 그림의 모든 공정을 자기 혼자 보는 것은 물리적으로 불가능하다고 했다. 애니메이션의 경우, 많은 스태프가 나누어서 그림을 그린다. 그 이후 그림을 정리해서 깨끗하게 만들고 연기를 통일하는 작업은 매우 중요하므로, 작화감독의 부담은 상상을 초월할 정도다.

그때 콘도는 이렇게 제안했다.

"기본이 되는 그림은 제가 준비할 테니까, 연기는 다카하타 감독님이 봐주셨으면 합니다."

나는 처음에 그가 무슨 말을 하는지 이해할 수 없었다. 과연 감독이 연기만을 보는 일이 가능할까? 내 머리로는 이해가 되지 않았다.

그런데 그들은 실제로 분담 작업을 실시했다. 콘도를 비롯해 스태프가 그림을 그리면, 다카하타는 원화와 동화를 촬영해 움직임을 보는 퀵 액션 레코더quick action recorder라는 기계를 이용해 캐릭터의 연기를 확인한다. 그곳에서 부분적으로 그림을 빼거나 타이밍과 스피드를 바꿈으로써 연기의 의미를 절묘하게 바꾸는 것이다. 물론 그와 동시에 선녹음된 대사와 연기를 합치는 작업도 진행했다. 이것은 다카하타가 아니면 결코 할 수 없는 방식이다.

하지만 그렇게 섬세하게 작업하면 당연히 스케줄이 늦어진다. 「반딧불이의 묘」 때와 마찬가지로 이대로는 개봉에 맞출 수 없게 될 것이다. 그때 이번 작품을 처음 기획한 미야는 어떻게 했을까? 회의실에 메인 스태프를 전부 모아놓고 스튜디오가 떠나가라 고함을 쳤다.

"그림 그리는 방법을 바꿔! 이렇게 해서는 영영 끝나지 않아!"

그가 그렇게 화를 내는 모습은 그 전에도, 그 후에도 본 적이 없다. 한편 당사자인 다카하타는 말없이 고개를 숙이고 있었다. 미야가 "파쿠 씨, 뭐라고 말 좀 해보십시오!"라고 소리쳐도 묵묵부답이었다. 그런데 황당한 일은 그 이후에 벌어졌다. 미야가 돌아간 다음, 다카하타가 스태프들을 일일이 찾아다니며 "지금까지처럼 그리면 되네"라고 말한 것이다.

그 말을 들은 스태프들이 공포를 느낀 모양인지 재미있게도 그날 이후 스태프들의 작업 속도가 눈에 띄게 빨라졌다. 더욱 재미있는 것은 그렇게 화를 낸 미야가 아무도 몰래 광대뼈 그리는 연습을 했다는 점이다. 정말이지, 어이가 없을 만큼 성실한 사람이다.

전문가의 예상을 크게 벗어난 엄청난 히트

지브리는 이 영화부터 처음으로 연수생을 모집하기 시작했다. 동시에 스태프도 정규직으로 채용하고 보수도 두 배로 올렸다. 그 탓에 제작비는 「마녀 배달부 키키」의 두 배로 부풀었다. 나는 충분히 가능한 일이라고 판단했지만 배급사인 도호의 예상은 달랐다. 이번 작품은 히트하기 어렵다고 본 것이다. 실제로 프로모션을 위해 전국 극장을 돌아다니자 도쿄의 메인 상영관은 아예 잡기 힘들었고, 겨우 마련한 지방의 개봉관은 평소에 포르노를 상영하는 곳이기도 했다……

그런데 개봉 첫날, 전국의 관객 숫자를 보고 도호의 사내에서 큰 소동이 벌어졌다. 예상치를 크게 뛰어넘은 것이다.

"이 숫자는 뭐야! 한 자릿수가 틀린 거 아니야?"

우리의 목표는 4억 엔이었지만, 최종 배급 수입은 약 18억 엔. 흥행 수입으로 바꾸면 30억 엔 정도가 된다. 당연히 그해 일본 영화 랭킹 1위를 차지했다. 배급 전문가들의 예상을 보기 좋게 배신한 것이다. 지방을 돌아다닐 때마다 극장 사장으로부터 "그때는 정말 굉장했지요"라는 말과 함께 고맙다는 인사를 받곤 했다.

7　붉은 돼지

－ 여성들이 만든 비행기 영화

　　1991년에 개봉한 「추억은 방울방울」은 스튜디오 지브리가 스태프를 정규직으로 고용해서 만든 최초의 영화였다. 정규직 직원을 두고 스튜디오를 운영한다는 것은 끊임없이 영화를 만들어야 함을 의미한다. 즉, 「추억은 방울방울」을 만들면서 다음 작품도 준비해야 한다는 뜻이다. 미야는 「추억은 방울방울」의 프로듀서로 일하는 한편, 자신이 감독할 다음 작품의 구상에 들어갔다.

　　스태프를 정규직으로 채용하자고 말한 사람도 미야지만, 연속해서 장편 애니메이션 영화를 만드는 일에 가장 압박을 느낀 사람도 미야였다. 본인도 말을 꺼내기는 했지만 실제로 실천하는 일이 그토록 힘든 줄은 꿈에도 몰랐으리라. 장편 애니메이션 영화를 제작하는 것만 해도 엄청난 에너지를 사용해야 하는데, 관객을 즐겁게 해주고 히트시켜야 한다는 압박감까지 더해지면 정신적으로 궁지에 몰릴 수밖에 없다. 「바람계곡의 나우시카」, 「천공의 성 라퓨타」, 「이웃집 토토로」, 「마녀 배달부 키키」를 잇달아 만들면서, 그 대단한 미야 감독도 온몸의 진이 빠졌다.

본인이 말을 꺼낸 이상, 다음 작품은 사이를 두지 않고 만들어야 한다. 하지만 장편은 현실적으로 쉽지 않다. 그는 양쪽을 한꺼번에 해결할 방법이 없을까 머리를 짜냈다. 그래서 나온 것이 15분짜리 단편을 만드는 아이디어였다.

기본이 된 것은 본인이 모형잡지에 연재했던 「비행정시대」라는 만화였다. 그가 좋아하는 비행기물에 단편이라면, 심정적으로는 취미로 소장하는 작품이라고나 할까? 하지만 그것을 취미가 아니라 경영 면에서 도움이 되도록 만드는 것, 그것이 내게 부여된 업무였다.

맨 처음 생각한 것은 굉장히 소박한 아이디어였다.

"비행기 이야기이니까 비행기 회사에 부탁하면 되지 않을까?"

「마녀 배달부 키키」를 LA에 사는 일본인을 위해 상영할 때 일본항공 문화사업센터와 같이 일한 것을 떠올리고, 그때 알게 된 이케나가 기요시를 찾아갔다.

"스튜디오 지브리의 작품이자 미야자키 하야오의 최신작인 비행기 영화를 일본항공의 기내에서 상영하지 않겠습니까?"

단도직입적으로 말했더니 이케나가는 곧바로 관심을 보였다.

"그거 재미있겠군요."

하지만 해결해야 할 문제가 적지 않아 어려울 수도 있겠다며 말을 흐렸다. 나는 일단 검토해달라고 부탁한 뒤 사무실을 나섰다.

"자아, 이제 어떻게 할까?"

다음 단계를 생각할 즈음, 대학 친구인 나마에 다카유키의 아버지가 돌아가셨다는 연락을 받았다. 도호학원 이사장을 역임하신 분이라서 그런지 장례식에는 조문을 온 사람들로 가득했다. 분향하는 줄에 서 있었더니, 놀랍게도 내 앞에 이케나가가 있는 게 아닌가.

"스즈키 씨, 이런 곳에서 만날 줄이야……."

그날 이후 그는 갑자기 의욕을 보여주었다. 하지만 본인은 관계사에 있어서 프로젝트에 직접 관여할 수 없고, 실무를 진행할 사람으로 문화사업센터의 가와구치 다이조라는 사람을 소개해주었다.

"나 혼자 만들라는 건가!"

이렇게 해서 일본항공을 등에 업고 「붉은 돼지」를 제작하기로 했는데, 당시 스튜디오에서는 엄청난 일이 벌어지고 있었다. 「추억은 방울방울」의 제작이 또 늦어진 것이다.

그때까지 장편 애니메이션 대작의 작화기간은 평균 3개월에 불과했다. 오시이 마모루 감독의 「시끌별 녀석들 : 온리 유」도 3개월. 미야의 「루팡 3세 : 칼리오스트로의 성」도 4개월만에 마무리되었다. 그 작품들과 비교하면 「추억은 방울방울」의 2년이라는 기간이 얼마나 이상한지 이해할 수 있으리라.

그로 인해 「붉은 돼지」의 제작 시작이 늦어질 수밖에 없었고 「추억은 방울방울」이 막바지에 몰려 있던 어느 날, 내 책상 위에 미야가 쓴 메모 한 장이 놓여 있었다.

"붉은 돼지를 나 혼자 만들라는 건가?"

화가 난 것은 이해하지만 모든 스태프가 「추억은 방울방울」에 투입되어 있어서 나도 어쩔 수 없었다. 스태프를 정규직으로 고용한 첫 작품이 성공하느냐 마느냐 하는 중요한 때다. 만드는 것도 힘들지만 개봉이나 홍보 일도 장난이 아니라서, 「붉은 돼지」에 신경 쓸 여유가 없었다. 그래서 그 메모는 깨끗이 무시했다.

「추억은 방울방울」을 개봉한 뒤, 겨우 한숨 돌리고 현장은 2주간 휴가에 들어갔다. 「붉은 돼지」의 그림 콘티를 완성하지 못한 미야만 제외였다. 도저히 모른 척할 수 없어서, 나도 휴가를 반납하고 그와 같이 그림 콘티를 만들기로 했다. 그리고 며칠 뒤, 그가 그림을 그리다 말고 내 이름을 불렀다.

"스즈키 씨."

"네?"

"아내가 「추억은 방울방울」을 봤다더군."

"그래요? 뭐라고 하시던가요?"

"파쿠 씨의 최고 걸작이라고 했어. 지금까지 내 작품은 한 번도 칭찬해준 적이 없으면서……."

그렇게 투덜거리면서도 그림 그리는 손은 멈추지 않았다.

작품이 15분밖에 되지 않아서 그림 콘티는 순조롭게 진행되었다. 하지만 그가 그림 콘티를 보여줄 때마다 나는 고민에 빠졌다. 주인공이 처음부터 돼지 모습으로 등장하는 게 아닌가. 더구나 보통 사람처럼 태연하게 행동하는데, 아무도 이상하게 여기지 않는다.

고개를 갸웃거리는 사이 미야가 말했다.

"다 완성했으니까 처음부터 끝까지 읽어보게."

이런 경우에 미야는 반드시 뒤에서 지켜보고 있다. 그리고 페이지를 넘길 때마다 "여기는 이렇게 되고, 여기는 이렇게 돼"라고 참견을 한다.

완성된 영화에서는 앞부분에 등장하지만 당시 내가 받은 콘티의 마지막은 돼지가 맘마유토단으로부터 아이들을 구하는 것으로 끝났다. 그걸 보고 나도 모르게 이렇게 말했다.

"네? 이걸로 끝나요? 애초에 이 녀석은 돼지인가요?"

그랬더니 미야가 불같이 화를 냈다.

"일본 영화는 너무 시시해! 왜 꼭 원인과 결과를 확실히 밝히려고 하지? 결과만 있어도 되잖아!"

"하지만 관객들은 이 사람이 왜 돼지가 됐는지를 궁금해하지 않을까요? 그것만이라도 넣어주지 않겠습니까?"

미야는 잠시 투덜거리더니 지나가 등장하는 부분을 추가해주었다. "당신만 남았군요. 옛날 동료는……"라고 말하면서 포르코가 인간이었을 때의 사진을 보는 장면이다. 그걸로 30분 정도의 그림 콘티가 준비되었다.

"스즈키 씨, 이걸로 끝이야."

하지만 이것만으론 관객을 충분히 만족시킬 수 없다.

"하나만 더요. 이 녀석이 돼지가 된 이유를 그려주십시오."

미야는 "또 그 소리야?"라고 화를 냈다. 하지만 워낙 성실한 사람이라 불평을 하면서도 아직 인간이었던 시절의 포르코가 비행정을 타고 있는 장면도 그려주었다.

그러는 사이에 그림 콘티는 60분 정도가 되었다. 그즈음에 나는 그에게 역으로 제안했다.

"미야 씨, 처음에는 단편이라고 해서 일본항공과 이야기를 했는데, 이럴 바에야 차라리 좀 더 내용을 늘려서, 극장용 장편 영화로 만드는 게 어떨까요?"

"이제 와서 그런 말을……."

이번에도 역시 그는 툴툴거렸지만 그림 콘티를 덧붙여 93분의 장편을 만들어주었다.

라스트 신은 다들 아는 것처럼 돼지와 라이벌인 커티스가 공중전을 그만두고 서로 주먹질하는 장면으로, 존 포드의 영화와 똑같다. 하지만 이제 이걸로 끝낼 수밖에 없다. 나는 미야 감독의 공범이라고 생각하며 그대로 가기로 결정했다.

여성 스태프의 발탁과 신사옥 건설

휴가를 마치고 모두 출근해서 드디어 작화가 시작되었다.

이때 나는 미야의 경영 능력을 보고 깜짝 놀랐다. 정규직 제도를 시행하면서 그는 "나는 영화를 만들 테니까 스즈키 씨는 회사 경영을 해줘"라고 말했는데, 나의 영역까지 확실하게 배려해준 것이다.

메인 스태프의 선정만 봐도 그렇다. 「추억은 방울방울」의 제작이 지연되면서 작화감독인 콘도와 미술감독인 오가는 정신적으로도 육체적으로도 녹초가 되었다. 작품의 질을 유지하기 위해서는 에이스인 그들에게 다시 부탁해야 하지만, 스튜디오를 잘 돌아가게 하기 위해서는 그들 밑에 있는 스태프를 선발해야 한다.

"어떻게 할까……."

머리를 감싸고 고민하는 나를 보고 미야는 이렇게 말했다.

"스즈키 씨, 이번에는 스태프를 일신해서 중요한 일은 전부 여성에게 맡기는 게 어때?"

여성이 만드는 비행기 영화……. 지금이라면 특별할 게 없는 발상이지만 당시만 해도 그의 말은 작품이 약해질 수 있는 상황을 반전시키고 현장의 분위기를 들뜨게 만들기 충분했다.

그래서 선발한 작화감독이 가가와 메구미였다. 애니메이터로서 실력은 뛰어나지만 작화감독을 한 적은 없는 사람이다. 미술감독에는 히사무라 가쓰라는 오가의 제자를 기용했다. 애니메이션 영화를 만들 때, 감독을 보좌하는 가장 중요한 존재가 작화감독과 미술감독이다. 또한 녹음 연출에도 아사리 나오코라는 여성을 발탁했다.

그렇게 해서 가장 중요한 자리에 모두 여성을 선발했다. 이것은 지브리뿐만 아니라 당시 애니메이션계 전체를 둘러보아도 매우 획기적인 일이었다.

영화 속에서 포르코의 비행정을 고치는 피콜로사의 정비사는 피오를 비롯해 모두 여성이다. 그것은 지브리 스튜디오에서 일하는 자신들의 모습을 그대로 투영한 장면이다.

스태프 선발뿐만 아니라 영화 만드는 방법에서도 그는 경영자의 현실적인 면을 보여주었다.

솔직하게 말하면 당시 기용한 메인 스태프들은 그때까지 모두 2진이었던 사람들이다. 따라서 그들의 부담을 최대한 줄여주지 않으면 안 되었다.

작품의 품격을 정하는 미술을 예로 들면, 미야는 항상 복잡한 건물을 설계하고, 그 건물 안에서 캐릭터를 왔다 갔다 하게 함으로써 재미있는 장면을 만든다. 그런데 그런 건물을 그리려면 엄청난 노력이 필요하다. 그래서 「붉은 돼지」에서는 비행정 영화라는 이점을 살려 배경의 중심을 하늘과 바다로 정했다. 덕분에 미술 스태프의 부담이 상당히 가벼워졌다.

작화에서도 어려운 연기가 필요한 장면은 최대한 줄였다. 애니메이터가 캐릭터의 연기를 그릴 때, 가장 힘든 것은 일상의 평범한 동작이다. 「귀를 기울이면」에서 주인공인 시즈쿠가 아침식사를 마치고 자리에서 일어나 의자를 원래대로 해놓는 장면이 있다. 관객 쪽에서 보면 특별할 것이 없는 장면이다. 하지만 일상의 동작은 누구나 알고 있기 때문에 설득력 있게 그리기가 쉽지 않다. 오히려 하늘을 날거나 서로 치고받는 등 비일상적인 화려한 장면을 그리는 것이 편하다.

지브리 작품의 최대 특징은 일상의 연기를 놀라울 만큼 사실적으로 그린다는 점이다. 반대로 말해 일상생활의 묘사를 줄이면 작화 스태프의 일은 상당히 편해진다는 뜻이다.

미술과 작화에서 수많은 제약을 받아들이면서, 그 안에서 최대한의 재미를 보증한다. 이것이 감독 미야자키 하야오의 능력이고, 경영자 미야자키 하야오의 현실주의다.

제작이 막바지로 치닫는 가운데, 나는 마음속으로 두 손을 모아 미야에게 감사의 인사를 올렸다.

세무서 직원이 놀란 설계 감각

미야의 경영 감각을 알 수 있는 에피소드가 한 가지 더 있다. 신사옥의 설계다. 스태프를 정규직으로 고용할 뿐만 아니라 새 스튜디오를 지어 확실한 거점을 마련하자고 한 것이다.

물론 그때까지 좋은 작품을 만들어왔고 흥행에서도 성공했다. 하

117

지만 스태프들은 가혹한 환경과 힘든 일정으로 피폐해져 있었다. 당시 미야의 눈에는 스튜디오의 상황이 엉망진창으로 보였으리라. 그는 「붉은 돼지」라는 작품과 새 스튜디오를 동시에 만듦으로써 그런 상황을 바로잡으려고 했다. 어쩌면 영화를 만드는 가장 힘든 시기에 큰 비전을 제시함으로써 스스로에게 부과한 감독이라는 압박감에서 살짝 벗어나 한숨 돌리려고 했을지도 모르겠다.

자세한 속마음은 모르지만 어쨌든 신사옥은 미야가 직접 설계했다. 그가 가장 신경을 쓴 곳은 여성 화장실이었다. 남성 화장실의 두 배로 만든 것이다. 그밖에도 위쪽까지 탁 트인 나선형 계단, 보도블록을 깐 주차장 등등 미야다운 아이디어가 곳곳에 넘친다.

내가 가장 감탄한 점은 소재의 선택이었다. 그는 업자에게 맡기지 않고 천장부터 바닥재까지 카탈로그를 확인하며 전부 직접 선택했다.

건축 소재는 가장 비싼 것과 가장 싼 것의 가격 차이가 무려 스무 배 정도 나는데, 그런 경우에 그는 항상 가장 저렴한 소재를 선택한다. 그리고 싸구려처럼 보이지 않도록 색과 디자인을 절묘하게 조합시킨다. 업자에게 맡기면 엄청난 비용이 드는데, 스스로 초인적인 일을 해냄으로써 싸게 마무리한다. 영화를 만들 때도 똑같다. 정말로 부지런한 사람이라고 감탄할 때가 한두 번이 아니다.

새 스튜디오가 완성되자 세무서 직원이 환한 미소를 지으면서 찾아왔다. 고정자산세를 책정하기 위해 건축 도중에 찍은 사진까지 가지고 있었다.

"지금까지 밖에서만 봤는데, 오늘은 내부도 보여주십시오."

그의 얼굴에서는 연신 미소가 끊이지 않았다. 자산세를 많이 받을 수 있다고 확신하는 것이리라.

하지만 내부를 보여주는 사이에 그의 얼굴이 창백해졌다. 그리고 모든 층을 둘러보고 1층으로 내려왔을 때는 갑자기 말이 없어졌다. 잠시 지나서 그는 겨우 무거운 입을 열었다.

"우리는 이런 건물을 보고 자산 가치를 매기는 데 전문가입니다. 그런데 이렇게까지 창조적으로 연구해서 싸게 지은 건물은 본 적이 없습니다……. 도대체 누가 설계했습니까?"

"미야자키 하야오 씨가 직접 설계했습니다."

그 사람은 눈을 휘둥그레 뜨고 입을 다물지 못했다.

"네? 돼지라고요?" 말문이 막힌 일본항공

기내 상영용 단편으로 출발한 기획이 극장에서 개봉하게 되면서 관계자들은 모두 기뻐했다.

하지만 일본항공 내에서는 큰 문제가 되었다. 기내에서 상영할 단편영화를 제작한다면 그럭저럭 넘어갈 수 있지만, 극장 개봉작에 투자한다면 회사 정관을 바꾸어야 한다. 최종적으로 사장의 결단에 달린 것이다.

사실 일본항공의 입장에서 가장 궁금한 것은 '최대 얼마를 손해 볼까?' 하는 점이리라. 영화 흥행은 어느 면에서 보면 조직폭력배의 세계와 똑같다. 그런 것을 미리 꼼꼼히 계산하지 않는 것이다. 역시 탄탄한 기업은 다르다고 여기면서 보고서를 만들게 되었다.

다음에 문제가 된 것은 제목이다. 「붉은 돼지」로 정했다고 말하자 가와구치는 "네? ……돼지라고요?"라고 한 채 잠시 뒷말을 잇지 못했다.

회사로 돌아가서 그는 여직원들에게 의견을 물어보았다고 한다. 그랬더니 다들 "네? '붉은 노래'요? 제목 좋은데요?"[11] 라고 좋아했다고 한다.

거기까지는 웃음으로 넘겼지만 임원회의는 차원이 다른 문제였다.

"일본항공에서 처음 제작하는 영화의 주인공이 돼지라니, 그건 좀 곤란하지."

더구나 그 제목으로는 홍보부도 움직여주지 않는다고 한다. 가와구치가 다시 난감한 얼굴로 찾아왔다. 결국 내가 직접 홍보부의 기무라 부장을 만나 설명하기로 했다. 그는 나를 기무라 부장 사무실에 밀어넣고는 재빨리 사라졌다. 단둘이 남은 우리는 무릎을 맞대고 기탄없이 논의했는데, 덕분에 나중에 그분과도 친해졌다.

신문광고를 둘러싸고도 한바탕 소동이 벌어졌다. 기내에서 먼저

---

11 일본어로 '돼지豚'는 '부타'이고, '노래'는 '우타歌'이다.

상영한 다음, 일본항공 측에서 '날면 보인다. 세계 최초 스카이로드 쇼'라는 캐치프레이즈로 전면광고를 해주기로 했는데, 놀랍게도 그 때까지 사장에게 「붉은 돼지」라는 제목을 보고하지 않았다고 한다.

그래서 최초의 광고 시안에는 제목이 없다. 뿐만 아니라 포르코의 얼굴도 없다. 비행기의 창밖에서 비행정이 날고 있을 뿐이다. 아무래도 이 상태로는 홍보 효과가 없을 것 같아 포르코의 얼굴을 크게 넣은 뒤 제목은 자세히 보지 않으면 알아차릴 수 없도록 작게 넣었다.

그리고 맞이한 마지막 관문. 도시미쓰 마쓰오 사장에게 완성된 영상을 보여줄 차례다. 지금이니 웃으면서 말할 수 있지만 도시미쓰 사장은 당일까지도 제목을 몰랐다고 한다. 극장 밖에서 마른침을 삼키고 기다리고 있었더니, 도시미쓰 사장이 나와서 "좋았습니다"라고 말해주었다. 그제야 겨우 다들 가슴을 쓸어내리며 안도의 한숨을 내쉬었다. 그리고 일본항공과는 그 후에도 좋은 관계를 이어가고 있다.

최초의 전국 프로모션 활동

영화가 무사히 완성되고 일본항공의 승인도 받았지만, 개봉까지는 또 커다란 벽이 기다리고 있었다.

도호의 외국영화 계열에서 배급하기로 했는데, 두 계통이 있는 극장 중에 수용 인원이 많은 쪽은 이미 스티븐 스필버그Steven Spielberg 감독의 「후크」가 잡혀 있었다. 즉, 「붉은 돼지」를 상영할 수 있는 곳은 작은 극장뿐이었다. 그래서는 아무리 성공해도 관객이 「후크」의 절반밖에 들어오지 않는다.

열세를 조금이라도 만회하기 위해 처음으로 전국 프로모션 활동을 기획했다. 도호는 처음에 이 기획을 맹렬히 반대했다. 전국적인 프로모션 활동을 진행한 영화가 그때까지 전무했기 때문이다.

그때 도와준 사람이 도호의 니시노 후미오 상무였다. 그와는 「이웃집 토토로」와 「반딧불이의 묘」를 개봉할 때 배급을 둘러싸고 크게 다툰 적이 있는데, 그것을 계기로 오히려 친해졌다. 그는 어떻게든 관객을 끌어들이기 위해 전국 프로모션 활동을 하려는 내 모습을 보고, 전대미문의 작전을 실행해주었다.

이미 시효가 지났으니까 말해도 되리라. 첫날은 계약대로 대형 상영관에서 「후크」를 상영하고, 밤새 간판을 교체해서 다음 날부터 「붉은 돼지」를 상영한다는 놀라운 방법이었다. 전국 극장주의 전폭적인 신뢰를 받고 있는 니시노 상무가 아니면 결코 불가능한 일이었다. 단 아무리 니시노 상무라고 관동 지역은 제외였다.

그때 효과를 발휘한 것이 전국 프로모션 활동이었다. 영화 흥행 수입을 관동 지역과 그 이외의 지역으로 나누면 6대 4 정도다. 우리는 그것을 뒤집기 위해, 대형 상영관을 사용할 수 있는 지방에서 새로운 관객을 발굴하기로 했다.

홍보에서 효과를 발휘하는 것은 바로 시사회다. 관객은 영화를 보고 입소문으로 영화의 매력을 전해주고, TV는 시사회 응모를 알려주는 등 영화 홍보에 결정적인 역할을 하기 때문이다. 우리는 닛폰 TV와 손을 잡고 전국 각지의 계열 방송국에서 각각 시사회를 기획해 수십 번이나 시사회가 있음을 알려주었다.

이렇게 해서 홍보, 배급, 제휴 광고 등 모든 요소가 유기적으로 이어졌다. 그 결과 배급 수입에서 「붉은 돼지」 28억 엔, 「후크」 23억 엔이라는 대역전이 일어났다.

영화는 기획도 중요하고 제작도 중요하며 홍보도 중요하다. 그리고 마지막으로 중요한 것이 배급이다. 만들고, 팔고, 보여준다. 이 단계가 하나로 이어지지 않으면 히트작은 태어나지 않는다. 「붉은 돼지」는 의식적으로 그것을 하나로 연결한 기념비적인 작품이기도 하다.

8 폼포코 너구리 대작전

- 미야자키는 돼지, 다카하타는 너구리

"내가 돼지로 영화를 만들었으니까 다카하타 씨에게는 너구리로 만들게 하자!"

「붉은 돼지」를 제작하던 어느 날, 미야 감독이 뜬금없이 말했다.

지브리는 원래 미야의 작품을 만들기 위해 시작된 곳이다. 그러는 사이에 스태프를 정규직으로 만들고 신사옥을 짓는 등 규모가 커지면서 일정한 페이스로 작품을 계속 만들 필요가 생겼다. 미야가 신작을 만드는 동안, 그 사이에 다른 작품을 만들어야 하는 것이다.

그런 분위기 속에서 미야가 너구리 이야기를 꺼냈고 나는 "말도 안 돼! 너무 무모하잖아!"라고 소리쳤지만 한편으로는 '가능성이 있지 않을까?' 하는 생각도 들었다.

다카하타는 원래 자기가 나서서 "이 작품을 하고 싶다"라고 말하지 않는 타입이다. 그래서 「반딧불이의 묘」도 「추억은 방울방울」도, 처음에는 이쪽에서 떠넘기는 형태로 시작했다. 처음에 왜 만들 수 없는지를 장황하게 설명하는 것도 그의 특징이다. 하지만 일단 떠맡으면 혀를 내두를 만큼 멋진 작품으로 완성해준다. 그는 그런 감독이다.

지금까지 다카하타와 일해온 경험을 바탕으로, 나는 미야의 말을 에두르지 않고 그대로 전하기로 했다.

"다카하타 씨, 미야 씨가 그러더군요. '내가 돼지 영화를 만들고 있으니까 다카하타 씨는 너구리 영화를 만들어야 한다'고 말이죠."

"말도 안 돼! 미야는 도대체 무슨 생각인 건가?"

"예전에 그러셨잖습니까? 누군가가 너구리 이야기를 만들어야 한다고……. 그 누군가가 다카하타 씨가 되지 않겠습니까?"

그런데 그의 저항은 예상보다 훨씬 격렬했다. 그래서 매일 그의 집으로 찾아가 몇 시간씩 설득하는 날들이 계속되었다.

미야와 내가 좋아하는 스기우라 시게루란 만화가의 작품 중에 「808 너구리」라는 것이 있다. 미야는 그것을 원작으로 해서 만들면 좋을 것 같다고 했지만, 그 작품은 다카하타가 쉽게 받아들이지 않을 듯한 생각이 들었다. 그것 말고 너구리를 토대로 쓴 소설이나 만화는 없을까? 그때 떠오른 작품이 이노우에 히사시의 『복고기腹鼓記[12]』로,

---

12 복고=고복. 부른 배를 내밀고 북처럼 두들기는 일로, 너구리의 행동을 가리키는 말이다.

너구리에 관한 동서고금의 모든 이야기가 담겨 있는 책이었다. 더욱이 이런 책이 있다는 걸 가르쳐준 사람도 다름 아닌 다카하타 감독이었다.

"이 작품으로 할지 안 할지는 둘째 치더라도, 일단 이노우에 작가를 만나보시지 않겠습니까?"

실은 「추억은 방울방울」을 만들 때, '훗코리효탄섬'의 자료를 찾는 과정에서 이노우에의 오른팔인 와타나베 아키오라는 사람을 알게 되었다. 그를 통해 연락했더니 이노우에는 "그런 일이라면 시간을 내보죠"라고 흔쾌히 승낙해주었다.

이노우에 히사시와 다카하타 이사오의 명대국

다카하타 감독과 같이 약속 장소인 아오야마의 커피숍에서 기다리고 있었더니, 와타나베가 이노우에 작가와 함께 나타났다. 이노우에 작가는 인사를 마치자마자 대뜸 "이런 이야기는 어떻습니까?"라고 구체적인 스토리를 제안하기 시작했다.

더 놀라운 일은 그에 대한 다카하타의 반응이었다.

"이건 토토로를 너구리로 바꾸었을 뿐이잖습니까?"

게다가 이노우에가 아이디어를 내놓을 때마다 일일이 단점을 지적했다. 그런데 이노우에 역시 화를 내기는커녕 "듣고 보니 그렇군요"

라고 순순히 인정하면서 다음 아이디어를 이야기했다. 그들의 대화를 듣고 있자니 마음이 조마조마하면서도 깊은 감동이 솟구쳤다. 몇 가지 아이디어를 잇따라 내놓는 이노우에도 굉장하고, 그것을 모두 부정하는 다카하타도 굉장하다. 더구나 그렇게까지 부정하면 보통은 화를 내든지 맥이 빠지든지 할 텐데, 이노우에는 아무렇지도 않게 받아들였다. 그들의 두둑한 배포와 도량은 상상을 초월할 정도였다.

그런 대화가 네 시간쯤 이어졌을까? 이노우에 작가가 마지막으로 내놓은 것이 『복고기』였다.

"제가 쓴 작품 중에 『복고기』라는 소설이 있습니다."

"네, 저도 읽었습니다."

"아시다시피 그 책에는 일본의 너구리 이야기가 전부 담겨 있지요. 실은 요네자와에 지필당문고라는, 제 책을 모아둔 공간이 있습니다. 거기에 『복고기』를 쓸 때 모아놓은 너구리 자료가 전부 있으니, 한번 가보지 않겠습니까? 어쩌면 도움이 될지도 모릅니다."

그리하여 다카하타와 둘이 요네자와를 방문하기로 했다. 하지만 다카하타는 별로 마음이 내키지 않는 듯했다.

"이렇게 급하게 너구리 책을 읽어봐야 소용없어. 그게 영화로 이어질 리가 없네."

"하지만 이노우에 씨가 모처럼 말씀해주셨으니까 여행하는 셈 치고 가보는 게 어떨까요?"

나는 가까스로 다카하타를 설득해서 신칸센에 몸을 실었다. 그런데 지필당문고에 도착한 순간, 눈이 휘둥그레졌다. 예상보다 책과 잡지가 많아서 꼭 작은 도서관 같았던 것이다. 그 안에는 이노우에의 말처럼 너구리 코너도 있었다. 다카하타 감독은 몇 권을 손에 들고 내키지 않는 얼굴로 휘리릭 넘겨보았다. 나는 그의 관심을 유도하기 위해 한 가지 아이디어를 떠올렸다.

"이 중에서 세 권을 빌린다면 뭐가 좋겠습니까?"

그랬더니 그도 관심이 가는지 "세 권? 글쎄……"라고 말하면서 진지하게 고르기 시작했다.

내 쪽에서 보면 그 책에서 실제로 수확이 있느냐 없느냐는 중요하지 않았다. 이노우에를 만난다, 또는 책을 빌린다. 그런 계기를 하나씩 만들어나가면 어느 순간에 적극적으로 작품 제작에 임하지 않을까 하는 속셈이 있었던 것이다.

"이건 영화로 만들 만한 가치 있는 주제야"

그런 식으로 6개월쯤 지났을까? 어느 날 다카하타가 불쑥 이렇게 말했다.

"자연이라도 그릴까?"

나는 그의 진의를 이해할 수 없어서 되물었다.

"자연이요?"

"다마 지역 뉴타운을 아나? 산을 깎아내고 만든 주택지지. 산 하나를 통째로 깎아내고 마을을 만들다니. 세계 역사상 이렇게 말도 안 되는 짓이 어디 있겠나? 이건 영화로 만들 만한 가치가 있는 주제야."

잠자코 듣고 있었더니 그는 "만약에 만든다면 말이지만……"이라고 운을 떼며 말을 이었다.

"동물을 그릴 때는 의인화를 하는 게 일반적이지. 그런데 너구리가 원래 모습으로 등장하는 영화를 만들면 어떻겠나?"

그는 원래 동물을 좋아해서 다큐멘터리 방송도 자주 보았다. 그래서 기본적인 소양도 있었으리라. 택지개발로 인해 주거지인 산에서 쫓겨난 너구리들은 어떻게 되었을까? 사소하게나마 인간에게 저항하려고 한 너구리도 있지 않을까? 그것을 가공의 다큐멘터리로서 그릴 수 없을까?

그것이 그의 아이디어였다.

"물론 인간과 싸운다고 해도 너구리들에게는 무기가 없어. 그들이 가지고 있는 '변신술'을 연마해서 그걸로 인간을 위협하는 게 고작이겠지. 싸움이라고 부르기에는 너무도 허술하고, 결국 너구리들은 살 곳을 잃어버릴 거야. 그곳에서 사람들이 너구리들에게 감정이입을 하면서 인간들이 해온 일을 돌이켜보는 거네. 그런 영화라면 만들 수 있지 않겠나?"

스토리는 이미 훌륭하게 완성되어 있었다. 역시 대단하다고 감탄하는 한편, 왜 더 일찍 말해주지 않았을까 하는 원망도 들었다.

가공의 이야기라곤 하지만 일종의 다큐멘터리니까 우선 취재부터 해야 한다. 우리는 실제로 다마 지역에서 너구리를 잡는 사람이나 집에서 키우는 사람을 찾으며 돌아다녔다. 그 과정에서 너구리는 어릴 때는 온순하지만 어느 정도 성장하면 난폭해진다는 사실도 알게 되었다.

이어 너구리 연구자를 만나고, 다마 뉴타운 개발에 대해 취재했다. 뉴타운을 조성할 때, 산을 무너뜨리는 것에 반대했던 사람의 이야기도 들었다. 다카하타 감독의 작품에는 항상 이런 취재가 따라다닌다. 그것이 작품에 깊이와 무게를 더해주곤 한다.

취재를 바탕으로 시나리오를 쓰는 한편, 제목도 정해야 했다. 제목을 의논하는 사이에 옛날이야기에 나오는 '너구리 싸움'이라는 말이 떠올랐다. 그곳에 다카하타의 "어리석음을 느끼게 하는 '헤이세이'란 말을 붙이면 어떻겠나?"라는 아이디어가 더해져서 제목은 「헤이세이 너구리 싸움」이 되었다.[13]

그런데 그 제목을 보고, 닛폰TV의 오쿠다가 혼잣말처럼 중얼거렸다.

"다카하타 감독님 작품에는 항상 '호'자가 들어가는데, 이번에는 없군요."

다카하타는 다시 머리를 짜내서, 북이나 부른 배를 두드릴 때 나는

---

13   '헤이세이는 1989년~2019년까지 일본의 연호이다.

의성어인 '폼포코'란 말을 덧붙였다. 이리하여 일본 제목은 「헤이세이 너구리 싸움 폼포코」로 정해졌다.

"제작을 중지해!"

미야자키 하야오라는 사람이 영화감독뿐만 아니라 경영자로도 훌륭한 자질을 가지고 있다는 것은 이제 여러분도 잘 알고 있을 것이다. 훌륭한 경영자는 사내의 정보 수집에 빈틈이 없다. 즉, 사내의 도처에 스파이를 심어두고 모든 정보를 수시로 받아보는 것이다. 그래서 내가 말을 안 해도 「폼포코 너구리 대작전」 시나리오의 탈고일을 알고 있었다.

탈고 당일, 미야가 나를 찾아왔다.

"스즈키 씨, 시나리오가 완성됐지?"

"네, 덕분에 그럭저럭 완성됐습니다."

"무대가 다마 뉴타운이라면서?"

"그렇습니다. 재미있을 것 같습니다."

그의 다음 말을 듣고 나는 한순간 얼어붙었다.

"제작을 중지해."

농담하는 표정이 아니었다. 그는 더할 수 없이 진지했다.

"난 항상 1년 만에 작품을 만들어왔어. 반면에 파쿠 씨는 2년에 걸쳐 만들고 있지. 이래서는 지브리의 주류가 파쿠 씨고 나는 비주류가 아닌가? 내가 지금 어떤 심정으로 「붉은 돼지」를 만들고 있는지 아나? 파쿠 씨가 엉망으로 만든 스태프를 다시 일으키기 위해 내가 얼마나 고생하고 있는지는 스즈키 씨가 가장 잘 알 거야! 그래서 그 작품은 제작할 수 없어!"

물론 미야의 심정은 충분히 이해한다. 하지만 지금 여기서 다카하타가 작품을 만들지 않으면 지브리가 앞을 향해 나아갈 수 없는 것도 사실이다. 하지만 미야는 내 말을 듣지 않고 고집을 부렸다.

"그런 건 상관없어! 제작 중지야!"

원래 뜨거운 사람인 데다 「붉은 돼지」의 제작이 막판에 이르면서 스트레스가 절정에 달한 듯했다. 더구나 다카하타에 대한 애증의 감정이 한순간에 폭발한 것이다.

지브리에는 일명 '어항'이라고 부르는 투명한 유리방이 있는데, 그곳에 둘이 틀어박혀 여덟 시간 정도 먹지도 마시지도 않고 계속 이야기를 나누었다.

"제작을 중지하지 않는다면 내가 지브리를 관두겠네."

그런 최후통첩 같은 말이 다음 날에도, 그 다음 날에도 계속되었다. 그런 일이 한 달쯤 계속되던 어느 날, 미야가 신음소리를 내면서 가슴을 누르더니 그 자리에서 털썩 쓰러졌다. 구급차를 부르느니 마느니 하는 엄청난 소동이 벌어졌지만, 다행히 큰일은 벌어지지 않았다.

영화감독이든 작가든, 창작하는 사람의 스트레스는 보통 사람의 상상을 초월한다. 어쩌면 그때의 미야는 그런 스트레스가 한계에 도달했을지도 모르겠다.

미야의 마음을 받아들이고 싶은 마음은 굴뚝같지만 「폼포코 너구리 대작전」을 만들지 않으면 지브리는 끝나버린다. 그야말로 사방팔방이 꽉 막힌 상태에 빠지고 말았다. 나는 운을 하늘에 맡기고 한 가지 도박에 나섰다. 일부러 아무런 연락도 하지 않고 회사에 가지 않은 것이다.

다음 날 아침에 출근한 미야는 내가 없다는 사실을 알아차리고 정신을 차린 듯했다. 다카하타도 미야와 나 사이에서 문제가 있다는 것을 눈치 챘는지, 그날 미야의 작업실에 나타났다고 한다. 그곳에서 두 사람이 무슨 이야기를 했는지는 모른다. 하지만 중요한 것은 두 사람이 만나서 대화를 했다는 사실이다. 미야 가슴속의 응어리가 녹아내리면서 모든 문제가 말끔히 해결된 것이다.

두 사람은 그것을 계기로 각자 자신의 작품으로 돌아갔다.

이 사건에는 후일담이 있다. 마침 그 무렵, 《금요일》이라는 주간 잡지가 창간되었는데, 창간 기념 파티장에서 이노우에를 만나 "지난번에는 여러모로 고마웠습니다"라고 인사를 했더니, 그는 내가 보내준 시나리오를 이미 읽어보았다면서 칭찬해주었다.

"역시 대단합니다. 아주 재미있더군요. 다만 한 가지, 생각해주셨으면 하는 게 있습니다. 아무리 봐도 제목은 좀 그렇습니다."

그러자 옆에 있던 미야가 재빨리 끼어들었다.

"이노우에 씨도 그렇게 생각하십니까?"

그는 이노우에와 힘을 합쳐 나를 벽으로 몰아넣더니, 파티는 아랑 곳하지 않고 제목에 대해 끊임없이 비난했다. 그때는 정말이지 두 손을 들고 싶었다…….

이튿날, 이노우에로부터 팩스가 도착했다. 드라마나 영화의 세계에는 '스크립트 닥터script doctor'라는 전문가가 있어서 다른 사람이 쓴 시나리오의 완성도를 평가하고 수정한다고 한다. 이노우에는 그렇게 운을 뗀 뒤, 다음과 같이 덧붙였다.

"그런 처지에서 한 말씀드리자면 이 작품의 내용은 굉장히 좋습니다. 단, 제목은 역시 바꾸는 편이 좋겠습니다."

나는 "지적해주셔서 감사합니다만 제목은 그대로 가겠습니다"라는 내용의 답장을 보냈다.

개봉 시기를 둘러싼 공방

그렇게 전쟁 같은 상황을 빠져나오면서 제작이 겨우 궤도에 올랐…… 다고 말하고 싶지만, 문제는 역시 다카하타였다. 여느 때처럼 일정이 지연되기 시작한 것이다.

하지만 매번 개봉에 맞는다, 맞지 않는다로 식은땀을 흘리면서 학습한 덕분에, 나도 이번에는 약간 머리를 굴렸다. 개봉 예정은 1994

년 여름이었지만 그에게 봄에 개봉한다고 말해둔 것이다. 만일에 대비해 '봄 개봉'이라는 글자가 들어간 포스터까지 만들고, 배급사인 도호 사람들에게도 입을 맞춰달라고 했다.

예상한 대로 제작이 지연되었다. 그래서 적당한 타이밍을 노려서 다카하타에게 말했다.

"어쩔 수 없군요. 이렇게 되면 결단을 내리는 수밖에요. 도호에 여름에 개봉할 수 있도록 해달라고 부탁하겠습니다."

여기까지는 내가 계산한 대로였다. 성공이다! 회심의 미소를 지은 것도 잠시, 여름 개봉도 어렵다는 사실이 밝혀졌다.

지브리의 경우, 작화의 생산 속도는 아무리 기를 써도 한 달에 5분이 고작이다. 결국 9월까지 가야 완성된다는 계산이 나온다. 그래서 다시 다카하타 감독과 속을 털어놓고 솔직하게 이야기하기로 했다. 나는 지금까지의 경험을 바탕으로 이렇게 말했다.

"이대로 가면 여름에도 개봉할 수 없을 것 같습니다. 그건 다카하타 씨도 알고 계시죠? 개봉을 겨울로 미뤄야 하지 않겠습니까?"

나는 실제로 그럴 각오를 하고 있었다. 그런데 그는 뜻밖에도 이렇게 중얼거렸다.

"아니, 그건 좀……. 역시 여름에 개봉을……."

"하지만 그때까지 완성이 안 되잖습니까? 겨울로 하시지요."

"아니, 여름으로……."

이미 봄에서 여름으로 미뤘다는 부담감과 함께 그 무렵만 해도 아직 일정을 지키려고 하는 의식이 남아 있었을지 모르겠다.

그럼 어떻게 하면 스케줄을 단축할 수 있을까? 나는 구체적으로 이렇게 제안했다.

"지금의 그림 콘티에서 10분을 줄이면 어떨까요?"

"어디를 줄여야 할지 모르겠네. 자네가 결정해주지 않겠나?"

"하지만 다카하타 씨 작품에 제가 손을 댄다는 건……."

이렇게 말하면서도 마음속으로 회심의 미소를 지었다. 하지만 그것은 착각의 시작이었다…….

나는 뒷부분을 대담하게 자르는 아이디어를 제시했다. 그리고 "여기는 된다", "여기는 안 된다"라고 옥신각신하면서 10분을 자르는 것에 성공했다. 다카하타도 처음에는 이렇게 말했다.

"이렇게 하면 일단 이야기는 통하겠군."

그런데 다음 날부터 매일 두 시간씩 그에게 잔소리를 듣게 되었다. 10분을 잘라냄으로써 작품의 주제가 너무 적나라하게 드러났다는 것이다.

그것은 다카하타 감독의 말이 맞다. 뒷부분을 줄임으로써 자칫하면 "자연이 중요하다"라는 흔한 메시지로 받아들일 수 있게 된 것이다. 그의 원래 시나리오는 "자연을 소중히 하자고 말하는 쪽에도 문제가 있지 않은가?"라는 의문도 포함되어 있었다. 세계는 결코 단순하지 않고, 인간은 복잡한 문제를 짊어지고 살고 있다는 점까지 생각하게 만드는 작품이었던 것이다.

물론 그대로 만들었다면 더욱 완성도 높은 작품이 되었을 것이다. 내가 보기에도 다카하타 감독의 의견이 옳다. 하지만 10분을 자르도록 허락한 사람도 다카하타 자신이다. 나는 그 딜레마를 주장할 수밖에 없었다.

내가 고민에 빠져 있을 때, 하쿠호도의 지브리 담당인 후지마키 나오야가 웬일로 스튜디오에 나타났다. 그러더니 별안간 다카하타에게 "콘티를 봤는데 특히 마지막 부분이 좋더군요"라고 말한 것이다. 다카하타 감독으로서는 아군을 얻은 것이나 마찬가지였다.

"개봉에 맞지 않아서 그곳을 자를 수밖에 없네."

"으아! 그건 너무 아깝습니다!"

그 말을 듣고 나는 머리끝까지 화가 나서 폭발할 뻔했다.

'이 녀석이 정말! 내가 얼마나 마음고생을 하는 줄도 모르고!'

처음부터 끝까지 눈물을 흘렸던 미야 감독

완성이 코앞으로 다가왔을 때, 예상치 못한 문제가 발생했다.

그날 나는 도심에 갈 일이 있어서 잠시 스튜디오를 비웠다. 그것을 노린 것처럼 미야가 「폼포코 너구리 대작전」 작업실에 나타나 메인 스태프 다섯 명을 불러놓고 "너희들 다 해고야!"라고 말한 것이다. 그들은 어안이 벙벙한 표정을 지었지만, 미야가 워낙 서슬이 시퍼래져서 고함을 치는 바람에 어쩔 수 없이 짐을 싸기 시작했다.

미야는 "스즈키 씨에게는 연락하지 마!"라고 못을 박았지만, 그 자리에 있던 다카하시라는 직원이 가까스로 탈출해 내게 전화를 해주었다. 나는 황급히 스튜디오로 달려가 다섯 명을 붙잡았다. 물론 미야에게는 아무 말도 하지 않았다.

그렇게 온갖 고난을 극복하고 영화가 완성된 날은 지금도 잊을 수 없다. 다카하타, 미야 감독과 함께 첫 시사를 봤는데, 미야가 처음부터 끝까지 눈물을 멈추지 않은 것이다. 그 이유는 나중에 알게 되었는데 작품에 등장하는 너구리들의 모델이 바로 도에이동화 시절 그들의 동료였던 것이다. 특공대의 리더 격인 곤타는 미야, 주인공인 쇼키치는 다카하타다. 나머지 캐릭터들도 각각 누구를 투영했는지, 본인들은 한눈에 알 수 있었다. 아마 미야는 그 영화 안에서 자신들의 청춘을 보았으리라.

다카하타에 대한 미야의 마음은 제3자는 결코 이해할 수 없을 만큼 복잡 미묘하다. 한마디로 말하면 애증이라고 할 수 있겠지만, 그 단어만으로는 부족하다. 미야는 다카하타에 관해 이렇게 말하곤 했다.

"파쿠 씨 스태프 중에서 살아남은 사람은 나 하나야. 나머지는 모두 없어졌지. 나 혼자 견뎌낸 거야."

그것은 미야의 자랑이기도 하다. 일흔 살이 훌쩍 넘은 지금도 그렇게 말한다. 다른 한편으로 이렇게 말하는 일도 있다.

"파쿠 씨를 욕해도 되는 사람은 나와 스즈키 씨뿐이야. 다른 녀석들이 욕하면 가만두지 않겠어!"

수많은 우여곡절이 있었지만, 미야는 다카하타를 위해 자신이 할 수 있는 일은 전부 다 해주었다. 훌륭하다고밖에 말할 도리가 없다.

그런데 다카하타는 이렇게 말하기도 한다.

"미야 씨는 가난뱅이 근성이 있어. 그냥 자기 생각대로 하면 될 텐데 왜 저러는 거지?"

이 두 사람의 관계는 도대체 무엇일까……?

9   귀를 기울이면

− 신인감독 콘도 요시후미가 눈물을 흘린 밤

　신슈라는 곳에 미야 감독 장인의 아틀리에가 있어서, 우리도 여름 휴가 때마다 그곳으로 놀러 가는 것이 연례행사가 되었다.

　지금은 미야가 통나무집으로 다시 지었지만, 원래는 오래된 일본 가옥이었다. 인가에서 조금 떨어진 곳에 있고, 전화선도 연결하지 않고 신문도 받지 않는다. 그야말로 속세와 동떨어진 환경이다.

　낮에는 주변의 마을과 숲을 산책하고, 밤에는 목욕을 하고 방에 모인다. 어둠이 내려앉으면 주변은 쥐죽은 듯 고요해진다. 정말로 할 일이 아무것도 없다. 어느 날 미야가 "뭐 재미있는 거 없나?"라고 말하며 방의 안쪽을 부스럭부스럭 뒤지더니 소녀만화 잡지를 몇 권 가져왔다. 그중에서 "스즈키 씨, 이것 좀 봐"라고 말하면서 준 작품이 《리본》에 실린 「귀를 기울이면」이었다. 우리는 2회까지 연재된 그 작품을 보고는 앞으로 어떻게 전개될지에 대해 나름대로 상상을 더해 이야기를 나누며 시간을 보냈다.

그리고 다시 도쿄로 돌아온 지 얼마쯤 되었을까. 미야가 어느 날 제작부에 나타나서 큰 소리로 물었다.

"혹시 「귀를 기울이면」이라는 만화를 아는 사람이 없나?"

그러자 다나카 가즈요시라는 스태프가 손을 번쩍 들었다.

"제가 단행본을 가지고 있습니다."

"그럼 이리 가져와보게."

눈 깜짝할 사이에 책을 읽은 그는 크게 화를 냈다.

"이야기가 다르잖아!"

당연하다. 그의 머릿속에 있었던 것은 우리가 그날 밤 멋대로 만들어낸 스토리니까.

미야의 독서는 대부분 그런 식이다. 작가가 쓴 내용을 그대로 받아들이는 게 아니라 책을 읽으며 자기 안에서 다른 세계를 만들어내서 그 안을 즐겁게 돌아다닌다. 그 때문에 미야가 재미있다고 말하는 책의 제목에는 '정원'이라는 단어가 들어간 것이 많다. 책 속에 있는 정원을 자기 나름대로 설계하는 것을 즐긴다고나 할까?

콘도 요시후미의 재능

그 무렵, 스튜디오에서는 한창 「폼포코 너구리 대작전」을 제작하며

"다음 작품은 어떻게 할까?"라는 이야기가 진행되고 있었다. 그때 미야가 말을 꺼낸 것이 「귀를 기울이면」이었다.

"이 작품은 곤 짱에게 감독을 하라고 할까? 곤 짱에게는 이런 작품이 잘 어울려."

곤 짱은 콘도 요시후미의 애칭이다. 애니메이터로서 뛰어난 재능을 가지고 있어서, 다카하타 이사오와 미야자키 하야오의 작품에는 빼놓을 수 없는 인재로 손꼽힌다.

니가타 출신인 그는 고등학교를 졸업하고 도쿄에 상경해 도쿄 디자인 칼리지 애니메이션과에 들어갔다. 당시 그곳에는 다카하타 감독과 미야 감독의 도에이동화 시절 선배였던 오쓰카 야스오가 선생으로 있었다. 오쓰카의 말에 다르면 곤 짱은 특별히 눈에 띄는 존재가 아니었다고 한다. 그런데 강의가 끝난 후에 찾아와서는 진지한 얼굴로 더듬거리며 이렇게 말했다는 것이다.

"A프로덕션에 넣어주십시오."

A프로덕션(현 신에이동화) 역시 도에이동화 출신인 난베 다이요시로가 만든 회사로, 오쓰카는 그곳으로 이적해서 「무민」이나 「루팡 3세」 등을 만들고 있었다.

곤 짱이 너무도 간절하게 몇 번씩 부탁하는 바람에, 어쩔 수 없이 난베 사장에게 이유를 설명하고 입사시켰다. 그런데 막상 일을 시켜보니 처음부터 굉장히 잘했다고 한다. 덕분에 난베 사장으로부터 고맙다는 말을 들었다는 것이다.

이윽고 다카하타와 미야도 A프로덕션으로 이적했다. 그때 미야가 곤 짱의 재능을 발견했다. 그 이후 곤 짱은 미야 감독의 데뷔작인 「미래소년 코난」에서 커다란 활약을 했다. 특히 익살스러운 장면을 잘 표현해서 작품에 빛을 더했다.

그걸 옆에서 지켜보던 다카하타도 역시 곤 짱의 재능에 매료되어 「빨강머리 앤」에서 작화의 중심에 앉혔다. 자신이 먼저 발견한 사람을 가로챘다고 하면서 미야는 토라졌지만…….

그 다음에도 미야는 계속 곤 짱과 같이 일하고 싶어 했다. 그런데 다카하타 작품과 미야자키 작품을 번갈아 만드는 와중에 곤 짱은 주로 다카하타 감독의 순서에 해당되었다. 미야가 「귀를 기울이면」의 감독으로 곤 짱을 추천한 이면에는 그런 흐름을 끊고 싶다는 속셈도 있었다…… 라고 나는 생각한다. 여기서 곤 짱에게 감독으로서 마음껏 실력을 발휘하게 하고, 그다음 본인 작품에서 작화감독을 맡기자는……. 실제로 「모노노케 히메」를 만들 때, 곤 짱은 작화감독을 맡았지만, 안타깝게도 기흉으로 인해 컨디션이 무너지면서 입원과 퇴원을 반복하게 되었다…….

기획 중심주의와 가작 소품 노선

기획의 큰 틀은 정해졌지만 곤 짱에게는 감독 데뷔작이다. 애니메이터로서는 재능이 뛰어나지만 연출은 별개의 문제다. 애니메이션에서 감독과 작화감독의 관계는 실사영화의 감독과 카메라맨에 해당한다. 훌륭한 카메라맨이 좋은 감독이 될 수 있느냐 하면 반드시 그렇다곤 할 수 없다. 그때 미야가 제안한 것이 프로듀서 쪽에서 기획을 만들어 감독에게 주는 방식이었다.

그때까지 지브리는 다카하타 이사오와 미야자키 하야오라는 두 천재 감독의 창조력에 모든 것을 맡기는 방식으로 일해왔다. 이른바 감독 중심주의다. 하지만 이번에는 시나리오에서 그림 콘티까지는 프로듀서인 미야자키 하야오가 만들고, 그것을 감독인 콘도 요시후미가 연출해서 영화로 완성한다. 즉, 기획 중심주의를 채택하자는 것이다. 그런 방침을 제시한 뒤 그는 구체적으로 두 가지 계획을 세웠다.

하나는 그림 콘티의 사이즈 변경이다. 그때까지 지브리의 그림 콘티는 그대로 레이아웃[14]으로 사용할 수 있을 만큼 정밀도가 높았다. 그로 인해 다른 애니메이션 회사에 비해 사이즈가 컸는데, 미야가 작은 사이즈로 바꾸자고 한 것이다. 그러면 세밀한 그림을 그릴 수 없는 만큼 최종적인 작화도 편해진다.

또 하나는 배급방식의 변경이다. 그때까지는 도호의 배급망을 통해 전국의 대형 극장을 중심으로 개봉했는데, 그것을 소형 극장으로

---

14 애니메이션의 화면을 전반적으로 구성하는 작업.

전환하자는 것이다. 어떻게 그런 것까지 생각했는지 나는 미야자키 하야오라는 사람에게 새삼 감탄했다.

그 이후, 미야의 호령 밑에서 새로운 방침으로 제작을 시작했다. 그런데 그 방침을 맨 먼저 깨뜨린 사람은 아이러니하게도 바로 미야 본인이다. 그는 "이렇게 작은 컷에는 도저히 만족할 수 없어!"라고 말하며, 큰 컷에 정교한 그림을 그리는 스타일로 돌아갔다.

한편 나는 새로운 배급방식을 모색하고 있었다.

당시에 소형 극장용으로 좋은 작품을 배급하는 헤럴드 에이스(현 어스믹 에이스)라는 회사가 있었다. 아는 사람이 있어서 한번 이야기를 해봤더니, 창립자이자 프로듀서인 하라 마사토 사장이 직접 대응해주었다.

내가 기획 내용을 말하며 가작 소품으로 배급하고 싶다고 설명했더니, 하라 사장은 즉시 내 말을 이해해주었다. 그런데 한 가지 문제가 있다고 한다.

"스즈키 씨 말씀은 충분히 이해합니다. 단, 지브리의 뒤에는 도쿠마 야스요시 사장님이 계시지 않습니까? 그래서 저희 멋대로 할 수는 없습니다. 도쿠마쇼텐의 자회사인 다이에이와 저희가 공동배급을 하는 건 어떻겠습니까?"

하라 사장은 그렇게 제안했지만, 솔직히 말해 그렇게 어중간한 방식으론 잘 되지 않을 것 같은 생각이 들었다.

한편 제작 쪽으로 눈길을 돌리자 여느 때처럼 순조롭게 늦어지고 있었다. 처음에는 작게 기획했지만 점점 큰 작품이 되었기 때문이다.

완성된 러시 프린트rush print[15]를 보면서 나는 고민에 빠졌다. 소형 극장 배급은 여러 가지 문제가 있을 듯하고 작품도 대작이 되고 있다. 역시 도호에 부탁하는 게 좋지 않을까? 하지만 너무 늦은 건 아닐까?

이럴 때는 솔직하게 말하고 의논해보는 게 좋으리라. 나는 도호의 다카이 히데유키 조정부장을 만나보기로 했다. 나중에 도호의 사장을 거쳐 지금은 고문을 맡고 있는 분이다.

다카이 부장을 만나보니 예상한 대로 1995년 여름은 이미 개봉할 작품이 정해져 있다고 했다.

"지금 끼어들긴 힘듭니다."

그렇게 말한다고 해서 순순히 물러설 수는 없었다. 억지를 부려서라도 밀고 들어가지 않을 수 없었던 것이다.

"부장님 힘으로 여름에 넣어주실 수 없겠습니까?"

"이미 극장이 다 잡혀 있다는 건 스즈키 씨도 알잖습니까? 황금연휴는 어떤가요? 그러면 여름 전까지 상영할 수 있으니까요."

"그때까지는 제작이 마무리되지 않습니다."

"그럼 겨울은요? 겨울이라면 지금부터 극장을 잡을 수 있습니다."

"겨울까지 끌고 가면 제작비가 불어나니까 그건 피하고 싶습니다.

---

15 편집이 안 된 영화 필름.

꼭 여름으로 부탁합니다."

"9월에 개봉하는 방법도 있습니다. 지브리 작품은 이미 일반 영화나 마찬가지잖습니까? 9월에 개봉해도 됩니다."

다카이 부장은 그렇게 말했지만, 나는 어떻게든 여름에 개봉하고 싶었다. 황금연휴나 가을은 여름에 비해 관객이 절반으로 떨어지기 때문이다.

그런 식으로 몇 번 만나는 사이에 다카이 부장도 본심을 말하게 되었다.

"이 작품은 중학생의 사랑 이야기잖습니까? 이런 내용이라면 여름은 좀 그렇습니다. 극장이 달려들지 않습니다."

업계의 상식으로 보면 그 말이 맞다. 중학교에 다니는 소년소녀의 러브스토리라고 하면 관객층이 한정된다. 여름에는 대작이 몰리는 만큼, 배급사 입장에서는 망설이는 게 당연하다. 그런 사실은 나도 알고 있다. 그럼에도 불구하고 어떻게든 여름에 개봉하고 싶다. 이제 매달리는 수밖에 없다고 생각해서 버티고 또 버텼더니, 결국 다카이 부장이 두 손을 들었다.

"어쩔 수 없군요. 여름으로 합시다. 하지만 다른 때처럼 좋은 극장만을 모을 수는 없습니다. 흥행 성적과도 관련이 있을 텐데, 그래도 괜찮겠습니까?"

"그건 어쩔 수 없겠지요. 제작 초기의 상황으로 보면 그게 이 작품의 운명일지도 모르겠습니다. 그렇게 해주십시오."

그런데 막상 뚜껑을 열고 보니 예상보다 훨씬 관객이 많이 들어서, 그해의 일본 영화 흥행 1위가 되었다. 고집을 부리며 끝까지 버틴 보람이 있었고, 내 고집을 받아준 다카이 부장에게도 이 자리를 빌려 다시 한번 감사의 말씀을 전하고 싶다.

미야자키 하야오와 콘도 요시후미의 차이

내가 배급 문제로 동분서주하는 동안, 본격적으로 작화 작업이 시작되었다.

시나리오에서 이야기의 흐름이 정해지고, 그림 콘티에서 연출의 기본 계획도 완성되었다. 그러는 동안 곤 짱은 감독으로서 조금씩 자신의 영화를 만들어나갔다.

이 영화에는 상징적인 장면이 두 군데 있다. 하나는 시즈쿠가 교직원실에 갔다가 도서카드를 보고, 마음에 걸렸던 아마사와 세이지가 동급생이라는 사실을 아는 장면이다. 미야가 만든 그림 콘티에서는 시즈쿠가 당황해서 친구와 같이 계단을 뛰어내려간다. 그런데 곤 짱의 콘티에서는 천천히 걸어서 내려간다.

여기에서 두 감독의 차이를 명확하게 알 수 있다. 미야 작품에서는 몸이 먼저 움직이는 소녀고, 곤 짱 작품에서는 당황함을 곱씹은 후에 생각하는 소녀다.

또 하나는 풀이 죽은 시즈쿠가 지구옥이라는 가게를 방문하는 장면이다. 시즈쿠는 가게 문이 닫힌 것을 보고 벽에 기대앉아 고양이에게 말을 건다. 주변에는 아무도 없다. 그런데 곤 짱의 시즈쿠는 속옷이 보이지 않도록 치마를 손으로 누르고 앉는다. 반면에 미야의 시즈쿠는 사람들 눈을 신경 쓰지 않고 앉아서 치마가 화악 퍼지는 바람에 팬티가 보인다.

즉, 곤 짱이 그린 시즈쿠는 끊임없이 남의 눈을 신경 쓰고 행동하는 품위 있는 소녀다. 더구나 그렇게 그림으로써 오히려 에로틱한 장면이 되었다. 곤 짱은 무의식적으로 한 일이겠지만…….

그렇다면 미야가 이상적인 소녀를 그리고 곤 짱이 현대의 여중생을 잘 관찰했는가 하면, 실은 그 반대다.

시즈쿠가 합창부 친구와 도시락을 먹으면서 「컨트리 로드」의 번역된 가사에 관해 대화를 나누는 장면이 있다. 미야의 그림 콘티를 보면 말하는 스피드를 더 올리라고 써놓았다. 반면에 곤 짱의 그림 콘티에서는 두 배 정도 시간을 들여서 천천히 말하게 했다.

그림 콘티를 그리기 전에 우연히 미야와 같이 전철을 탔을 때, 앞쪽에서 중학생 소녀 대여섯 명이 수다를 떨고 있었다. 그는 소녀들의 이야기를 들으면서 초수를 쟀다. 그것을 근거로 그 장면을 설계한 것이다. 따라서 그런 부분은 미야 쪽이 더 리얼하다.

같은 그림 콘티라도 감독이 바뀌면 표현이 크게 달라지는 법이다. 바꿔 말하면 그림 콘티를 그린 미야로서는 아무래도 연출에 개입하고 싶어진다. 역시나 미야는 한 부분을 콕 집어서 그곳만 자신이 연출하겠다고 말했다. 그러면서 그는 이노우에 나오히사라는 일러스트레이터가 그린 『이바라드』라는 화집을 꺼내들었다. 그는 미술 스태프에게 그것을 보여주면서 배경을 그리게 하려고 한 것이다. 그때 내 머릿속에 새로운 아이디어가 떠올랐다. 이런 경우에는 상황을 확대시키는 편이 어떨까?

"미야 씨, 이노우에 씨의 그림을 따라서 그릴 바에야 차라리 본인에게 그리게 하는 게 낫지 않을까요?"

미야에게는 그런 발상이 없었는지, 처음에는 깜짝 놀란 표정을 지었다. 이노우에는 오사카에 살고 있었는데, 내가 사정을 설명했더니 도쿄에 와서 그림을 그려주었다. 덕분에 지금까지 지브리 작품에서 볼 수 없는 환상적인 배경이 완성되었다.

또한 이노우에라는 제3자의 참여에 의해 뜻하지 않은 효과도 있었다. 미야와 곤 짱 사이에도 균형이 유지되면서, 두 사람 모두 일에 집중할 수 있게 된 것이다.

작사를 둘러싸고 대립하다

한 작품에 감독이 두 명 있으면 크고 작은 의견 차이가 발생하는 법이다. 이것은 어쩔 도리가 없다. 연기뿐만 아니라 「컨트리 로드」의 가사 번역을 둘러싸고도 두 사람이 충돌했다. 이 노래는 1971년 존 덴버가 발표해 큰 인기를 끈 명곡이다.

미야는 처음부터 이 작품의 주제가를 「컨트리 로드」로 정하고, 일본어 번역이 중요하다고 말했다. 그래서 처음에는 본인이 직접 가사를 쓰기로 했는데, 콘티 작업이 바빠지면서 손을 댈 여유가 없었다. 더구나 시즈쿠가 지구옥에서 「컨트리 로드」를 부르는 작업은 음악에 맞춰서 그림을 그리는 선녹음 방식이었다. 그림을 그리기 전에 노래를 녹음하려면 서둘러 가사가 나와야 했다. 아슬아슬한 일정까지 몰린 그는 당치도 않은 말을 꺼냈다.

"그래! 스즈키 씨 따님에게 가사를 쓰게 하면 되겠군!"

"네? 뭐라고요?"

나로서는 기겁할 노릇이 아닐 수 없다. 이거 큰일이군……. 하지만 다른 곳에서 사람을 찾을 여유도 없었다. 나는 집에 가서 딸에게 물어보았다.

"일이 이렇게 됐는데, 해볼 마음이 있어?"

당시 열아홉 살이었던가? 한창 건방질 시기라서 그런지 딸아이는 대뜸 프로 작사가처럼 말했다.

"돈은 얼마나 줘요? 마감은 언제인데요?"

딸과도 계약을 하게 될 줄은 꿈에도 몰랐지만, 다른 대안이 없었기에 어쩔 수 없었다. 또 딸에게는 미안하지만 '도저히 사용할 수 없을 만큼 한심한 가사를 보여주면 미야 씨가 분발해서 직접 써주리라'는 속셈도 있었다.

마감 당일. 아무리 기다려도 딸이 집에 오지 않았다. 한밤중이 되어서야 겨우 들어온 딸에게 "오늘이 마감이야. 알고 있어?"라고 했더니 놀란 기색도 없이 "지금부터 쓰면 되잖아요"라고 말하며 사전을 가져왔다. 그런데 사전을 펼치지도 않고 술술 써내려가더니, 5분 만에 가사를 완성하는 게 아닌가. 미심쩍었지만 어쩔 수 없이 이튿날 미야에게 가사가 적힌 종이를 가져다주었다. 그런데 놀랍게도 그는 약간만 손을 본 뒤 완성본으로 사용하면 되겠다며 딸이 쓴 가사를 매우 흡족해했다.

그런데 미야가 손을 본 부분을 둘러싸고 또다시 미야와 곤 짱의 갈등이 시작됐다.

처음에 딸이 쓴 가사는 '혼자 살기 위해 / 아무것도 없이 / 고향을 뛰쳐나왔다'라고 되어 있었다. 미야는 이 부분을 '외톨이가 되어 / 두려워하지 않고 / 살아가려고 / 꿈을 꾸었다'로 고쳤다.

존 덴버가 쓴 원래 가사는 '그 그리운 고향으로 돌아가리라'는 내용이었다. 그런 내용을 우리 딸은 어이없게도 '뛰쳐나온 고향에는 돌아가고 싶어도 그럴 수 없다'는 내용으로 바꾸었다. 마음에는 들었지만 너무나 노골적이라고 생각한 미야가 고향에서 뛰쳐나왔다는 내용을 조금 모호하게 얼버무린 것이다.

반면에 곤 짱은 "원래 가사가 더 좋습니다"라고 말했다. 두 사람은 그것으로 입씨름을 시작하더니, 급기야 서로 화를 내는 지경에 이르렀다. 모두가 예상했다시피 마지막에는 곤 짱이 물러서면서 미야 버전으로 정착됐지만 말이다.

그나저나 얌전하고 말수도 없는 곤 짱이 왜 화를 내면서까지 그 가사에 집착했는지 당시에는 이해가 되지 않았다. 그 수수께끼가 풀린 것은 영화가 완성된 다음이었다.

전국 프로모션의 일환으로 센다이에 갔을 때, 곤 짱과 둘이 밥을 먹을 기회가 있었다. 그때 곤 짱이 혼잣말처럼 말했다.

"전 지금도 원래 가사가 더 좋다고 생각합니다. 저도 만화가가 되기 위해 고향을 뛰쳐나와 도쿄로 올라왔지요. 손에는 정말로 아무것도 없었습니다……."

그는 그렇게 말하면서 눈물을 흘렸다.

우연한 일이기는 하지만 우리 딸이 쓴 가사는 콘도 요시후미의 인생 자체였던 것이다. 거의 가출하듯 고향을 뛰쳐나와 죽을힘을 다해 애니메이터가 되었다. 하지만 그것만으론 고향으로 돌아가고 싶어도 그럴 수가 없다. 가슴을 펴고 당당하게 고향에 돌아가기 위해서는 성공한 감독이 되어야 한다. 그런데 자신이 처음으로 감독을 맡은 작품에서 그런 내용이 담긴 가사를 만났으니 그에게는 굉장히 큰 의미가 있었으리라. 그래서 그는 딸아이가 쓴 가사를 바꾸고 싶지 않았던 것이다.

말수가 적고 속마음을 잘 보여주지 않는 사람이었지만, 가슴 안쪽에서는 뜨거운 덩어리가 펄펄 끓어오르고 있었다.

콘도 감독의 유일한 작품으로 남다

「귀를 기울이면」은 미야자키 하야오의 작품일까, 콘도 요시후미의 작품일까? 나는 지금도 잘 모르겠다. 두 사람이 여러 면에서 대치한 것은 사실이다. 프로모션 도중 어느 기자의 질문에 곤 짱이 대답한 뒤, 미야가 "그게 아닙니다. 감독은 아무것도 모릅니다"라고 부정하는 아슬아슬한 장면도 있었다.

그래도 뒤풀이하는 자리에서, 곤 짱은 미야에게 고개를 숙였다.

"이런 기회를 주셔서 감사합니다."

신인감독인 만큼 곤 짱이 시나리오와 그림 콘티의 의도를 이해하지 못한 부분은 분명히 있었다. 하지만 그는 그것을 순수함으로 극복했다. 단적으로 말하면 자신이 이해하지 못한 장면에서도 본능적으로 그림을 그릴 수 있는 사람이었다. 곤 짱이 감독이었기 때문에 시즈쿠라는 캐릭터는 매력적인 소녀로 완성되었다. 이 작품이 히트한 원인은 곤 짱이 그린 시즈쿠 덕분이다. 나는 지금도 「귀를 기울이면」이라는 작품을 곤 짱에게 맡기기 잘했다고 생각한다.

그 후 지브리는 요네바야시 히로마사 감독의 「마루 밑 아리에티」, 미야자키 고로 감독의 「게드전기」, 「코쿠리코 언덕에서」를 통해 또 하나의 미야자키 애니메이션을 만드는 시도를 계속했다. 그때는 「귀를 기울이면」의 경험을 살려서 프로듀서 쪽에서는 시나리오만 준비하고, 그림 콘티는 각각의 감독에게 그리게 했다. 「마루 밑 아리에티」와

「코쿠리코 언덕에서」의 성공은 곤 짱 덕분이기도 하다.

　유감스럽게도 「귀를 기울이면」은 콘도 요시후미 감독의 처음이자 마지막 작품이 되었다. 「모노노케 히메」가 개봉한 뒤, 1997년 말에 해리성 대동맥류로 쓰러진 곤 짱은 이듬해 1월에 세상을 떠났다. 이제 겨우 47세. 너무 이른 여행이었다.

3장

영화를 만드는 일은
엄청난 도박이다

10 　모노노케 히메

– 전대미문! 지혜와 배짱의 모노노케 대작전

"지금이야말로 활극을!"

그때 왜 그런 이야기가 나왔을까? 그동안 너무 얌전한 작품만 만든 것이 아닌가? 「붉은 돼지」가 있었지만 활극다운 활극은 몇 년이나 하지 않았다.

그런 와중에 미야 감독이 '털벌레 보로'라는 기획을 내밀었다. 털벌레가 가로수에서 가로수로 여행하는 사이에 부딪치는 사건을 90분에 걸쳐 차분하게 그린다는 것이다.

분명히 내용은 참신하고 재미있다. 하지만 너무도 소박하고 소소하다. 아무리 생각해도 마음이 내키지 않았다.

한편 그즈음 나는 큰 문제를 떠안고 있었다. 바야흐로 거품 경제가 붕괴되면서 부실채권 문제로 세상이 떠들썩하던 무렵이다. 지브리의 모체인 도쿠마쇼텐도 예외가 아니었다.

도쿠마 사장은 한마디로 말해 괴물 같은 사람이었다. 출판부터 음악, 영화 사업에까지 손을 대면서 잇따라 새로운 회사를 만들었다. 그때마다 빚은 늘어났지만 "돈은 은행에 얼마든지 있다"라고 말하며 의기양양하게 그룹을 키워나갔다. 그런데 거품 경제가 붕괴되고 경기가 추락하면서 방만 경영의 여파가 한꺼번에 밀려온 것이다.

사내에서도 위기감이 높아지면서 현장에서 일하는 편집장과 국장이 모여 머리를 맞대고 회의를 했다. 나는 이미 지브리로 소속을 옮겼지만, 회의가 있을 때마다 불려갔다. 도쿠마 그룹 안에서 지브리가 가장 잘나가고 있다는 점이 작용했는지, 내가 중심이 되어 부실채권 문제를 처리하게 되었다.

사내에서는 기탄없는 논의가 벌어지고, 대출금을 받지 못한 은행은 나를 찾아와 어떻게든 해달라고 요구했다. 나는 그 상황을 도쿠마 사장에게 보고한 뒤, 또다시 회의에 불려가 곤혹을 치렀다.

그런 와중에 미야가 내게 털벌레 이야기를 한 것이다. 솔직히 말해 진지하게 들어줄 수 있는 상황이 아니었다. 부실채권 처리 문제로 머릿속이 복잡하고 마음속에서 거친 소용돌이가 휘몰아치고 있었기 때문이다.

나는 그에게 거꾸로 제안을 했다.

"다음에는 '모노노케 히메'를 하지 않겠습니까?"

"모노노케 히메를?"

그는 항상 여러 기획을 가지고 있었는데, '모노노케 히메'도 그중 하나였다. 마침 그려놓은 이미지 보드image board[16]도 있어서, 일단 그것을 정리해 그림책 형태로 출판하기로 했다. 하지만 영화로 만들자는 이야기에는 순순히 고개를 끄덕이지 않았다.

어떻게 하면 미야를 설득할 수 있을까? 나는 그에게 세 가지 이유를 들며 설명했다.

첫째는 나이. 당신도 이제 50대 중반이다. 체력이 필요한 본격 활극을 만드는 것은 어쩌면 이번이 마지막일지도 모른다.

둘째는 스태프. 지브리에서는 스태프를 정규직으로 고용해 애니메이터를 양성해왔다. 그들이 착실히 성장해서 힘이 넘치고 있다. 그 힘을 최대한 발휘할 수 있도록 이끌어야 할 시기가 되었다.

셋째는 예산. 주변 사람들 덕분에 그동안 내놓은 지브리 작품은 모두 성공했다. 이 타이밍이라면 관계사들로부터 최대한 협조를 얻을 수 있다.

그리고 마지막으로 선언하듯 말했다.

"예산은 다른 작품의 두 배를 들입시다."

그때까지 지브리 작품의 기본 예산은 10억 엔이었는데, 이번에는 20억 엔으로 늘린다. 작화기간도 지금까지는 1년이었지만 2년에 걸쳐서 완성한다.

---

16 영화나 애니메이션 기획 단계에서 제시하는 예상 완성도.

괜찮은 제안이라고 생각했는지 그도 결국 고개를 끄덕였다.

마지막 순간에 바뀐 콘티

기획이 정해지자 미야는 예전에 쓴 플롯을 바탕으로 스토리를 만들기 시작했다. 그런데 좀처럼 작업이 진행되지 않았다. 처음에 스토리를 생각한 이후 오랜 세월이 흘러서 그때의 기분을 잊은 것이다. 미야는 기획에 대한 불안에 휩싸여 슬럼프에 빠지고 말았다. 그 기간이 6개월쯤 이어졌을까?

그런 와중에 가수인 차게 앤 아스카 쪽으로부터 한 가지 제안이 들어왔다.

"신곡 「온 유어 마크On Your Mark」의 프로모션 필름을 만들어주시지 않겠습니까?"

그때만 해도 차게 앤 아스카가 어떤 가수인지 몰랐지만, 그 제안에 달려들었다. 슬럼프에 빠진 미야에게 기분전환이 되리라는 직감이 작용한 것이다.

결국 내 계획은 성공해서, 그 영상을 만든 뒤 미야는 스토리를 전부 바꾸겠다고 말했다. 그 이후 아시타카라는 소년을 주인공으로 한 스토리가 완성되었다. 그런데 그림 콘티의 앞부분을 읽고 나서 나는 고민에 빠졌다.

제일 먼저 든 것은 「길가메시 서사시」[17]의 일본판이라는 느낌이었다. 미야에게 말했더니 "뭐? 그게 무슨 말인가?"라는 반응이 돌아왔다. 여러 요소가 뒤섞이면서 이미 독자적인 내용이라는 생각이 굳어졌던 것이다. 영감을 받았다고도 할 수 있지만 과연 그걸로 좋을까?

또 한 가지 고민은 '숲의 신 죽이기'였다.

일본은 기본적으로 토양이 풍요롭고 비도 많이 와서, 아무리 나무를 베어내도 금세 다시 자라난다. 엄밀하게 따지면 숲을 죽일 수 없는 것이다. 아무리 영화라곤 하지만 거짓말처럼 느껴지지 않을까? 우연히 다카하타를 만나 물어보았더니, 그도 내 의견에 동의했다.

결국 미야 감독을 찾아가 솔직하게 말했다.

"작품의 무대가 꼭 일본이어야 하나요?"

배경이 일본이라는 설정을 모호하게 해서 더욱 보편적인 이야기로 만들면 거짓말을 하지 않아도 된다. 그러자 그는 의외로 담백하게 받아들여주었다.

"괜찮아. 이 부분을 조금 고치면 되니까."

하지만 그림 콘티는 순조롭게 진행되지 않았다. 장편 영화에 들어갈 경우, 보통 미야는 연초에 그림 콘티를 그리기 시작해서 12월에

---

17 세계에서 가장 오래된 바빌로니아의 서사시. 고대 메소포타미아의 길가메시를 주인공으로 한 작품이다.

완성한다. 그러면 이듬해 여름에 개봉할 수 있게 된다.

그런데 「모노노케 히메」는 1년이 지나도 그림 콘티가 절반 정도밖에 진행되지 않았다. 처음에 2년이라는 기간을 설정함으로써 작업이 느슨해진 것이다. 더구나 그림 콘티를 그리다 잠시 다른 작업을 한 뒤 다시 그림 콘티로 돌아오는 방식으로 일하느라 점점 페이스가 느려졌다. 본인도 그림을 그리면서 불안해졌는지 "스즈키 씨, 이런 식으로 해도 괜찮을까?"라고 물었다.

"잡지에 연재하는 만화도 거의 이런 식입니다. 연재한다는 생각으로 작업하시면 되지 않겠습니까?"

그러자 미야는 안도의 표정을 지으며 환하게 웃었다.

그 이후, 그는 제작의 종반까지 그림 콘티와 싸우게 되고, 스태프들은 라스트 신을 모르는 채 영화를 만들게 되었다. 「모노노케 히메」는 그런 제작 방식의 시초이기도 하다.

2년째 겨울, 드디어 그림 콘티가 완성되었다. 복잡하게 뒤얽힌 이야기를 미야는 과연 어떻게 정리했을까? 특히 마지막 부분이 몹시 마음에 걸렸는데, 처음의 그림 콘티 단계에서는 에보시의 한쪽 팔이 떨어지는 장면도, 타타라바 제철 마을이 불타는 장면도 없었다. 매우 담백하고 깨끗하게 마무리되는 것이다.

나는 두 가지 마음 사이에서 흔들렸다. 이대로 하면 영화는 딱 두 시간에 끝난다. 1997년 여름까지는 순조롭게 완성되리라. 하지만 마지막 장면이 좀 아쉽다. 그것을 바꿔달라고 하면 여름 개봉을 포기해야 할지도 모른다…….

이율배반의 고민을 껴안은 채 해를 넘겼다.

휴일은 설날 하루뿐이었다. 새해가 되자마자 음악을 확인하기 위해 나와 미야는 요요기에 있는 히사이시 조의 스튜디오로 향했다. 마지막 부분이 계속 마음에 걸렸던 나는 전철 안에서 그 말을 하기로 마음먹었다. 그런 때는 불필요한 이유를 붙이지 않고 되도록 간단하게 말하는 편이 좋다.

"미야 씨, 그림 콘티를 다시 읽어봤는데, 아무래도 에보시를 죽여야 하지 않겠습니까?"

"스즈키 씨도 그렇게 생각했나?"

역시 그도 그렇게 생각했던 것이다. 미야는 요요기까지 가는 동안 새로운 아이디어를 말하기 시작했다. 더구나 흥분해서 정신없이 떠드는 바람에 목소리가 커졌다. 주변의 승객들이 그를 알아보고 힐끔거려도 신경을 쓰지 않는다. 그렇게 되면 누구도 말릴 수 없다.

그로부터 며칠 후. 눈 깜짝할 사이에 새로운 그림 콘티가 완성되었다. 미야의 그림 콘티는 항상 놀라울 만큼 세밀하지만, 그때는 대략적인 부분만 그려져 있었다. 그걸 받아서 읽기 시작하자 그가 차분한 얼굴로 말했다.

"스즈키 씨, 미안하지만 에보시는 죽일 수 없어. 대신 팔이 뜯기는 장면을 넣었네."

아쉽지만 어쩔 수 없었다. 또 다른 아이디어를 제안하는 수밖에.

"건물이 불타는 것도 미야 씨 영화의 특징이잖습니까? 마지막에 그런 장면이 들어가도 좋지 않을까요?"

미야는 그 제안도 받아들여서 타타라바의 화재 장면을 추가했다.

이렇게 해서 스토리는 완벽해졌다. 문제는 전체의 길이다. 그림 콘티를 변경하면서 상영시간은 2시간 13분으로 늘어났다. 지브리의 경우, 한 달의 작화 생산량은 약 5분. 그걸로 환산하면 작업시간이 3개월 늘어난다는 계산이 나온다. 이대로는 여름에 개봉할 수 없다.

나는 마음을 굳게 먹고 스태프에게 그 사실을 전했다. 그 말을 들은 스태프의 얼굴은 창백해졌다. 내가 미처 몰랐던 더 큰 문제도 있었다. 스케줄을 관리하는 부서에서 아직 그리지 않은 장면까지 완성한 것으로 되어 있는 등, 진척 상황을 제대로 확인하지 못한 것이다.

시간을 두 배로 늘렸음에도 스케줄을 맞추지 못하는 상황에서 새로 13분 추가. 그리고 제작 관리상의 문제……. 설상가상, 엎친 데 덮친 격이라는 것은 이런 상황을 가리키는 말이리라.

처음부터 제작 스케줄을 다시 정리한 결과, 앞으로 그려야 할 장면이 산더미처럼 남아 있다는 사실을 알게 되었다.

'망했다. 이제 어떡하지…….' 머리를 감싸고 고민에 빠진 순간, 지원군이 나타났다.

예전에 미야가 「루팡 3세 : 칼리오스트로의 성」을 만들었을 때 재직했던 텔레콤이라는 스튜디오의 다케우치 고지 사장이 찾아와서 "마침 일이 끊어졌는데, 도와드릴 일이 없겠습니까?"라고 말하는 게 아닌가. 눈이 번쩍 뜨이는 심정이었다. 나는 텔레콤의 스태프를 동화 부분에 투입하기로 했다.

동화의 다음 공정인 채색에는 디지털 기술을 도입했다. 지브리에 서는 그때까지 옛날 방식대로 셀화에 손으로 색을 입혔는데, 그것과 병행해 컴퓨터 화면에서 색을 입히기로 한 것이다. 새로운 기술을 시 도해본다는 느긋한 이야기가 아니다. 장소는 스튜디오 1층에 있는 휴게실. 그곳에 급히 컴퓨터를 늘어놓고 작업을 시작했는데, 의외로 순조롭게 진행되었다.

지원군과 디지털 기술. 이들의 도움으로 3개월 걸릴 일을 한 달로 단축하는 데 성공했다. 그리고 영화는 단숨에 완성을 향해 나아갔다.

미증유의 홍보·배급 대작전

한편, 홍보와 배급에서도 커다란 과제가 기다리고 있었다.

'2년에 걸쳐 다른 때의 두 배의 예산으로 영화를 만든다'고 방침을 정했지만 이 작품과 관련된 모든 회사가 쌍수를 들고 환영한 것은 아 니었다. 오랫동안 협조 관계에 있었던 닛폰 TV, 이번 작품부터 투자 사로 참여한 광고회사인 덴쓰, 그리고 배급사인 도호. 세 회사 모두 「모노노케 히메」라는 기획에 회의적이었다. "이제 칼싸움은 끝났다. 더는 흥행할 수 없다. 아무리 미야자키 하야오라도 위험이 너무 크다"는 의견이 지배적이었다.

더구나 그해 여름에는 할리우드 대작 「쥬라기 공원」이 상륙하기로 되어 있었다.

"그 작품과 정면으로 싸워서 이길 수 있을까?"

관계자들의 얼굴에는 수심이 가득했다.

지금이니까 말할 수 있지만, 실은 당시에 덴쓰 담당자가 관계자를 모아 비밀회의를 열었다.

"지브리의 스즈키 씨에게 전부 맡겨놓아도 괜찮을까요? 칼싸움 작품으로는 흥행할 수 없다는 의견도 있으니까 기획을 바꿔달라고 해야 하지 않을까요?"

비밀회의가 끝난 직후에, 그 회의에 참석했던 닛폰 TV의 오쿠다가 내게 귀띔해주었다. 그때는 나도 젊어서 화를 참지 못하고, 다음 날 덴쓰 담당자를 불러서 날카롭게 몰아붙였다.

"몰래 무슨 짓인가! 이 작품이 그렇게 싫으면 빠지면 되잖아!"

하지만 그곳에서 나온 의견은 틀리지 않았다. 제작비나 홍보비를 감안할 때, 적자를 피하기 위해서는 「남극 이야기」가 가지고 있는 일본 영화의 최고 흥행 기록인 배급 수입 59억 엔을 넘겨야 한다. 과연 그렇게 할 수 있을까? 그들은 내게 현실을 가르쳐준 것이다.

그때까지 지브리 영화의 배급 수입은 약 20억 엔 전후였다. 그것을 단숨에 세 배로 끌어올려야 하는데, 나에게는 아무런 구체적 계획도 없었다. 도쿠마 그룹의 문제로 인해 머리가 복잡했던 난 그저 어떻게 되리라고 방관하고 있었을 뿐이었다.

물론 영화를 몇 편 만든 경험을 통해, 영화계가 좋은 작품만 만들면 관객이 봐주는 만만한 세계가 아니라는 사실은 알고 있었다. 그럼 홍보를 대대적으로 하면 히트할까? 그것만으로는 충분하지 않다.

그렇다면 가장 중요한 것은 무엇일까? 영화는 뭐니 뭐니 해도 배급이다. 필름을 전국 방방곡곡의 극장에 팔러 다녀야 한다. 그런 영업 활동이 굉장히 중요하다는 사실을 그때까지의 경험을 통해 알게 되었다.

당시 도호에서 배급을 관장했던 사람은 니시노 후미오 상무였다. 니시노 상무와는 「이웃집 토토로」, 「반딧불이의 묘」 배급 때 만나 돈독한 사이로 지내고 있었다. 나는 그의 사무실을 찾아가서 솔직하게 말했다.

"배급 수입을 60억 엔으로 만들어야 합니다."

그러자 그토록 대담한 니시노 상무의 입에서도 신음소리가 흘러나왔다.

"그건 너무 무모한 일이야."

"상무님, 주제넘은 말씀이지만 결국 중요한 건 극장 아닙니까? 한 극장에 들어오는 관객의 숫자는 대강 정해져 있으니까 좋은 극장을 모아서 적당히 조절하면 반드시 불가능한 숫자라곤 할 수 없지 않을까요? 상무님께서 호령하시면 전국의 극장주가 움직여줄 겁니다. 그렇게 해주실 수 없겠습니까?"

나는 고개를 숙이며 부탁했다. 니시노 상무는 내 눈을 똑바로 바라보며 말했다.

"한번 생각해보지. 다음에 다시 이야기하세."

현재 상태로 말하면 일본에는 약 3,400개의 스크린이 있다. 그중에서 많은 관객을 모을 수 있는 곳은 고작해야 300개다. 그곳이 전국 흥행 수입의 절반 정도를 올리고 있다. 반대로 말해 관객이 많이 모이는 300개 스크린을 전부 확보할 수 있다면 흥행 성적은 좋아질 수밖에 없다.

그런데 그런 곳은 이미 「쥬라기 공원」이 잡아놓았다. 어떻게든 니시노 상무의 힘으로 그곳에 「모노노케 히메」를 끼워넣고 싶어 그렇게 부탁한 것이다.

3~4개월을 절충하는 사이에 니시노 상무가 이렇게 말했다.

"스즈키 씨, 진심인가 보군. 그러면 한번 해볼까? 그 대신⋯⋯."

그는 한 가지 조건을 붙였다.

"이런 계획을 실현하려면 조정해야 할 일이 많네. 일단 자네가 도호 사내에 말해서 회의를 소집해주게."

"네? 제가요?"

"사람을 모아주기만 하면 나머지는 내가 알아서 하겠네."

자세한 사정은 모르지만 어쨌든 도호의 사내를 돌아다니며 중진들에게 회의에 참석해달라고 말했다. 그리고 나도 참석하려고 했더니 니시노 상무가 만류했다.

"고맙네. 이제 됐으니까 자네는 그만 가보게."

그가 무슨 말을 하는지 듣고 싶었지만 나는 지브리로 돌아가 얌전히 기다리기로 했다.

나중에 그 회의에 참석했던 사람으로부터 들은 바에 따르면 호리우치 지쓰조 전무가 니시노 상무의 제안에 반대했다고 한다.

"「모노노케 히메」 한 편에 걸어도 괜찮겠나? 듣자 하니 내용도 어려워서 관객이 많이 들지 않을 것 같던데……."

그때 니시노 상무가 명대사를 날렸다.

"영화는 머리로 보는 게 아니다! 가슴으로 느끼는 것이다!"

그 한마디로 분위기가 180도 달라졌다고 한다.

도호가 큰 결단을 내리면서 「모노노케 히메」의 특별 배급 체제가 이루어졌다. 관객이 많이 들면 상영관을 확대하는 일은 종종 있었지만 처음부터 좋은 극장을 전부 확보하는 것은 전대미문에 가까운 도박이었다.

철학의 시대

예정보다 조금 늦어지긴 했지만 영화는 무사히 완성되었다. 다만 도호에는 아직 완성되었다고 말하지 않았다. 영화를 보여주면 내용에 대해 이러니저러니 지적할 게 뻔했기 때문이다. 만약 부정적인 의견이 대세를 차지하면 모처럼 확보한 배급 체제가 뒤집힐 가능성도 있다. 그래서 관계자에게는 완성이 지연되고 있다고 말하면서, 아슬아슬한 순간까지 시사회를 늦추었다.

실제로도 시사회에 참석한 관계자의 반응은 별로 좋지 않았다. 심지어 도호에서는 "아이들이 보기에는 너무 어려워. 10억 엔도 올리기 힘들지 않을까?"라는 의견이 나오기도 했다.

'살아라'라는 광고 카피에도 불만이 쏟아졌다. 스토리도 복잡한 데다 이렇게 철학적인 카피로는 어른들도 오지 않는다는 것이다. 하지만 나는 영화에도 철학적인 메시지가 필요한 시대라고 판단했다.

내 머릿속에는 다카하타에게 들은 게리 커츠의 말이 달라붙어 있었다. 게리의 말에 따르면 예전에 할리우드 영화의 최대 주제는 사랑이었다. 그런데 「스타워즈」의 등장으로 주제도 '철학philosophy'으로 바뀌었다고 한다. 만약 대중적인 차원에서 철학을 제시하는 작품이 나오면 그것이 승리하는 시대가 될 것이다……

그밖에도 사소한 지적들이 많았다.

예고편에 있는 "그 옛날 인간은 숲의 신을 죽였다"는 문구도 논쟁거리가 되었다. 도호의 영화 역사에서 '죽인다'는 말을 홍보에 사용하는 일은 전대미문이라는 것이다.

무사의 머리가 날아가는 장면을 사용한 예고편도 비판을 받았다. 그 장면은 미야 감독도 "이렇게 하면 사람들이 영화를 오해하지 않겠나!"라면서 화를 냈다. 하지만 나는 반대였다. 그런 장면을 미리 공개하면 관객도 어느 정도 각오하고 영화를 보러 온다. 이른바 선발대 같은 역할이라고 생각한 것이다.

한센병 환자처럼 보이는 사람들이 나오는 것도 문제가 되었다. 관련 법규상 TV에서 방송할 수 없다는 것이다.

모든 문제를 잠재울 방법은 단 하나, 크게 히트시키는 수밖에 없다. 성공하면 사소한 문제들은 저절로 해결된다. 그러기 위해서는 흥행할 수 있도록 만반의 태세를 갖추어야 한다. 나는 머릿속으로 그렇게 결론을 내렸다.

그리하여 지브리 사상 최대 규모의 지방 프로모션이 시작되었다. 그동안 프로모션을 하지 않은 지역일수록 적극적으로 찾아갔다. "그렇게 해봐야 무슨 의미가 있지?"라고 말한 사람도 있었지만 결과를 보니 역시 프로모션을 하러 간 지역의 성적이 좋았다.

그런데 피로가 극에 달하면서 미야 감독이 고치현에서 쓰러지고 말았다. 침대에 누운 채 "종이와 매직……"이라고 해서 주었더니, 그곳에 자신의 얼굴을 그리는 게 아닌가.

"스즈키 씨, 내 대신 이걸 쓰고 내일 무대 인사를 해주게……."

하, 정말로 성실한 사람이다.

지방에 갈 때는 그 지역의 흥행 책임자를 만나고, 반드시 영화관을 둘러보았다. 그래야 포스터와 간판을 비롯해 극장 전체를 지브리 일색으로 꾸며주기 때문이다.

'영화가 히트하냐, 히트하지 못하느냐'는 결코 신이 정해주는 것이 아니다. 사람의 끈기와 노력에 의한 산물인 것이다.

그 결과 지브리의 이전 기록은 물론이고, 목표였던「남극 이야기」의 배급 수입도 눈 깜짝할 사이에 추월했다. 또한 시간이 지날수록 관객이 늘어나면서, 일본 영화 흥행의 최고기록인「E.T.」의 96억까지 따돌리게 되었다. 그렇게 될 줄은 상상도 못했다.

「모노노케 히메」의 성공 비결은 무엇이었을까? 어쩌면 영화의 '미숙함'이 오히려 매력으로 이어진 게 아닐까? 세상에서는 '미야자키 애니메이션의 집대성'이라고 추켜세웠지만 내 생각은 조금 다르다. 미야자키 애니메이션의 집대성이라면 하늘을 나는 장면을 포함해 미야 감독의 주특기를 잔뜩 담았을 것이다. 그런데 그는 주특기를 전부 봉인한 채 지금까지 하지 않았던 표현에 도전했다. 따라서 완성도라는 면에서 볼 때는 아주 높다고 말하기 어렵다. 그 대신「모노노케 히메」에는 신인감독의 작품에서나 볼 수 있는 난폭하기까지 한 싱싱함과 거친 기운이 담겨 있다.

디즈니와의 만남

「모노노케 히메」를 통해 디즈니와 제휴할 수 있었던 것도 지브리에게는 큰 사건이었다.

당시 스포츠계에서는 노모 히데오가 미국 메이저 리그에서 대활약을 하고 있어서, 일본에서는 '노모 신드롬'이 일어났을 정도였다. 그 현상을 보고 생각했다. 「모노노케 히메」가 미국에 도전하면 엄청난 홍보가 될 것이다…….

마침 그 무렵, 지브리 작품의 비디오 판매를 외부에 위탁한다는 이야기가 진행되고 있었다. 여러 회사에서 신청을 받았는데, 그중에 월트 디즈니 재팬이 있었다.

당시 그곳의 책임자가 현재 지브리 스튜디오의 대표이사를 맡고 있는 호시노였다. 그는 처음부터 나를 놀라게 만들었는데 그가 제시한 로열티는 다른 회사의 절반 이하였고, 최저 보장 금액도 없었다.

"지금까지 일본 내 디즈니 비디오 사업은 잘된 편입니다. 하지만 최근 판매가 부진해서 고민이 깊습니다. 매출을 올리기 위해서는 지브리 작품이 필요합니다."

다른 사람들은 입에 침이 마르도록 지브리 작품이 얼마나 멋있는지 칭찬했지만, 그는 솔직하게 사업 이야기를 한 것이다. 그 순간, 믿을 수 있는 사람이라는 생각이 들었다. 더구나 이야기를 나누는 사이에 영업 담당자를 100명 규모로 준비하는 등, 다른 회사에 비해 판매력이 압도적으로 강하다는 사실을 알게 되었다.

내 머릿속에서 노모 히데오와 「모노노케 히메」의 홍보, 디즈니 계약이 하나로 이어졌다. 나는 비디오 판매를 맡기는 대신, 한 가지 조건을 제시했다.

"「모노노케 히메」를 미국에서 개봉하게 해주시지 않겠습니까?"

호시노는 잠시도 머뭇거리지 않고 곧바로 대답했다.

"알겠습니다. 그렇게 하지요."

글로벌 기업인 경우, 중요한 일은 일일이 본사에 물어보는 게 보통이다. 그런데 그는 그 자리에서 결단을 내렸다. 1996년, 실제로 지브리와 디즈니는 제휴를 체결했고 「모노노케 히메」의 미국 개봉도 성사되었다. 그리고 그것은 일본에서 엄청난 홍보 효과로 이어졌다.

호시노와의 만남을 계기로 디즈니와의 관계가 시작되었는데, 그때만 해도 세계로 진출하겠다는 생각은 털끝만큼도 없었다. 시작은 어디까지나 국내 흥행을 위한 홍보 전략의 하나였을 뿐이다. 디즈니의 지사가 전 세계에 70개나 되고, 디즈니와 계약한다는 것은 그 모든 나라에서 영화를 개봉한다는 뜻이라는 사실도 몰랐던 것이다.

그리고 우리가 정신을 차린 순간 히가시코가네이에 있는 작은 애니메이션 스튜디오는 '세계의 지브리'가 되어 있었다.

11   이웃집 야마다군

- 4컷 만화에서 시작한 대작

나는 이시이 히사이치의 팬으로, 그가 《아사히신문》에 연재했던 「이웃집 야마다군」을 매일 챙겨보고 있었다. 그러다 어느 순간부터 "이 만화를 영화로 만들면 어떻게 될까?"라고 생각하기에 이르렀다.

실제로 기획에 들어간 것은 「모노노케 히메」를 제작하는 도중이었다. 「모노노케 히메」는 초대작인 데다 주제도 무겁다. 그래서 다음에는 완전히 다른 작품을 만들고 싶었다. 이제 주인공들이 넘어지거나 고꾸라지는 즐거운 영화를 보고 싶지 않은가? 내가 「이웃집 야마다군」에 주목한 배경에는 그런 동기도 있었다.

다카하타 감독의 작품에는 한 가지 특징이 있다. 이른바 히어로가 등장하지 않는다는 점이다. 어디에서나 볼 수 있는 평범한 사람이 주인공으로 등장하고, 스토리 안에서 일어나는 일도 큰 사건이 아니다. 남들에게는 사소한 일이지만 본인에게는 큰 문제라서 희로애락의 감정이 솟구치는데, 그런 모습을 꼼꼼하고 세심하게 그려나가는 것이 다카하타 감독 영화의 매력이다. 그렇다면 「이웃집 야마다군」이야말로 그를 위한 작품이 아닐까.

이번에도 역시 그는 좀처럼 고개를 끄덕여주지 않았다.

"지금 무슨 생각으로 그런 말을 하는 건가?"

"방금 말씀드린 그대로입니다. 잘만 하면 오즈 야스지로[18] 감독 작품 같은 영화를 만들 수 있지 않을까요?"

내가 그렇게 말하자 그는 몹시 화를 냈다. 그렇지만 나는 일단 기획을 준비하기 시작했다. 다카하타라면 어떻게든 영화로 만들 방법을 찾아주리라는 확신이 있었다.

가장 재미있는 것부터 뺀다

결국 다카하타 감독은 내 설득에 뜻을 굽혔다. 그는 준비 단계에서 이렇게 말했다.

"원작의 재미는 어디까지나 4컷 만화일세."

장편 영화라고 해서 그곳에 다른 요소를 덧붙이면 세계관이 무너

---

18   독특한 영상 세계를 구축한 일본의 영화감독.

지고 만다는 것이다.

　그는 일단 원작에서 재미있는 에피소드를 뽑아내는 작업에 착수했다. 시간은 오래 걸렸지만 그것을 토대로 최초의 시나리오가 완성되었다. 나는 90분에서 길어도 두 시간을 예상했는데, 완성된 시나리오는 무려 다섯 시간이 넘고 말았다. 4컷 만화에서 그만한 시나리오를 만들어내다니! 그는 역시 사람을 놀라게 만드는 데 천재다.

　그때부터 시나리오를 줄이는 작업에 들어갔는데, 그는 대뜸 이렇게 선언했다.

　"너무 재미있는 에피소드는 제외하겠네."

　처음에는 무슨 말인지 이해할 수 없었다. 시나리오를 줄이는 일은 매우 괴로운 일이다. 가능하면 가장 재미있는 부분을 남기고 싶은 게 감독의 마음이 아닐까? 그런데 그는 가장 웃기는 에피소드부터 제외하겠다는 것이다.

　최종 시나리오가 완성되고 처음부터 끝까지 읽었을 때, 그제야 겨우 그 말이 무슨 뜻인지 이해할 수 있었다. 한 에피소드에서 배를 잡고 웃으면 관객은 다음 에피소드로 들어갈 수 없다. 만화책이라면 충분히 웃고 나서 페이지를 넘기면 되지만, 영화의 경우에는 관객이 마음을 추스를 때까지 기다려줄 수 없다. 그래서 일부러 피식 웃는 정도로 마무리하고 다음 에피소드로 들어간다. 이것이 다카하타 감독의 의도였다.

　그런 식으로 분량을 줄이는 한편, '우리 집의 부부간의 도리', '부자간의 대화', '야마다 가족의 명절 풍습' 등 내용별로 장章을 구성하고,

장과 장 사이에는 '뒷모습에 눈물만 흘리누나', '가을밤의 분위기를 깨뜨릴 이야기런가'처럼 하이쿠[19]를 끼워넣었다. 그렇게 해서 다섯 시간이 넘는 시나리오가 1시간 44분으로 줄어들었다.

마지막 부분에 월광가면이 나오는데, 그것은 우리 단카이세대[20]를 배려해서 넣었다고 한다. 아버지인 다카시가 어린 시절에 동경했던 히어로라면 뭐니 뭐니 해도 월광가면이었으니까. 정의의 사도는 항상 나쁜 녀석들을 혼내주고 대단원의 막을 내린다. 하지만 그런 다음에 히어로는 어떻게 되었는가? 다카하타는 그것에 의문을 가졌다. 그래서 중년이 된 다카시가 예전에 동경했던 정의의 히어로를 떠올리는 에피소드를 덧붙였다. 그 덕분에 관객은 향수를 느낌과 동시에 지금의 시대와 자신의 인생을 돌아볼 수 있게 되었다.

그 에피소드 전반부에 관객이 깜짝 놀라는 장면이 있다. 다카시가 폭주족을 야단치러 가는 장면에서 그때까지 3등신이었던 캐릭터가 리얼한 그림으로 바뀌는 것이다. 만화라고만 생각했던 관객에게 리얼한 세계가 있음을 보여주는, 다카하타 감독의 계획된 연출이었다.

"관객은 화면을 통해 2차원의 그림을 보고 있지만, 뇌 안에서 보고 있는 건 그림 안쪽에 있는 사실이네."

---

19 5, 7, 5의 17음으로 이루어진 짧은 시.
20 1947~1949년 사이에 태어난 일본의 베이비 붐 세대.

이것이 애니메이션에 대한 그의 생각이다. 3등신 캐릭터에서 리얼한 캐릭터로 바꿈으로써 그런 사실을 의식하게 만들고, 그 앞에 진짜가 있음을 암시한다. 즉, 관객에게 애니메이션의 본질을 알려준다는 의도가 숨어 있는 것이다.

그런 연출을 포함해 에피소드의 취사 선택과 절묘한 구성에는 감탄하지 않을 수 없었다. 실제로 완성된 영화를 보았을 때, 원작자인 이시이 히사이치는 극찬을 아끼지 않았다.

"내 4컷 만화가 이런 식으로 영화가 될 줄은 상상도 못했습니다."

불량한 그림쟁이 그룹

시나리오와 그림 콘티가 진행되면서 작화 작업에 들어가야 할 시기가 되었다. 이번에 다카하타는 "원화의 러프한 선을 살리면서 수채화 느낌으로 채색하겠다"라는 새로운 표현 방법을 제시했다. 그것을 감안하면 작화에 최소한 2년이 걸린다. 시나리오의 최종 완성을 기다리긴 너무 늦을 것 같아 나는 우선 스태프를 모으기로 했다. 스태프가 모이면 다카하타 감독을 자극해 작업 속도가 오르지 않을까 하는 작은 속셈도 있었다.

작화의 중심은 다나베 오사무와 모모세 요시유키로 정했다. 다나베는 「추억은 방울방울」에서 크게 활약한 애니메이터로, 그의 실력은

181

누구나 인정하고 있었다. 한편 모모세는 TV 애니메이션 CG 분야에서 경험을 쌓았던 만큼, 주로 그쪽 방면에서 힘을 발휘하게 되었다.

또한 다카하타가 꼭 함께 일하고 싶어 하는 애니메이터가 있었다. 오쓰카 신지였다. 「폼포코 너구리 대작전」에서 크게 활약해준 사람이지만, 쉽게 일을 맡지 않는 것으로도 유명하다.

실력 있는 애니메이터 중에는 특이한 사람이 많은데, 그들은 스스로 납득하지 않으면 일을 맡지 않는다. 오쓰카도, 다나베도 모두 지브리의 직원이다. 그래도 태연하게 일을 거절한다. 마음속으로는 '회사가 시키는 대로 일을 해!'라고 소리치지만, 하고 싶지 않다고 하면 어쩔 도리가 없다. 그때마다 최선을 다해 설득하는 수밖에는…….

이번에는 다행히 다나베가 의욕을 불태우고 있어서 둘이 오쓰카를 설득했다. 내가 영화 내용과 다카하타 감독의 의도를 전하면서 꼭 해줬으면 좋겠다고 말했더니, 오쓰카는 혼잣말처럼 중얼거렸다.

"지금의 내 실력으론 힘듭니다."

"그러지 말고 같이 해요. 오쓰카 선배의 힘을 빌리고 싶습니다."

그는 대답 대신 가지고 있던 보자기를 펼치고는 두터운 종이다발을 꺼냈다.

"스즈키 씨가 이번에 「이웃집 야마다군」을 만든다고 해서 매일 아침 4컷 만화를 잘라두었지요. 그걸 보면서 어떻게 하면 제대로 표현할 수 있을지 나름대로 연구했습니다. 그 결과, 제 실력으론 어렵다는 걸 알았습니다."

그 말을 듣고 깜짝 놀랐다. 나와 다나베가 온갖 방법을 동원해 설득해도 끝까지 할 수 없다고 고집을 부린 뒤에는 그런 배경이 있었던 것이다. 결국 설득은 실패로 끝났지만 마지막으로 두 사람 사이에서 열띤 토론이 벌어졌다. 「이웃집 야마다군」에 나오는 캐릭터는 3등신이다. 그것을 애니메이션에서 움직이게 하는 경우에는 여러 가지 난관에 부딪치게 되는데, 그중에 '걷는다'는 기본 동작이 있다. 다리가 짧으면 움직임을 표현하기 어려운 것이다.

"그건 어떻게 할 생각인가?"

오쓰카의 질문에 다나베는 책상 위에 검지와 중지를 세우고는 천천히 움직였다.

"이렇게 하면 되지 않을까요?"

나는 영문을 알 수 없어서 멍하니 바라보았다.

오쓰카가 나지막한 목소리로 중얼거렸다.

"나도 연구한 결과, 그 방법밖에 없다고 생각했어."

무슨 말인지 이해할 수 없었지만 프로 중의 프로인 두 사람은 그것으로 충분히 통하고 있었다. 마치 소설에 나오는 검호의 세계 같았다. 결국 오쓰카는 원화의 일부를 도와주었다.

지브리에는 그들 이외에도 회사의 기풍에 맞지 않는 애니메이터가 몇 명 있다. 실력은 뛰어나지만 제시간에 출근하지 않고 제멋대로 행동하며 감독의 말을 듣지 않는 사람들이다. 현장에 놔두면 일에 지장을 초래하기도 해서 「이웃집 야마다군」이 끝나고 지브리 스튜디오에서 조금 떨어진 곳에 집을 한 채 빌려 그런 검호들을 모아두기로 했다. 직원뿐만 아니라 누구를 데려와도 좋다고 했더니, 외부에서 실력이 뛰어나고 행동이 불량한 검호들이 모여들었다. 나는 그곳에 정식으로 제4스튜디오라는 이름을 붙여 실력이 필요한 어려운 일에 대비하도록 했다. 오쓰카와 다나베도 그곳에서 일을 했는데, 막상 필요할 때는 도움을 거절하기도 해서 프로듀서로서는 여간 애를 먹은 게 아니다.

그들 중에 하시모토 신지라는 뛰어난 애니메이터가 맨 처음에 '가을의 기나긴 밤·도라야키와 바나나'라는 에피소드를 그렸다. 남편이 술에 취해 집에 와서 "배고픈데, 뭐 먹을 거 없어?"라고 말했더니, 아내가 바나나를 주고 차를 타주는 장면이다. 완성된 작품을 보고는 입이 다물어지지 않았다. 마치 만담을 보는 것처럼 자연스러웠다.

특히 감탄한 것은 3등신을 다루는 방법이었다. 3등신은 다리가 짧고 구부러지지 않아서 앉는 동작을 그리는 일이 매우 어렵다. 그런데 하시모토가 그린 그림에서는 아내가 낮은 탁자까지 걸어와 자연스럽게 스윽 앉는다. 어떻게 한 걸까? 애니메이션은 1초에 24컷으로 이루어지는데 자세히 보니 앉기 전의 한두 컷에서 키가 절묘하게 커지는 게 아닌가. 그 덕분에 다리를 구부려 앉는 장면이 너무나 자연스럽게 느껴졌다.

앞으로 작화를 진행할 때 좋은 샘플이 될 것 같아서 스태프를 모아 그 장면의 상영회를 열었다. 그때 미야가 참석해 그 장면을 보고 물었다.

"이거, 누가 그렸나?"

"하시모토 신지라는 사람입니다."

미야는 대답을 듣자마자 자리를 떠났다. 그리고 얼마 뒤 「센과 치히로의 행방불명」을 만들 때, 미야는 하시모토에게 같이 일하자고 권했다. 대번에 능력을 간파한 것이다. 그런데 제작 도중 의견이 맞지 않아 미야는 도중에 그를 스태프에서 제외했다.

"내가 필요한 건 성실하게 작품을 만드는 사람이야."

영화를 만들 때 가장 중요한 것은 팀워크다. 그런데 제4스튜디오의 검호 같은 사람들이 지브리의 기술적인 수준을 지탱해온 것도 사실이다. 그런 점은 미야도 알고 있다. 둘 중에 하나는 선택하는 일이 미야 본인에게도 힘들었으리라.

참고로 하시모토는 「가구야공주 이야기」에서 공주가 기모노를 벗어던지고 질주하는 장면을 그려서 다시 이름을 날리게 된다.

일본 애니메이션의 역사를 바꾼 '기술의 신'

지브리에서는 「모노노케 히메」 때부터 채색과 CG에 본격적으로 컴퓨터를 사용했다. 그 새로운 도구와 기술을 보고 다카하타 감독은 당치도 않은 생각을 하게 되었다.

그때까지 셀화 애니메이션은 어린아이의 놀이나 학습에 사용하는 색칠공부책 같은 방식이었다. 원화 담당자가 대충 그린 그림을 동화 담당자가 깨끗한 선으로 정리하고, 마무리 담당자가 선으로 구분된 면을 그림물감으로 칠하는 것이다.

다카하타가 세운 목표 중 하나는 원화의 힘찬 터치를 그대로 살리는 것이었다. 그것도 이상론을 말하면 첫째, 전편을 한 애니메이터의 터치로 만들고 싶다. 둘째, 수채화처럼 선에서 삐져나와 색을 칠하거나 반대로 칠하지 않은 부분을 남겨두고 싶다. 그것을 실현하기 위해서는 일반적인 원화와 채색용 선을 그린 그림, 삐져나온 곳이나 칠하지 않은 곳의 범위를 지정하는 그림까지 전부 세 장을 준비한 다음, 그것을 컴퓨터로 합성하는 공정이 필요하다. 즉, 단순히 계산해도 보통 작업의 세 배의 시간이 걸리게 된다. 이것은 현실적으로 여간 힘든 일이 아니다.

CG도 마찬가지다. 다카하타는 단순히 CG를 사용하는 게 아니라 CG가 아니면 할 수 없는 표현을 추구했다. 그가 예로 든 것이 디즈니의 「미녀와 야수」 CG였다. 1992년 개봉 당시에 춤추는 장면의 CG가 화제를 불러일으켰는데, 전문가적 입장에서 그것은 그렇게 대단한 것이 아니라고 한다. 정작 멋진 것은 영화의 앞부분, 주인공이 노래를 부르며 집을 나와 앞쪽으로 걸어나온 뒤, 다리를 건너 마을로 들어가는 장면이다. 컴퓨터를 이용해 상당히 긴 움직임을 카메라 한 대로 따라가듯 찍었는데, 만약 옛날처럼 멀티플레인 카메라_{multiplane}

camera[21]로 찍었다면 조금 과장해서 수십 미터의 촬영대를 만들어야 한다.

즉, CG를 사용함으로써 옛날에는 불가능했던 촬영이 가능해졌고, 디즈니에는 이미 그런 기술을 활용할 줄 아는 우수한 스태프가 있었던 것이다. 완성된 영상만 보고 그런 촬영기법과 의의를 완벽하게 이해한 다카하타도 대단하다. 실제로 「이웃집 야마다군」을 제작하는 도중에 디즈니의 책임자가 견학하러 왔는데, 다카하타가 작업하는 모습을 보고 감탄사를 연발했다.

다카하타는 옛날부터 새로운 기술에 대해 굉장히 탐욕스럽게 매달리는 면이 있었다. 미야가 그런 그를 보면서 "일본의 셀 애니메이션 기술은 대부분 다카하타 씨가 발명했지"라고 말할 정도였다.

'살아라'의 다음은 '적당히'

새로운 표현과 기술에 집착하면 작업은 당연히 지연될 수밖에 없다. 더욱이 다카하타 감독은 '어떻게든 개봉일을 맞춰야 한다'는 마음이 애초에 강하지 않은 사람이다.

---

21 다중촬영기. 다단식으로 된 애니메이션 촬영대에 설치된 촬영기이다.

나 역시 이때는 개봉일을 맞춰야 한다는 압박이 거의 들지 않았다. 다카하타의 성격을 잘 알고 있기도 했고 정신을 차릴 수 없을 만큼 바빴기 때문이다. 앞에서 잠깐 언급했듯이 지브리의 모체인 도쿠마 그룹의 부실채권 문제가 본격화하면서, 그 뒤처리에 쫓기고 있었다. 아침에는 주거래은행인 스미토모 은행에 갔다가 낮에는 도쿠마쇼텐에 들르고 밤에는 지브리로 돌아오는 일을 매일 반복했다.

영화에 전념할 수 없는 상태가 계속되자 다카하타로부터 날벼락이 떨어졌다.

"프로듀서가 회사에 없다니, 이게 말이 되는 일인가?"

내가 아무리 사정을 설명해도 이해해주지 않았다.

"스즈키 씨가 왜 그런 일을 해야 하지? 당신은 이 영화의 프로듀서가 아닌가? 그렇다면 영화를 만들어야 하잖아!"

정론인 만큼 반박할 말이 없었다.

그런 상황 속에서 홍보가 시작되었다. 「이웃집 야마다군」이 지금까지 나온 지브리 영화와 다르다는 것은 알지만 홍보는 예전 방식대로 하기로 했다. 내용은 코미디라도 홍보에서는 진지함을 강조하기로 한 것이다.

일본인은 기본적으로 건전하고 진지한 영화를 좋아한다. 그래서 카피라이터인 이토이 시게사토가 만들어준 카피는 '집안의 안전은 세계의 바람'이었다. 나는 그 카피를 바탕으로 '웃음과 눈물과 감동' 코드로 밀고 나가기로 했다. 가장 가까운 가족을 통해 지금의 사회와 세계 문제를 바라보는 진지한 영화라는 점을 강조하기로 한 것이다.

그런데 다카하타가 반대했다. '영화 내용과 광고 카피가 맞지 않는다. 필요 이상으로 진지함을 내세우는 것은 억지다. 영화의 본질을 제대로 홍보해달라.' 이것이 다카하타 감독의 주장이었다.

그는 이전부터 내가 만든 카피에 불만을 갖고 있었다. 「붉은 돼지」 때는 '스스로에게 마법을 걸어 돼지가 된 남자의 이야기'라는 내가 만든 서브 카피에 대해, 작품에 없는 내용을 말해도 되냐고 화를 냈다. 「모노노케 히메」의 '살아라'라는 카피를 보고는 무슨 뜻인지 알 수 없다고 지적했다. 프로파간다propaganda[22] 냄새가 난다는 것은 나도 알고 있다. 단지 영화의 히트를 위해서는 그런 카피가 필요하다고 생각했다.

그런데 다카하타는 그런 식으로 만들어낸 히트는 필요 없다고 주장했다. 「추억은 방울방울」 때도, 「폼포코 너구리 대작전」 때도 나는 스튜디오를 유지시키기 위해 어떻게든 영화를 히트시키려고 발버둥 쳤는데, 그는 그 결과에 위화감을 가진 것이다.

이번에는 그의 의견을 받아들여 방침을 바꾸기로 했다. 관객이 광고를 보고 어떻게 느낄지, 영화가 히트할지 말지는 뒤로 돌리고, 그

---

22 어떤 것의 존재나 효능 또는 주장 따위를 남에게 설명하여 동의를 구하는 일이나 활동. 주로 사상이나 교의 따위의 선전을 이른다.

가 받아들일 만한 방식으로 홍보하기로 한 것이다.

그 시점에서 새로 카피를 생각했을 때, 작품 안에서 발견한 것이 후지와라 선생님의 '적당히'라는 말이었다.

- 일본의 거장, 다카하타 이사오 감독의 최고 걸작 탄생. 주제는 '살아라'가 아니라…… '적당히'.
- 다섯 가족과 한 마리가 자아내는 웃음과 눈물과 감동, 매일 계속 되는 '어디 보자, 그리고 뭐였더라?'
- 「모노노케 히메」를 능가하는 스튜디오 지브리의 국민영화 제2탄!
- 일본의 모든 국민들에게 행복과 기운을 선사하는 거장 다카하타 이사오 감독의, 일단 최고 걸작 탄생.
- 드디어 내일, 적당한 시간에 와주십시오.

정말로 엄청난 짓을 저질렀다. 이래선 아무도 극장에 오지 않으리라. 심지어 개봉 후의 광고에서는 영화 관계자들을 향해 이쪽의 메시지를 전하는 대사를 인용하기도 했다.

- 인생, 포기가 중요합니다.
- 케 세라 세라. 될 대로 되라! 미래는 보이지 않는다, 즐기시기 바랍니다.

그런 패러디는 내 주특기다. 생각해보면 「이웃집 야마다군」역시 패러디 정신으로 시작한 작품이 아닌가!

다카하타 감독은 바뀐 홍보 방식에 한마디도 불평을 하지 않았다. 그런데 일련의 광고를 지켜본 베테랑 여성 애니메이터가 진지한 얼굴로 내게 항의를 했다.

"「모노노케 히메」에서 그토록 '살아라'라고 해놓고 이번에는 '적당히'라고 하다니, 이게 말이 된다고 생각하세요? 도대체 무슨 생각을 하는 거예요?"

마음은 이해한다. 일반인 중에도 그녀처럼 느낀 사람이 적지 않았을 것이다. 해서는 안 되는 일을 하면 관객이 오지 않는다는 사실은 나도 알고 있다. 하지만 당시에는 그렇게 할 수밖에 없었다. 관객이 오지 않을 것을 각오하고 홍보한 것은 모든 지브리 작품을 통틀어 오직 그때뿐이다.

한 방 먹었다

배급에서도 문제가 발생했다. 발단은 도쿠마 사장의 한마디였다. 변덕이 심하다고 할까 장난을 좋아한다고 할까, 도쿠마 사장은 항상 세상을 깜짝 놀라게 만들고 싶어 하는 사람이다. 「모노노케 히메」의 엄청난 히트에 고무되어서 그런지, 느닷없이 이렇게 말했다.

"이번에는 배급사를 도호에서 쇼치쿠로 바꿔서 히트하게 만들겠어!"

지금까지 영화가 히트한 이유는 도호의 전폭적인 협조가 있었기 때문이다. 나는 예전과 똑같은 배급 체제를 유지하자고 입에 침이 마르도록 도쿠마 사장을 설득했다. 하지만 그는 끝까지 내 말을 듣지 않고 자신의 생각을 밀고 나갔다.

일본 영화 흥행의 넘버원은 누가 뭐래도 도호고, 당시 쇼치쿠는 지방 극장과의 계약 문제로 오사카의 서쪽에서 규슈 지역에 이르는 서일본에서 영화를 상영할 수 있는 극장이 거의 없었다.

부실채권 문제가 온몸을 짓누르는 데다가 다카하타에게서는 날벼락이 떨어지고 최종적으로는 극장도 없다……. 그야말로 엎친 데 덮친 상황으로, 이렇게 수많은 문제가 한꺼번에 밀어닥친 적은 처음이었다. 결국 배급 수입은 8억 엔 남짓. 참담한 결과로 끝났다. 하지만 미리 각오하고 있어서 그런지, 충격은 크지 않았다.

개봉한 지 어느 정도 지나 흥행 실패가 명확해졌을 무렵, 도쿠마 사장이 나를 호출했다. 전 사원이 모인 도쿠마 그룹 총회에서 「이웃집 야마다군」의 결과를 보고하라는 것이었다.

"도시오, 이번 「이웃집 야마다군」의 실패 원인은 배급을 쇼치쿠로 바꿨기 때문이야. 내 잘못이지. 영화 흥행은 뜻대로 안 되더군."

그는 솔직하게 자신의 실수를 인정했다. 그런데 총회에서는 연단에 오르자마자 이렇게 말하는 게 아닌가?

"여러분도 아시다시피 「이웃집 야마다군」은 흥행에서 참패했습니다. 그 모든 책임은 스즈키 도시오 프로듀서에게 있습니다. 지금부터 왜 그렇게 됐는지 스즈키 프로듀서가 직접 설명하겠습니다."

도쿠마 사장의 독불장군 같은 스타일에는 익숙해졌다고 생각했는데, 이때는 놀라지 않을 수 없었다. '한방 먹었다!'

마음속으로 당황하면서도 나는 어금니를 악물고 단상에 올랐다.

"사장님 말씀이 맞습니다!"

큰소리로 말하면서 힐끔 쳐다보았더니 도쿠마 사장은 히죽히죽 웃고 있었다. 나는 머리끝까지 화가 솟구쳐서 이렇게 덧붙였다.

"원인은 배급사를 도호에서 쇼치쿠로 바꾼 것이었습니다. 앞으로는 배급사를 제대로 선정해야 한다는 사실을 통렬하게 깨달았습니다!"

내가 그런 수치를 당하는 줄도 모르고, 다카하타는 뒤풀이에서 스태프를 앞에 두고 이런 인사말을 했다.

"가령 히트하지 않더라도, 이 영화에 관여했다는 것을 자랑스럽게 생각합시다!"

뉴욕 현대 미술관이 가장 사랑한 작품

지금 생각해도 심장이 덜컹 내려앉고 식은땀이 흐르는 일들이 많았지만, 나는 「이웃집 야마다군」을 정말로 좋은 작품이라고 생각한다. 홍보나 흥행에서 여러 문제가 있었음에도 불구하고 영화사에 남을 만한 작품인 것만은 사실이다.

1999년 9월, 「모노노케 히메」의 미국 개봉에 맞춰서 뉴욕 현대 미술관MoMA에서 스튜디오 지브리의 전 작품을 상영했다. 상영회의 마지막 날, 모든 행사가 끝난 후에 뉴욕 현대 미술관의 영화 부문 책임자가 내게 이렇게 말했다.

"상영회에 협조해주셔서 대단히 감사합니다. 혹시 「이웃집 야마다군」을 뉴욕 현대 미술관의 영구보존 작품에 추가해도 되겠습니까?"

대단히 영광스러운 제안이었다. 물론 그 자리에서 승낙하고, 그 후로도 한동안 그 사람과 편지를 주고받았다.

「이웃집 야마다군」을 더없이 사랑한 사람이 또 한 명 있었다. 지브리의 투자자이기도 한 닛폰 TV의 우지이에 세이치로 회장이었다. 어느 날 그는 내게 이렇게 말했다.

"도시오 씨, 지브리 영화 중에서 내가 제일 좋아하는 작품이 뭔지 아나? 「이웃집 야마다군」이라네. 비록 크게 히트하지 못했지만 난 다카하타 씨를 아주 좋아한다네."

그러고는 다카하타의 작품을 한 편 더 만들어줄 수 있겠냐고 물었다. 그리고 그런 우지이에 회장의 간절한 바람은 「가구야공주 이야기」로 이어지게 된다.

12   센과 치히로의 행방불명

– 이 영화를 히트하게 만들어도 될까?

「이웃집 야마다군」의 제작이 막바지에 접어들었을 무렵, 미야 감독이 내 방에 나타났다.

"스즈키 씨, 새 기획이 완성됐네. '굴뚝 화가 린'이란 작품이야."

도쿄를 무대로 목욕탕 굴뚝에 그림을 그리는 20세 여성이 어느 음모에 휘말리면서 한바탕 대소동이 벌어지는 이야기라고 한다. 상대측 보스는 60세 할아버지. 이야기를 자세히 들어보니 그 할아버지는 미야 자신이었다. 그리고 서로 적대시하던 두 사람은 나이 차를 뛰어넘어 사랑에 빠진다……

당치도 않은 러브스토리였다. 어떻게 해야 할까? 잠시 생각했지만 당시는 「이웃집 야마다군」으로 정신이 하나도 없을 때였다. "그럼 진행해주십시오"라고 대충 대답하고 그 자리를 넘겼다.

미야는 그로부터 1년간 본인의 아틀리에인 니바리키에 틀어박혀

'굴뚝 화가 린'의 이미지 보드를 그렸다.

1999년에 접어들어 「이웃집 야마다군」 제작을 한 고비 넘기고 안도의 한숨을 내쉬었을 무렵, 「춤추는 대수사선」이라는 영화를 보게 되었다.

"이럴 수가! 이게 뭐야?"

숨을 쉴 수 없었다. 코믹한 형사물을 가장했지만 요즘 젊은이들의 마음과 사고방식, 행동패턴까지 멋지게 표현되어 있는 게 아닌가. 이것이 현대의 감성이라는 사실을 절실히 깨달았다.

그때 불쑥 '굴뚝 화가 린'이 떠올랐다. 미야는 지금 환갑을 코앞에 두고 있다. 그런 나이에 20세 여성을 사실적으로 그릴 수 있을까?

나는 그 길로 곧장 니바리키로 향했다. 미야가 '굴뚝 화가 린'을 준비하고 나서 그의 아틀리에에 가는 것은 처음이었다. 도대체 몇 장이나 될까, 6평 정도의 사무실 벽에 이미지 보드가 빼곡히 붙어 있었다. 지금까지 항상 급하게 제작에 들어가는 바람에 이미지 보드를 차분히 그릴 시간이 없었다. 그런데 이때는 준비 기간이 1년 가까이 있었던 덕분에, 그림을 마음껏 그릴 수 있었던 것이다. 나는 그림에서 눈길을 돌린 채 「춤추는 대수사선」 이야기를 했다.

"실은 지금 막 「춤추는 대수사선」이란 영화를 봤습니다. 요즘 젊은이들의 마음이 잘 표현되어 있어서, 젊은 감독이 만들면 의식하든 의식하지 않든 시대성이 반영된다는 걸 절실히 깨달았지요."

그는 벌떡 일어나더니, 벽에 붙어 있던 이미지 보드를 한 장씩 떼서 쓰레기통에 던져넣었다.

"스즈키 씨, 한마디로 말해 이런 기획은 틀렸다는 거지?"

그런 말은 하지 않았지만 내 얼굴에 쓰여 있는 감정을 읽어낸 것이리라. 그러더니 잠시 입을 다물고 있다가 별안간 이렇게 말했다.

"치아키 영화를 만들까?"

치아키는 닛폰 TV 영화부에서 지브리를 담당하고 있는 오쿠다 세이지의 딸이다. 당시에 딱 열 살로, 해마다 여름이 되면 신슈에 있는 미야의 오두막집으로 놀러오곤 했다. 가족들까지 모두 친해져서, 미야와 나는 치아키를 몹시 귀여워했다.

"그 부모에게 맡겨두면 치아키는 어떻게 될까? 치아키를 위해 영화를 만들어야 하지 않겠나?"

부모를 대신해 치아키에게 앞으로 나아가야 할 미래를 제시한다……. 오지랖이라고 할 수도 있지만 그것이 미야다운 점이기도 하다.

그리고 또 한 가지. 무대는 '에도 도쿄 건물원'이라고 한다. 에도 도쿄 건물원은 에도시대江戸時代[23] 이후의 역사적 건물을 보존해둔 야외 박물관으로, 나는 수십 번이나 다닐 만큼 이곳을 좋아했다.

내가 '굴뚝 화가 린' 기획을 반대해서 자존심이 상했으리라. 그런 동시에 치아키와 에도 도쿄 건물원을 꺼내면 절대로 반대하지 못한

---

23 1603~1867. 에도가 정치의 중심이었던 시대.

다는 사실을 알고 반격의 카드를 꺼낸다. 1년 동안 준비한 기획을 아낌없이 버리고 새로운 기획을 제시하는 데 걸린 시간은 불과 5분. 그 단호함과 집중력에는 감탄하지 않을 수 없었다.

스토리 변경으로 급부상한 가오나시

기획이 정해지자 미야 감독은 스토리에 살을 붙여나갔다.

부모와 같이 터널을 지나 쇠퇴한 테마파크 같은 곳에 도착한 치히로는 신비한 세계로 흘러들어간다. 그곳에는 수많은 신들이 찾아오는 목욕탕이 있었다……

그 발상의 밑바탕에는 NHK에서 방송했던 「고향의 전승」이라는 다큐멘터리가 깔려 있었다. 일본 전통적인 축제나 신들의 이야기를 소개하는 프로그램이다. 미야 감독과 나는 매주 그 프로그램을 보고 이야기를 나누었는데, 그 안에 신이 온천장에 와서 피로를 푸는 장면이 있었다.

미야는 어떤 경우에도 구체적인 이미지부터 들어가는 사람이다. 아마 머릿속에서 「고향의 전승」에 나온 신과 에도 도쿄 건물원에 있는 목욕탕, 그리고 어린 시절 대중목욕탕을 찾았던 기억이 하나로 이어졌을 것이다. 그리하여 목욕탕 이미지가 단숨에 꽃을 피웠다.

그로부터 1년 후, 그림 콘티가 40분 정도 완성되었다. 마침 황금연휴

도중이었다. 다른 스태프들이 모두 쉬는 연휴는 미야와 차분히 대화할 수 있는 절호의 기회다. 스튜디오에 가자마자 그가 곧바로 다가왔다.

"스즈키 씨, 안 그래도 기다렸네."

후반부의 스토리가 대강 정해졌으니까 들어달라고 했다. 미술감독인 다케시게와 작화감독인 안도도 있었다. 그는 화이트보드에 그림을 그리면서 흐름을 설명해주었다.

유바바에게 이름을 빼앗긴 치히로는 다부지게 일하면서 이름을 되찾기 위해 싸움을 시작한다. 그리고 결국 유바바를 해치운다. 그런데 유바바의 뒤에는 더 강한 마녀이자 유바바의 언니인 제니바가 있었다. 치히로 혼자의 힘으로는 제니바를 이길 수 없다. 그래서 하쿠의 힘을 빌려 둘이 해치운다. 치히로는 결국 이름을 되찾고, 돼지로 변해 있던 엄마와 아빠를 원래의 모습으로 되돌리는 데 성공한다…….

미야는 열변을 토했지만 나는 가슴에 와닿지 않았다. 아니, 솔직히 말하면 말도 안 된다는 생각이 들었다. 우물쭈물하고 있었더니 그가 내 표정을 읽어내고는 물었다.

"스즈키 씨, 뭐가 불만이야?"

그런 때는 즉시 대답하지 않으면 안 된다.

"유바바를 해치우고 나서 다시 제니바를 해치우면 이야기가 길어지잖습니까? 지금 완성한 부분이 40분인데 그것까지 더하면 족히 세 시간은 될 겁니다."

순간적으로 한 말이지만 그의 얼굴에는 당황한 표정이 역력했다.

미야는 다카하타와 달리 영화를 길게 만드는 것을 싫어한다. 나는 다시 결정타를 날렸다.

"뭐, 세 시간이면 어때요? 미야 씨 영화는 항상 두 시간 전후였으니까 이번에는 과감하게 길게 만들어보시죠. 지금이라면 개봉을 미룰 수 있으니까요."

"그건 싫어. 세 시간짜리를 만들려면 몇 년 걸리는 줄 알아? 생각만 해도 피곤해."

잠시 침묵이 있고 나서 그는 "아! 스즈키 씨, 기억나?"라고 말하며 가면 쓴 요괴라고도, 신이라고도 할 수 없는 기묘한 캐릭터 그림을 그려냈다.

"다리의 난간에 있었던 녀석이야."

"아아, 신들이 잔뜩 있었을 때……."

가오나시의 원형이었다. 그리고 그 캐릭터가 목욕탕에서 난동을 부린다는 스토리를 거침없이 쏟아내기 시작했다. 그 사이가 불과 3분. 놀라운 집중력이다.

나의 선택은 가오나시

그 말을 듣고 내 머릿속에서 이율배반적인 생각이 두 가지 떠올랐다.

새로운 아이디어는 분명히 재미있다. 하지만 가오나시의 안에서 마음의 어둠 같은 것을 보는 아이도 있지 않을까? 이 영화가 계속 의식의 밑에 자리해서, 인격 형성에 영향이 미치면 어떡하지? 열 살배기 아이를 위해 만드는 영화가 그렇게 된다면 문제가 아닐까……. 원래대로 유바바를 해치운 뒤 하쿠와 힘을 합쳐 제니바를 물리치는 것으로 가야 할까?

생각에 잠겨 있자 미야가 채근했다.

"스즈키 씨, 어느 쪽인지 결정하게."

나는 황급히 대답했다.

"유바바를 해치우는 쪽이요. 가오나시로요."

내 한마디로 영화가 완전히 달라지므로 가슴이 굉장히 두근거렸다.

"알았네."

하지만 그런 영화를 만들어도 되는지, 나는 그 후에도 계속 머리를 감싸고 고민했다. 솔직히 말해 히트하는 것은 가오나시라고 생각했다. 「모노노케 히메」 때부터 느꼈지만 단순한 권선징악 스토리로는 관객의 시선을 끌 수 없는 시대가 되었다. 오락 영화에도 철학이 필요한 시대가 된 것이다.

훌륭한 영화감독은 모두 그럴지도 모르겠지만, 미야 감독도 무의식중에 시대의 심층을 느끼는 면이 있다. 그래서 마음의 어둠을 상징하는 가오나시라는 캐릭터를 만들었다. 사람들은 이유를 모르겠다고 하면서도 가오나시에게 정신없이 빠졌다. 아마 의식의 밑바닥에서 가오나시와 이어져 있음을 느꼈기 때문이리라.

미야의 대단한 점 중 하나는 건전함과 불건전함을 모두 가지고 있다는 것이다. 사람들이 이렇게까지 「센과 치히로의 행방불명」을 좋아한 이유는 오락성과 철학성을 모두 겸비하고 있기 때문이 아닐까?

감독과 작화감독 사이에 불꽃이 튀다

작화는 「모노노케 히메」에 이어서 안도에게 맡겼다. 전작인 「모노노케 히메」에서 미야는 당시 25세였던 그를 작화감독으로 발탁했다. 극장용 장편에다 감독은 미야자키 하야오라니. 20대의 젊은이에게는 매우 어려운 일이었지만 안도는 훌륭하게 임무를 완수해냈다.

그런데 「모노노케 히메」의 제작이 끝난 뒤, 안도는 나를 찾아와서 그만두고 싶다고 말했다. 지쳤기 때문이 아니었다. 미야의 애니메이션 스타일이 자신의 이상과 너무 달라 다른 곳에 가서 자신의 방식을 시도해보고 싶다는 것이었다.

마음은 이해하지만 프로듀서로서 그만한 실력자를 잃을 수는 없었다. 나는 그를 붙잡기 위해 한 가지 약속을 했다. 「모노노케 히메」 때는 연기를 미야가 정하고 안도는 선의 통일과 캐릭터 정리만을 맡았다. 하지만 다음 작품에서는 연기도 그의 방식대로 하라고 인정한 것이다. 안도는 대단한 각오를 하고 「센과 치히로의 행방불명」의 작화 작업에 들어갔다.

한편 미야도 환갑을 코앞에 둔 사람이라고 할 수 없을 만큼 원화담 당자가 올린 컷을 매일 밤 12시까지 수정했다. 하지만 안도는 겨우 서른이 아닌가. 체력에 차이가 있을 수밖에 없다. 안도는 미야가 집에 간 뒤에도 밤을 꼬박 새우며 아침까지 작업을 했다.

안도라는 애니메이터는 '재미'보다 '정확도'를 우선하는 타입이다. 만화나 애니메이션에서는 임팩트를 주기 위해 정확한 데생을 희생하는 일이 종종 있다. 미야 감독도 마찬가지다. 사람의 키를 바꾸기도 하고 원근법을 무시하는 경우도 있다. 그것이 미야 그림의 매력이기도 하지만, 안도는 그것을 받아들일 수 없었다. 어떻게든 정확하게 그리고 싶은 것이다. 그래서 미야의 지시를 받아들이면서도 자기 방식대로 '정확한' 애니메이션을 적용해나갔다.

완성된 러시 프린트를 보면 미야도 안도가 어떻게 작업하고 있는지 알아차린다. 그래도 처음에는 마음속의 분노를 참았다. 하지만 두 사람 사이에 점차 불꽃이 튀기 시작했다. 노년에 접어든 베테랑 감독과 젊은 애니메이터의 치열한 싸움이다. 프로듀서로서는 마음이 조마조마하면서도 검호의 명승부를 보는 듯한 재미가 있었다. 그리고 치열하게 싸운 결과, 「센과 치히로의 행방불명」 속 매 장면은 손에 땀을 쥘 만큼 박력이 넘치게 되었다.

미야는 이때 자신의 노쇠함을 실감했을지도 모르겠다. 하지만 안도도 타격이 없지는 않았다. 정신적으로나 육체적으로 스스로에게 극한의 스트레스를 부과한 결과, 작화를 마쳤을 때는 머리칼이 하나도 남지 않았다. 그리고 끝까지 해냈다는 만족감과 함께 그는 지브리를 떠났다.

흥행의 새로운 역사를 쓰다

홍보를 시작할 시기가 되면서 나는 다시 고민에 빠졌다. 이 영화를 히트하게 만들어도 되는지 확신을 가질 수 없었다.

알다시피 「모노노케 히메」는 일본의 영화 흥행사를 바꾸는 대히트를 기록했다. 미야자키 하야오라는 예술 거장을 탄생시키기도 했다. 그런 현상이 또다시 일어나면 미야가 이상해지지 않을까…… 하는 불안마저 찾아왔다.

나는 미야의 장남인 고로에게 의논해보기로 했다. 마침 그 무렵, '미타카의 숲 지브리 미술관' 건립계획이 완성되어, 녹지 설계 일을 하던 그에게 디자인을 포함해 모든 일을 맡긴 터였다.

나는 마음속의 우려를 말한 뒤 솔직하게 물어보았다.

"난 세 가지 선택지가 있다고 생각하네. 첫째, 「모노노케 히메」의 절반쯤 히트하게 한다. 둘째, 「모노노케 히메」만큼 히트하게 한다. 셋째, 「모노노케 히메」의 두 배를 목표로 한다. 자네는 어떻게 하는 게 좋을 것 같나?"

그는 단호하게 말했다.

"모노노케의 두 배로 히트하게 해주십시오."

"왜지? 자칫하면 아버지가 이상해지고, 가족이 뿔뿔이 흩어질지도 몰라."

"저는 미술관을 성공시키고 싶습니다."

나는 마음속으로 굉장한 녀석이라고 혀를 내둘렀다. 일을 위해서는 가족도 돌아보지 않는다. 과연 아버지의 피를 이어받은 모양이다.

하지만 그 말을 들은 뒤에도 망설임이 떠나지 않았다. 그런 내게 마지막으로 불을 붙인 사람은 하쿠호도의 후지마키 나오야였다. 나중에 「벼랑 위의 포뇨」의 테마송을 부른 사람이다.

어느 날, 아카사카의 길거리에서 후지마키를 우연히 만나서 차를 마시게 되었다. 당시는 광고회사인 덴쓰와 하쿠호도가 한 작품마다 번갈아 제작위원회에 들어왔는데, 그때는 덴쓰 차례라서 그는 「센과 치히로의 행방불명」에 관여하지 않았다. 그래서 조금 토라졌는지, 자리에 앉자마자 이렇게 말하는 게 아닌가.

"덴쓰는 참 좋겠더군요. 업계에 「센과 치히로의 행방불명」의 소문이 쫙 퍼졌습니다. 「모노노케 히메」의 절반은 갈 거라고요."

그 말을 들은 순간, 머리 꼭대기까지 피가 솟구쳤다. '뭐? 다들 그 정도밖에 평가하지 않는단 말이지. 그렇다면 어디 한번 팔 걷고 나서 볼까……'

그동안 경험을 쌓은 덕분에 영화를 히트시키려면 어떤 식으로 홍보하고, 어떤 홍행 체제를 구축하면 관객을 끌어들일 수 있는지 대충 알게 되었다. 나는 일단 대원칙을 세웠다. 홍보 물량도, 상영관 숫자도 「모노노케 히메」의 두 배로 정한 것이다.

홍보에서는 영화의 주제를 상징하는 가오나시를 전면에 내세우기로 했다. 홍보 관계자를 모아서 그렇게 말했더니 다들 의아한 표정을 지었다. 그래서 한 사람씩 붙잡고 "이 영화는 어떤 영화라고 생각하나?"라고 물어보자 판에 박힌 듯이 치히로와 하쿠의 러브스토리라는 대답이 돌아왔다. 나는 그 말이 이상해서 견딜 수 없었다. 두 사람이 서로 사랑한다는 것은 나도 알고 있다. 하지만 그림 콘티를 제대로 읽어보면 이야기의 중심이 그게 아니라는 사실을 알 수 있지 않는가.

그들을 설득하기 위해 캐릭터별 등장 시간을 계산해보기로 했다. 그림 콘티에 쓰여 있는 컷별 초수를 꼼꼼히 계산했더니 1위는 단연코 치히로였다. 이것은 당연하다. 문제는 그 다음이다. 만약 이 영화의 주제가 러브스토리라면 2위는 하쿠여야 한다. 그런데 2위는 가오나시였다.

명확한 숫자를 보여주면 모두 이해하리라고 여겼는데, 여전히 영화의 주제가 사랑이라고 생각하는 사람이 많았다. 그 마음은 충분히 이해할 수 있다. 가오나시처럼 정체를 알 수 없는 캐릭터로 홍보하겠다고 하면 누구나 당황할 테니까. 하지만 나는 시대의 변화를 느꼈고, 등장 시간이라는 냉정한 현실도 있었다. 가오나시로 밀고 나가면 이 영화는 분명히 히트한다. 심지어 관객이 너무 많이 오지 않을까 하는 걱정마저 들었다. 오만하게 들릴지도 모르겠지만 그만큼 깊은 확신이 있었던 것이다.

가오나시를 전면에 내세움으로써 홍보 카피에도 변화가 생겼다. 처음의 메인 카피는 이토이 시게사토가 써준 '터널의 건너편은 이상한 마을이었습니다'였다. 그런데 도호의 홍보 프로듀서인 이치카와 미나미가 이의를 제기했다.

"정말 이 카피만으로 괜찮을까요?"

이치카와의 장점은 냉정하고 침착하며, 어떤 상황에서도 객관적인 시점을 잃지 않는다는 점이다.

"스즈키 씨가 그러셨죠. '좋은 카피는 자기도 모르게 우연히 나와. 더구나 맨 처음에 한 말인 경우가 많지. 그런데 계속 검토하는 사이에 처음에 한 말을 잊어버리는 경우가 있어. 그런 때는 처음으로 돌아가는 게 좋아'라고요. '이 영화를 히트하게 만들 열쇠는 철학이야'라고도 말했습니다. 그것이 옳은 말인지 틀린 말인지는 모르겠지만 「모노노케 히메」 히트 이유가 '살아라'라는 카피 덕분이라면, 이번에도 철학적인 말을 내세워야 하지 않을까요?"

그래서 새로 서브 카피를 만들기로 했는데, 그때 그가 내놓은 것이 "살아가는 힘을 깨워라!"라는 카피였다. 치히로와 가오나시의 비주얼에 이 카피를 넣어 홍보하기 시작하자 상상도 못한 반응이 나타났다. 광고업계는 물론이고 교육기관에서도 '살아가는 힘'이라는 말을 쓰기 시작한 것이다.

질과 양 모두 전대미문의 홍보를 전개하는 가운데, 평소에 홍보에 관심을 보이지 않는 미야가 웬일로 내 방을 찾아왔다.

"스즈키 씨, 왜 가오나시로 홍보하지?"

"이건 치히로와 가오나시의 이야기 아닌가요?"

"뭐?"

그는 충격을 받은 표정을 지었다.

"치히로와 하쿠 이야기잖아……?"

홍보 관계자뿐만 아니라 감독 자신도 알아차리지 못했다. 만드는 당사자도 알아차리지 못하는 것…… 그것이 바로 영화다.

멀티플렉스 영화관의 보급이 초래한 것

그즈음 영화 홍행 시스템도 크게 달라졌다. 멀티플렉스 영화관이 등장한 것이다. 「모노노케 히메」 시절에 이미 보급되기 시작했지만 「센과 치히로의 행방불명」 때에 전국적으로 확대되었다.

한 관에 한 스크린이라는 옛날식 극장이 주류를 이루었던 시절, 홍행은 앞에서 이끄는 리더에 의해 정해졌다. 도호라면 사내의 홍행 전문가가 "이 영화는 이 정도 히트할 것 같다"라는 예측을 세우고 도쿄의 중심 극장을 정한다. 그러면 그 규모에 연동해서 지방 극장이 정해진다. 상영기간도 이미 계약으로 정해져 있어서, 개봉하기 전부터 홍행 수입을 대략 계산할 수 있다. 공급량을 계획적으로 정한다는 면에서 보면 사회주의적인 시스템이라고 할 수 있다.

반면에 미국에서 온 워너브라더스는 일본의 종합 소매업 회사인 마이칼과 손잡고 워너 마이칼 시네마즈를 만들어, 흥행업계에 멀티플렉스 영화관과 자유경쟁 원리를 도입했다.

그로 인해 개봉과 동시에 「센과 치히로의 행방불명」이 멀티플렉스의 여러 스크린을 석권하는 일이 벌어졌다. 관객이 물밀듯 밀려들면서 다른 영화를 걸려고 했던 스크린도 「센과 치히로의 행방불명」으로 돌아서는 등 시간이 갈수록 상영관 수는 더욱 늘어났다.

지브리 사상 최대의 전국 프로모션도 효과가 있었다. 웬만한 프로모션에서는 가지 않는 작은 도시까지 찾아가 관객을 직접 만났다. 「모노노케 히메」 때 얻은 경험이 효과를 발휘한 것이다.

그 결과 일본의 모든 스크린이 「센과 치히로의 행방불명」으로 뒤덮였다. 나중에 집계한 수치를 확인하니 개봉 첫날의 관객은 놀랍게도 42만 명이었다. 두 편을 동시에 상영했던 「반딧불이의 묘」와 「이웃집 토토로」의 4주간의 흥행이 45만 명이었는데, 그에 필적할 만한 숫자를 불과 하루 만에 기록한 것이다. 급기야 「센과 치히로의 행방불명」은 1년의 장기 흥행 끝에 관객 2,380만 명, 흥행 수입 308억 엔이라는 믿기 힘든 기록을 만들었다.

여기에는 공과 죄의 양쪽 측면이 모두 깃들어 있다. 우리가 스크린을 독과점함으로써 흥행할 수 있는 다른 영화가 잠식당한 것이다. 그 사태를 무겁게 바라본 일본의 영화업계에서는 그 이후 「센과 치히로의 행방불명」 같은 메가히트를 내지 않겠다는 분위기에 휩싸였다.

금곰상이나 아카데미상보다

「모노노케 히메」 때 디즈니와 제휴하면서 전 세계에 배급하기 시작했는데, 「센과 치히로의 행방불명」이 일본에서 304억 엔 흥행 수입을 올렸다는 말을 듣고 미국의 흥행 관계자들 사이에서 큰 소동이 벌어졌다. 3억 달러는 미국에서도 굉장한 금액이다.

디즈니 재팬의 담당자는 필름을 가져가 당시 디즈니의 CEO인 마이클 아이스너Michael Dammann Eisner에게 보여주었다. 아이스너 대표가 직접 작품을 확인하는 것은 디즈니에서 굉장한 사건이다. 근사한 시사실에 간부들이 모두 모여 긴박한 분위기에서 시사회가 시작되었다. 상영가 끝나고 디즈니 직원들이 마른침을 삼키며 아이스너 대표의 말을 기다렸다.

"이 작품이 왜 그렇게 히트했지? 도무지 이유를 모르겠군."

솔직한 사람이라고 생각했다. 역시 미국인들은 이해하기 힘든 작품이다. 실제로 해외 흥행 결과를 보면 일본과 가치관이 비슷한 한국, 홍콩, 대만과 일본 문화에 대한 이해도가 높은 프랑스에서는 히트했지만, 북미에서는 고전을 면치 못했다.

하지만 우리는 해외 성적에 일희일비하지 않았다. 일본의 흥행에서 제작비를 회수해 다음 영화를 만들 수 있다면 그것으로 충분했다. 애초에 미야도 그렇고 나도 그렇고, 세계의 높은 평가를 기대한 적은 없었다.

그래서 베를린 국제영화제에서 금곰상을 받았을 때도, 아카데미상에서 장편 애니메이션 상을 수상했을 때도 기쁘다기보다 순전히 깜짝 놀랐다.

특히 아카데미상에서는 디즈니의 「릴로 & 스티치」의 수상이 거의 정해져 있었다. 「센과 치히로의 행방불명」은 노미네이트된 것만으로도 쾌거라는 분위기였다. 당시 지브리의 니시오카 준이치 홍보부장은 라디오에 출연해 이렇게 말했다.

"드디어 아카데미상 발표가 다가왔습니다. 니시오카 씨는 「센과 치히로의 행방불명」이 받을 수 있다고 생각하십니까?"

"그건 힘듭니다, 절대로요. 「릴로 & 스티치」가 받을 것 같습니다."

"왜죠?"

"작품 면에서 볼 때 그쪽이 더 훌륭하기 때문이죠."

그때 나는 니시오카 부장을 붙잡고 물어보았다.

"니시오카 부장, 왜 「릴로 & 스티치」가 받을 것 같다고 대답했지?"

"「릴로 & 스티치」는 정말로 훌륭한 작품이거든요!"

지브리는 참 자유롭고 좋은 회사다.

나는 TV 중계로 아카데미상 시상식을 보았다. 시상자인 카메론 디아즈Cameron Diaz가 "미야자키 하야오! 센과 치히로의 행방불명!Spirited

211

Away' Hayao Miyazaki"이라고 말한 순간에는 입을 다물 수 없을 정도였다.

「센과 치히로의 행방불명」은 그밖에도 일일이 손꼽을 수 없을 만큼 많은 상을 받았고, 그 여파는 몇 년에 걸쳐서 계속되었다. 내가 가장 기뻤던 일은 상 자체보다 열심히 노력해준 모든 관계자들이 수상을 기뻐해주었다는 점이다.

상에 관심이 없는 미야 감독은 베를린 국제영화제에도, 아카데미상에도 참석하지 않았다. 그런데 나중에 국제교류기금상을 받았을 때는 보기 드물게 시상식에 참석했다. 많은 분들이 대기실로 찾아오는 바람에 미야는 그들을 맞이하느라 정신이 없었다. 어느 순간에 사람들의 물결이 뚝 끊기면서 나와 그 단둘이 있는 에어포켓 같은 시간이 찾아왔다. 아무 소리도 들리지 않는 조용한 대기실에서 그는 혼잣말처럼 중얼거렸다.

"스즈키 씨, 왜 이렇게 되었을까?"

"미야 씨가 열심히 했기 때문이지요."

"스즈키 씨도 열심히 했잖아?"

그는 혼자 공을 차지하는 것을 싫어한다. 그래서 흥행 기록이나 수상을 알려줄 때마다 "어떡하지?" 하고 당황하지만, 그로 인해 들뜨거나 머리가 어떻게 되는 일은 없었다. 생각할수록 대단한 사람이다. 히트가 계속되면 미야가 이상해지지 않을까 하는 내 걱정은 결국 기우였던 것이다.

시상식이 끝나고 니바리키로 돌아와 술렁거리는 마음이 가라앉을 때까지 둘이 차를 마셨다.

"이걸로 전부 끝난 거지?"

"이제 끝났습니다. 잠시 쉬실 수 있습니다."

"이 영화는 스즈키 씨의 한마디에서 시작됐지."

"네? 제 한마디요? 무슨 말씀이시죠?"

"기억 안 나? 카바레식 클럽인 캬바쿠라 얘기 말이야."

그때까지 까맣게 잊고 있었는데, 기획을 만들 때 캬바쿠라를 좋아하는 지인으로부터 들은 이야기를 그에게 해준 적이 있었다.

캬바쿠라에서 일하는 여성 중에는 원래 내성적이고, 다른 사람과의 커뮤니케이션에 서툰 여성이 많다. 그런데 필요에 따라 어쩔 수 없이 여러 손님들과 열심히 대화하는 사이에 점점 밝아지고 기운이 난다는 것이다.

미야 감독은 그 이야기에서 힌트를 얻음과 동시에 캬바쿠라를 목욕탕으로 바꾸어 스토리를 만들었다. 치히로가 목욕탕에서 가오나시를 비롯해 수많은 신들을 대접하는 사이에 기운을 되찾은 것이다.

우리는 종종 '기획은 반경 3미터 안에서 태어난다'고 말하는데, 영화의 소재도 의외로 가까운 곳에서 굴러다니는 법이다. 그리고 가깝기 때문에 당연히 '현대성'이 깃들 수밖에 없다. 나는 그런 소재와 싸우는 것을 좋아하는데, 지브리 영화가 히트하는 이유의 한 자락은 그런 곳에 있는 게 아닐까?

우리에게는 히트나 상보다 더 중요한 일이 있었다. 기획의 발단인

치아키는 이 영화를 어떻게 보았을까? 미야가 이 영화를 가장 보여주고 싶었던 사람은 바로 치아키였다.

영화가 완성되고 첫 시사회 날, 미야는 여느 때와 달리 몹시 긴장했다. 상영이 끝나고 사람들이 밖으로 나온 뒤, 마지막으로 치아키가 나왔다. 미야가 조심스럽게 "어땠어?"라고 묻자 치아키는 활짝 웃으면서 "재미있었어요!"라고 대답했다.

그 한마디에 그는 물론이고 나도 위로받는 기분이 들었다.

뒤늦게 전해 들은 말이지만 집에 가서 치아키는 아버지에게 이렇게 이야기했다고 한다.

"아빠, 한 가지가 다른 게 있었어. 마지막 부분에 신발이 나왔잖아? 그 그림이 조금 달랐어."

언젠가 오두막집 근처의 강에서 놀았을 때, 강물에 떠내려가는 치아키의 운동화를 다 같이 따라가는 사건이 있었다. 미야는 그 사건을 영화에 담았고, 감수성이 예민한 치아키는 금세 그때의 일이란 사실을 직감했다. 다만 신발의 무늬가 달랐던 것이다.

"사실은 세일러문 신발이었거든."

그 이야기를 들은 미야는 호탕하게 웃음을 터트렸다.

13 하울의 움직이는 성

– 미야자키 하야오가 가장 고생한 작품

"스즈키 씨, 이 책 읽었어?"

미야가 책을 한 권 들고 흥분한 모습으로 내 방에 들어왔다. 『마법사 하울과 불의 악마』란 책으로, 영국 작가인 다이애나 윈 존스Diana Wynne Jones의 판타지 소설이었다.

"여기 좀 봐. 원래 제목은 『하울의 움직이는 성 Howl's Moving Castle』이야. 성이 움직이다니, 멋지지 않나?"

「하울의 움직이는 성」은 미야의 그 한마디에서 시작되었다. 그런데 기획은 제안했지만 미야는 자신이 감독을 맡고 싶지 않다고 했다. 스태프를 누구로 할지 의논하고 있을 때, 우연히 내 친구가 도에이 애니메이션에 있던 호소다 마모루를 데리고 놀러 왔다.

당시 호소다는 「극장판 디지몬 어드벤처」 등을 만들며 신예 애니메이션 감독으로 주목받던 참이었다. 도에이 애니메이션에서 제작하는 작품은 주로 《소년 점프》에 담긴 내용을 원작으로 삼고 있었는데 그는 그 틀에서 벗어난 작품을 만들고 싶다는 포부를 가지고 있었다. 그에게 「하울의 움직이는 성」의 기획을 보여주었더니 꼭 하고 싶다는 대답이 돌아왔다. 그래서 지브리에 파견을 나와서 구체적인 기획을 진행하자고 약속했다.

그런데 각본과 캐릭터, 미술 설정 등을 준비하는 사이에 호소다에게 고민이 생겼다. 하나는 도에이와 지브리의 제작 스타일의 차이이고, 또 하나는 미야 감독의 압박이었다.

미야는 기획을 넘긴 뒤에 잠자코 지켜보는 타입이 아니다. 스토리나 그림에 관해 "이렇게 하는 편이 좋다, 저렇게 하는 편이 좋다"라고 시시콜콜 참견한다. 그게 끝이 아니라 심지어 말이 매일 달라진다.

호소다는 과거 지브리 연수생 채용시험을 봤을 만큼 미야자키 하야오를 동경했다. 따라서 그의 말에 진지하게 귀를 기울였다. 그런데 미야의 지시에 따라 작업을 하고 있으면 다음 날에 와서 완전히 뒤집는다. 그런 식으로 일주일이 지나고 한 달이 지나는 사이에 그는 깊은 늪에 빠지고 말았다.

프로듀서 교체

그 무렵, 「하울의 움직이는 성」과 동시에 진행하던 기획이 하나 더 있었다. 계기는 어느 테마파크에서 의뢰를 받은 고양이 캐릭터였다. 수많은 우여곡절을 거친 끝에 「고양이의 보은」이라는 작품이 되었는데, 그쪽은 젊은 스태프를 중심으로 진행하고 있었다. 프로듀서는 내 옆에서 서브 프로듀서로 일했던 다카하시 노조무이고, 감독은 「이웃집 야마다군」에 애니메이터로 참가했던 모리타 히로유키였다. 그런데 다카하시에게 들어보니 그쪽도 벽에 부딪쳤다는 게 아닌가.

둘이 의논해서 프로듀서를 교체하기로 했다. 내가 「고양이의 보은」을 맡고 다카하시가 「하울의 움직이는 성」을 맡기로 한 것이다. 인간적인 궁합이 좋았는지, 프로듀서를 교체한 후에는 양쪽 모두 잘 돌아가기 시작했다.

그런데 얼마 지나지 않아서 「하울의 움직이는 성」은 다시 암초에 부딪혔다. 우리는 결국 「하울의 움직이는 성」을 잠시 중단하고 「고양이의 보은」에 집중하기로 했다.

미야가 기획에 관여한 만큼 「고양이의 보은」에도 당연히 이런저런 요구가 있었다. 그런데 감독인 모리타는 미야의 간섭도 즐겁게 받아들이는 것 같았다. 심지어 그는 매일 적극적으로 미야의 이야기를 듣고 끊임없이 질문했다. 우습게도 나중에는 미야가 그런 모리타를 피하고 현장에 나가지 않는 분위기가 되고 말았다.

시나리오 작가인 니와 게이코도 미야와 일하는 것을 좋아한 몇 안되는 사람 중 하나다. 「마루 밑 아리에티」 때, 그녀는 매일 바뀌는 미야의 이야기에도 싫증을 내지 않고 계속 시나리오를 고쳐 썼다.

"너무 신나요! 천재의 사고 과정을 알 수 있잖아요!"

미야와의 싸움을 즐긴 사람이 또 한 명 있다. 「모노노케 히메」와 「센과 치히로의 행방불명」에서 작화감독을 역임한 안도 마사시다. 그는 미야에 대항해 자신이 이상으로 삼는 애니메이션을 추구했다.

적극적으로 받아들이면서 즐기느냐, 장인으로서 철저하게 대치하느냐! 미야자키 하야오라는 특이한 천재와 일을 하려면 둘 중 하나를 선택할 수밖에 없으리라.

'현대의 피카소'라는 평가를 받은 성의 디자인

「고양이의 보은」의 제작이 진행되는 가운데, 미야 감독의 다음 작품을 생각해야 할 시기가 되었다.

어느 날, 우연히 화장실에서 나란히 소변을 보게 되었는데 그때 미야가 나를 슬쩍 쳐다보면서 물었다.

"스즈키 씨, 다음은 어떻게 할까?"

그가 물었을 때는 잠시도 망설이지 않고 곧바로 대답을 해야 한다.

"미야 씨, 성이 움직이는 게 재미있다고 하셨으니까 「하울의 움직이는 성」을 하시죠."

"알았네."

다른 사람의 작품에 이렇게 하는 편이 좋다, 저렇게 하는 편이 좋다라고 마구 떠들어대던 미야는 막상 본인의 작품에 들어가자 모든 것을 뒤로 제쳐놓고 성의 디자인에 집중했다.

그런데 만족할 만한 성의 모습이 쉽사리 나오지 않았다. 그러던 어느 날, 미야가 "어떡하지?"라고 하면서 내 방으로 찾아왔다. 그는 회의를 하거나 이야기를 하는 도중에 낙서를 하는 습관이 있다. 그때도 이야기를 하면서 계속 손을 움직였다. 대포부터 그리기 시작해서 지붕을 붙이고 굴뚝을 세우는 식으로 여러 가지를 붙여나갔는데 어느 순간에 성이 완성되었다. 그 그림을 보고 본인도 눈을 크게 떴다.

"이게 성으로 보일까?"

솔직히 말하면 성으로 보이지는 않았다. 하지만 그렇게 말하면 제작이 중단된다.

"괜찮은데요? 성으로 보입니다."

그때는 앞으로 나아가는 것이 중요하다고 판단했다.

"스즈키 씨, 문제는 다리야."

그는 그렇게 말하면서 다시 그림을 그리기 시작했다. 하나는 닭의 다리. 또 하나는 전국시戰国時代[24] 하급 무사의 다리였다. 그것을 보여주고 어느 쪽이 좋으냐고 진지하게 물었다. 솔직하게 말하면 어느 쪽이라도 상관없었지만 미야의 표정은 더할 수 없이 진지했다. 그래서

---

24 일본의 15세기 후반부터 16세기 후반까지 군웅이 할거하여 서로 다투던 시대.

나도 진지하게 "여기에는 당연히 닭의 다리지요"라고 대답했다.

그렇게 해서 기묘한 성이 완성되었는데, 나중에 프랑스에서 이 디자인이 화제를 불러일으켰다. 특히 프랑스의 3대 일간지 중 하나인 《리베라시옹》에서는 '현대의 피카소'라고까지 극찬했다.

성의 외관이 정해지면서 작업은 단숨에 급물살을 탔다. 할머니 그림은 미야 감독의 주특기라서, 소피와 황야의 마녀 같은 캐릭터는 금세 정해졌다.

배경의 모델은 프랑스와 독일의 국경에 있는 알자스 지방이었다. 「센과 치히로의 행방불명」 제작으로 지친 미야 감독이 휴식을 취하러 간 곳이기도 하다. 알퐁스 도데Alphonse Daudet의 소설 『마지막 수업』의 무대로도 알려져 있는데, 전쟁이 있을 때마다 독일과 프랑스 사이에서 영유권이 왔다 갔다 하면서 양국 문화가 뒤섞여 있는 곳이기도 하다. 그중에서도 미야가 좋아한 곳은 리크비르라는 오래된 도시였다. 그는 그곳을 하울의 무대로 하기로 마음먹고, 작품 안에 고스란히 녹여냈다.

그렇게 해서 무대의 기본적인 골격이 만들어졌다. 다만 어떤 영화로 할지, 가장 중요한 주제를 정하지 못했다. 머리를 맞대고 의논한 결과, 이번에는 본격적인 연애 영화를 만들기로 결론을 내렸다.

미야는 모든 스태프들이 모인 작품설명회에서 이렇게 설명했다.

"지금까지 여러 작품을 만들어왔는데, 내 작품에는 항상 남자와 여자가 등장합니다. 이번에는 그들을 정면에 앉혀놓고, 처음으로 본격적인 연애 영화를 만들려고 합니다."

그렇게 목소리를 높여서 선언한 것까지는 좋았다. 그런데 "연애 영화라는 것은……"이라는 곳에서 이야기가 멈추었다.

"스즈키 씨, 어떻게 만드는 거더라?"

다들 황당한 표정이다. 어쩔 수 없어서 내가 중간에 끼어들었다.

"보통 만남이 있지요."

"그래그래, 만남이 있지."

"그 만남이 깊어집니다."

"그래그래, 깊어지지."

"그게 기승전결의 '승'이라면, 대부분 '전'에서 엇갈립니다."

"소피가 할머니가 되는 부분에서 엇갈리면 되겠군. 그러니까 여러분, 이번에는 할머니를 제대로 그려주시기 바랍니다."

실제로 기승전결이 확실한 연애 영화가 되었는가 하면, 그렇지는 않다. 콘티를 그리기 시작하고 나서도 그의 망설임은 계속되었다.

처음에 나오는 그림 콘티를 보고 나는 "어?" 하고 고개를 갸웃거렸다. 지금까지 미야 감독의 영화는 대부분 한 컷이 4~5초로 전개되는 일이 많았다. 그런데 이번에는 조금 길다는 느낌이 들었다. 스태프에게 평균 초수를 계산해보라고 했더니, 놀랍게도 8초나 되었다. 그로 인해 앞부분의 템포가 매우 느려졌으며 이야기가 진행되면서 그 정도는 더욱 심해졌다.

이런 상태라면 네 시간쯤 될지도 모른다. 미리 말해주지 않으면 엄청난 일이 벌어지게 된다.

"미야 씨, 이번에는 한 컷이 상당히 깁니다."

"뭐? 그럴 리가 없어."

"계산해보니 평균 8초쯤 되더군요."

"그래?"

본인에게는 자각이 없었던 것이다. 그는 난감한 얼굴로 이렇게 변명했다.

"주인공이 할머니라서 그래!"

하지만 미야는 역시 대단하다. 도중부터 한 컷을 짧게 만든 것이다. 그 결과 「하울의 움직이는 성」은 전반과 후반의 템포가 달라지는 보기 드문 영화가 되었다.

생각지도 못한 명장면 탄생

또 한 가지 문제는 스토리 전개였다. 여러 사건이 잇따라 발생하는 바람에 한 시간이 지나도 수습이 되지 않았다. 가슴속에서 불안이 휘몰아쳤다. 그래서 제작 업무 담당자이자 영화 마니아인 노나카 신스케에게 물어보았다.

"그림 콘티를 읽고 있나?"

"네, 읽고 있습니다."

"이야기가 어떻게 될 것 같아?"

"흔히 볼 수 없는 구조입니다. 기승전결이 아니라 기와 승이 계속 이어져 있지요."

이럴 때는 프로듀서로서 단호하게 결정을 내려야 한다. 그때 불현듯 머리에 떠오른 것이 며칠 전에 본 「스텝맘」이라는 영화였다.

"최근에 본 영화인데요, 한 여성 사진작가가 어느 변호사와 사랑에 빠져서 같이 살기 시작하죠. 변호사에게는 전처와의 사이에 아이가 둘 있습니다. 사진작가는 변호사의 아이들을 돌보는데, 육아를 경험해보지 못한 터라 실수 연발입니다. 그녀는 어떻게 해야 할지 몰라서 전처에게 의논을 하러 가지요. 그걸 계기로 두 사람은 마음을 터놓게 되는데, 그러는 사이에 전처가 암에 걸려서 얼마 살지 못한다는 사실이 밝혀집니다. 두 사람은 결국 전처를 집으로 오게 해서, 남은 시간 동안 다 같이 살기로 하지요."

거기까지 이야기했을 때 그는 "됐어! 이제 알았어"라고 말하더니, 다시 황급히 밖으로 나갔다.

이렇게 했으면 좋겠다고 결론을 직접 말한 건 아니지만 해결방법은 그것밖에 없다고 생각했다. 여러 등장인물의 이야기가 복잡하게 엉클어져서 곤경에 처했을 때, 사람들을 모두 등장시켜서 흐지부지하게 만드는 것이다.

결국 영화의 후반에서는 황야의 마녀도, 마녀의 개인 힌도, 허수아비인 카부도 다 같이 성에서 살게 된다. 그리고 꼬부랑 할머니가 된 황야의 마녀를 소피가 돌봐준다. 그곳에서 생각지도 못한 명장면이 탄생했다.

황야의 마녀가 자신을 정성껏 돌봐주는 소피를 보면서 말한다.

"사랑에 빠졌구나. 아까부터 계속 한숨만 쉬고 있으니 말이다. 내 말이 맞지……?"

"할머니는 사랑해본 적이 있어요?"

"그야 물론이지. 지금도 하고 있고."

멋진 장면이긴 하지만 곰곰이 생각해보면 말도 안 되는 이야기다. 하울의 새로운 애인(소피)이 옛날 아내(황야의 마녀)를 돌봐주는 것이다. 그림을 그리는 미야에게 넌지시 물어본 적이 있다.

"이 단계에서 하울과 소피는 아직 맺어지지 않았지요?"

그는 못 들은 척했다. "이건 작가의 희망사항인가요?"라고 물어보고 싶었지만 마음속에 묻어두기로 했다.

이 영화에는 그것 말고도 의도치 않게 태어난 명장면이 있다. 소피와 황야의 마녀가 왕궁의 긴 계단을 올라가는 장면이다.

미야는 원래 먼저 올라간 소피가 도중에 멈추어 서서 황야의 마녀에게 손을 내미는 식으로 그리려고 했다. 그런데 그 부분을 오쓰카 신지라는 훌륭한 애니메이터에게 맡기면서 자신의 계획을 버렸다.

"오쓰카가 알아서 잘 그려줘."

그 결과 두 할머니가 서로 경쟁하면서 죽을힘을 다해 계단을 올라가는 명장면이 탄생했다. 그 장면을 보고 미야도 만족했고 나도 감탄했다. 그 이후, 미야와 대담을 나눈 요로 다케시[25]는 "계단 장면을 본 것만으로 이 영화를 본 보람이 있었습니다"라고 말했을 정도였다.

영화 제작은 참 신기해서, 처음부터 명장면을 만들려고 하면 대부분 실패한다. 그 대신 예상치 못한 곳에서 명장면이 탄생하기도 한다. 특히 훌륭한 애니메이터와 작업하다 보면 그런 일이 종종 일어난다.

또 다른 명장면은 영화의 마지막 부분이다. 내가 처음에 생각했던 클라이맥스는 르네상스 시대의 네덜란드 화가인 히에로니무스 보스 Hieronymus Bosch의 「성 안토니우스의 유혹」 같은 장면이었다. 활활 불타오르는 성 위에서 기괴한 생물과 배가 날고 있는 구도로, 데즈카 오사무[26]나 이시노모리 쇼타[27]로, 나가이 고[28]를 비롯해 일본의 쟁쟁한 만화가들에게 엄청난 영향을 끼친 그림이다.

미야도 그 그림을 좋아해서, 그림 안에 있는 소품을 「미래소년 코난」에서 사용하기도 했다. 또 갑자기 실물을 보고 싶다고 해서, 포르투갈 리스본 국립 고대 미술관에 같이 간 적도 있었다.

그 인상이 강렬하게 남아 있어서 「하울의 움직이는 성」에서는 불길

---

25   일본의 의학박사이자 해부학자. 『바보의 벽』이라는 베스트셀러를 낸 작가이기도 하다.

26   일본 만화의 아버지. 대표작은 「우주소년 아톰」 「밀림의 왕자 레오」 등.

27   일본의 만화가. 대표작은 「사이보그 009」 「가면라이더」 등.

28   일본의 만화가. 대표작은 「데빌맨」 「마징가Z」 등.

에 휩싸이면서 뛰어다니는 성을 그렸으면 좋겠다고 말했다. 하지만 미야로부터 그건 힘들다는 대답이 돌아왔다. 그 대신에 그는 마법이 풀려 산산조각으로 흩어지면서 다리와 판자만 남은 성을 그려냈는데 사실 그 장면의 모델은 내가 지인으로부터 받은 장난감이다. 그것을 사무실에 놓아두었더니 미야가 잠깐 빌리겠다고 하면서 가져갔고 그 결과, 마지막 장면이 태어났다.

내가 감탄한 것은 그런 다음에 주인공들이 나눈 대화였다.

"난 모르는 일이야. 아무것도 가지고 있지 않아."

황야의 마녀가 이렇게 말하면서 하울의 심장을 주려고 하지 않자 소피는 그녀의 어깨를 살며시 껴안고 "할머니, 부탁해요"라고 말한다. 그러자 황야의 마녀는 "이게 그렇게 갖고 싶어? 할 수 없군. 소중히 간직해야 한다"라고 말하며 결국 하울의 심장을 넘겨준다.

미야는 그런 식으로 스킨십을 절묘하게 사용한다. 영화의 앞부분에 하울이 병사들에게 둘러싸인 소피를 구해주는 장면이 있다. 그곳에서도 하울은 소피의 어깨를 살며시 껴안는다. 그리고 고무 인간이 나타난 순간, 소피에게 팔짱을 끼고 가볍게 하늘로 날아오른다. 「미래소년 코난」에서는 코난이 라나를 안고 달리고, 「천공의 성 라퓨타」에서는 하늘에서 내려오는 쉬타를 파즈가 받는다.

미야 감독의 작품에서 남녀의 만남은 항상 그렇게 스킨십으로 시작된다.

환상의 캐스팅이었던 바이쇼 치에코와 기무라 타쿠야

제작이 무르익으면서 홍보도 준비하기 시작했는데, 이때 내가 내놓은 것이 '홍보하지 않는 홍보'라는 방침이었다.

이 계기 역시 미야 감독의 한마디였다. 실은 「센과 치히로의 행방불명」이 크게 히트한 이후, "엄청난 홍보 덕분이다"라는 말이 미야의 귀에 들어갔다. 그 말을 듣고 그의 안색이 달라졌다. 감독으로서는 당연히 작품이 좋아서 히트했다는 말을 듣고 싶으리라. 당시 미야는 스튜디오에 있는 스태프에게 일일이 의견을 물으며 돌아다녔다.

"센과 치히로가 왜 히트했다고 생각해? 홍보 덕분이야? 작품이 좋아서야?"

감독이 정면으로 물어보면 누구라도 "당연히 작품이 좋아서지요"라고 대답하게 마련이다. 그런데 그중에 "저는 홍보 덕분이라고 생각합니다"라고 대답한 사람이 한 명 있었다. 서브 프로듀서였던 이시이 도모히코라는 사람이었다. 내가 어떻게 홍보했는지 지켜본 만큼, 자신의 느낌을 솔직히 대답했으리라. 그 말을 듣고 미야가 펄펄 뛰며 화를 냈다.

「하울의 움직이는 성」 제작에 들어가고 나서도 그때의 분노가 남아 있었던 모양이다. 나는 홍보를 생각할 때 기본 방침과 카피를 항상 화이트보드에 써두는데, 그것을 보고 미야가 폭발했다.

"이렇게 내용을 다 밝히면 영화를 보러 갈 마음이 안 들잖아! 이번

227

에는 개봉할 때까지 쓸데없는 홍보는 하지 말게."

그 말을 듣고 내가 계획한 작전이 '홍보하지 않는 홍보'였다. 당시 나 스스로도 개봉하기 전에 영화의 줄거리나 설정을 자세하게 밝히는 홍보 방식에 의문을 갖고 있었다. 그래서 이번에는 영화의 구체적인 내용과 정보를 되도록 줄이는 작전을 취하기로 했다.

최초의 예고편은 성의 영상과 "이 성이 움직인다"라는 카피뿐이었다. 그런데 그것이 오히려 화제를 불러일으켰다. 「센과 치히로의 행방불명」을 만든 미야자키 하야오가 신작을 만든다고 한다. 그런데 내용은 베일에 싸여 있다……. 그러면 특별히 팬이 아니더라도 어떤 영화인지 궁금하지 않는가?

게다가 여름으로 예상했던 개봉이 11월로 미뤄졌다. 그런 소식이 전해지자 영화에 대한 관심이 점점 높아졌다. 그리하여 모든 요소가 영화의 순조로운 항해를 위한 순풍이 되었다.

성우진을 발표했을 때도 엄청난 반응이 있었다. 기무라 타쿠야의 효과는 상상을 초월할 정도였다.

그는 옛날부터 미야자키 하야오의 열렬한 팬으로, 그쪽에서 먼저 출연하고 싶다는 제안이 있었다. 그의 아이들도 지브리 영화를 굉장히 좋아해서, 「이웃집 토토로」 DVD는 판에 흠집이 나서 다시 샀을 정도로 열심히 보았다고 한다.

물론 나도 그의 이름과 인기는 알고 있었지만 출연하는 드라마를 본 적은 없었다. 그래서 딸에게 물어보았다.

"기무라 타쿠야는 어떤 연기를 하지?"

"남자의 적당함을 표현할 수 있는 사람이에요."

어폐가 있을지도 모르겠지만 그 말을 듣고 나는 무릎을 쳤다.

"하울이라는 캐릭터에 딱 맞지 않는가!"

나는 단숨에 미야에게 달려갔다.

"미야 씨, 기무라 타쿠야라고 아십니까?"

"날 무시하지 말게. 스맙(SAMP)이잖아? 물론 알고 있어."

미야가 도쿄 타워 밑에 있는 스튜디오에 다니던 시절 스맙도 비슷한 시기에 TV 도쿄에서 방송을 해서 소녀 팬들에게 둘러싸여 있는 모습을 자주 봤다고 한다.

"하울에 기무라 타쿠야는 어떻습니까?"

"뭐? 어떤 연기를 하는데?"

내가 딸에게 들은 말을 그대로 전했더니 미야도 "바로 그거야!"라고 찬성해주었다.

기무라가 녹음을 시작한 순간, 나는 입을 다물지 못했다. 대사를 전부 외워온 것이다. 지금까지 여러 배우들이 목소리 연기를 해주었는데, 그런 사람은 기무라밖에 없었다. 더구나 첫 목소리부터 미야가 "이거다!"라고 고개를 끄덕였을 정도였다. 수정을 요구할 필요 없이 일사천리로 녹음이 진행되었다.

한편 다른 주인공인 소피 목소리의 선정에는 난항을 거듭했다. 미야가 내놓은 "18세부터 90세까지 한 사람이 연기했으면 좋겠다"라는 조건이 문제가 되었다.

처음에는 웬일로 미야가 "이번에는 나도 점찍은 후보가 있네"라고 말해서 누굴까 했더니, 히가시야마 치에코라는 게 아닌가.

"미야 씨, 안타깝지만 그분은 세상을 떠난 지 벌써 20년이 넘었습니다."

그러자 미야는 눈을 희번덕거리며 놀라워했다. 그의 머릿속에서는 시간이 멈춰 있는 것이다.

그때부터 여러 사람의 목소리를 녹음해서 들었는데, 좀처럼 딱 떨어지는 사람을 찾을 수 없었다. 고민에 고민을 거듭한 결과, 미야가 말했는지 내가 말했는지 모르겠지만 바이쇼 치에코의 이름이 나왔을 때는 "드디어!"라고 외치고 싶을 정도였다.

바이쇼의 연기는 역시 굉장했다. 다만 처음에는 좀처럼 하울[29]의 발음이 자연스럽지 않았다. 악센트가 뒤쪽으로 가면서 '하우 르'가 되는 것이다. 나와 미야와 같이 "하울입니다"라고 말하면 "하우 르?"라는 말이 돌아왔다.

"아니, 그게 아니라 하울입니다."

"그러니까 하우 르잖아요?"

이런 대화를 몇 번이나 반복해야 했다.

---

29 일본식 발음은 하우르ハウル이다.

'그림쟁이' 미야자키 하야오의 집념

제작 종반에 개봉일이 연기되면서 생긴 시간의 여유를 미야는 작화의 질을 높이는 데 사용했다. 특히 18세 소피와 불의 악마 캘시퍼의 컷은 거의 모두 직접 다시 그렸다.

당시 그의 나이는 63세. 이때 작화감독을 역임한 사람은 야마시타 도모히코, 이나무라 다케시, 고사카 기타로 등 세 명이었다. 이나무라와 고사카의 실력은 지금까지의 작업을 통해 알고 있다. 하지만 야마시타와 한 팀으로 일하는 것은 처음이었다. 미야는 그를 가상의 적으로 여기고 싸움을 걸었다.

캘시퍼라는 캐릭터는 흐물흐물하게 형태가 달라지는 일도 있어서, 여러 애니메이터가 원화를 그릴 때 상당히 고전했다. 그것을 작화감독인 야마시타가 고쳤는데, 제대로 되지 않는 것을 보고 미야는 "좋아, 내 차례다!"라고 하면서 회심의 미소를 짓곤 했다.

나중에 「벼랑 위의 포뇨」를 제작할 때에도 파도 장면은 전부 미야가 그렸다. 애니메이터로서의 실력을 확인함으로써 감독으로서의 자신감도 얻는다. 이것이 그의 방식이다. 그런데 나이가 들면서 점점 모든 그림을 고치기 힘들어졌다. 그런 점이 은퇴의 원인으로 이어진 것이다.

「하울의 움직이는 성」이란 작품은 성의 디자인부터 시작해 스토리 수정 등 많은 문제들이 겹치면서 지브리의 모든 작품 중에서 미야가 가장 고생한 작품이다.

한편, 나도 처음으로 '홍보하지 않는 홍보'라는 실험적인 방식을 시도했다. 더구나 11월은 관객이 극장을 별로 찾지 않는 시기다. 관계자들 사이에서도 관객 동원을 불안하게 보는 목소리가 높았다.

그럼에도 불구하고 개봉 직후에는「센과 치히로의 행방불명」을 넘어설 만큼 기세가 좋았다. 그리고 결국 196억 엔이라는 흥행 수입을 올렸다. 그만큼 미야자키 하야오에 대한 세상의 기대치가 높은 것이다.「센과 치히로의 행방불명」의 엄청난 히트를 거치면서 미야는 어느새 '국민 감독'이 되었는데,「하울의 움직이는 성」을 통해 그것을 새삼 실감하게 되었다.

14 게드전기

– 스태프의 마음을 사로잡은 미야자키 고로의
리더십

「붉은 돼지」를 개봉한 이듬해인 1993년, 미야의 아버지인 미야자키 가쓰지가 79세의 나이로 영면에 들었다. 장례식에 참석했을 때, 친척들 사이에서 빠릿빠릿하게 돌아다니는 청년이 있었다. 왠지 마음에 걸려서 눈으로 좇고 있었더니, 갑자기 돌아보면서 인사를 했다.

"스즈키 씨, 고로입니다."

그를 마지막으로 본 것은 고등학생 때였다. 그런데 미야자키 고로라는 사람이 내 마음속에 깊이 새겨진 것은 그때가 처음이었다.

그로부터 5년쯤 지났을까, 지브리 미술관을 만들자는 이야기가 나왔다. 처음에는 그 일도 내가 맡으려고 했는데, 막상 해보니 영화 일을 하면서 겸임할 수 있는 수준이 아니었다. 어떻게 해야 좋을지 생각에 잠겼을 때, 문득 장례식 때 빠릿빠릿하게 일하던 고로의 모습이 떠올랐다.

그 무렵, 그는 녹지설계 회사에서 공원이나 도시녹화의 건설 컨설턴트로 일하고 있었다. 당연히 건축이나 법률에 관한 전문지식도 가지고 있었다. 미술관 건설에는 가장 적임자가 아닐까……

여기까지는 생각이 미쳤지만 그에게 와달라고 하기에는 한 가지 커다란 장벽이 있었다. 미야자키 하야오라는 존재였다.

고로와 같이 일하겠다고 말하면 미야는 분명히 화를 낼 것이다.

나는 한 가지 작전을 짜냈다. 방패막이로 다른 사람의 이름을 말하는 것이다.

"미야 씨, 미술관 건설의 책임자 말인데요……"

"스즈키 씨가 하면 되잖아?"

"그러려고 했는데 도저히 안 되겠더군요. 아무래도 그곳만 책임질 사람을 두어야 할 것 같습니다. 누가 좋을지 생각해봤는데, 후보가 세 명 있습니다."

"누군데?"

나는 일부러 그가 퇴짜 놓을 만한 사람을 거론했다.

"한 명은 K씨입니다."

"스즈키 씨, 그게 말이 된다고 생각해?"

두 번째 사람의 이름을 말한 순간, 그가 불같이 화를 냈다.

"그 사람은 안 될 게 뻔하잖아!"

그것까지 예상하고 있었다. 자, 지금이다.

"고로는 어떤가요?"

한 호흡을 두고 말한 순간, 그의 움직임이 딱 멈추었다. 전혀 예상치 못한 이름이었기 때문이리라. 잠시 반응을 기다리고 있었더니 미야가 천천히 입을 열었다.

"그건 본인이 결정할 문제야. 스즈키 씨가 설득해서 본인이 하겠다면 구태여 반대하진 않겠네."

미야 감독의 설득에 성공한 나는 그 길로 고로를 만나러 갔다.

"지브리에서 미술관을 만들려고 하는데, 혹시 그 일을 해볼 생각이 없나?"

그는 잠시도 머뭇거리지 않고 곧바로 대답했다.

"네, 하겠습니다."

이렇게 빨리 결단을 내리다니……. 나는 놀라움을 감출 수 없었다. 보통 사람 같으면 지금 다니는 회사나 커리어를 생각해 시간을 달라고 하지 않을까? 하지만 그가 맡아준다면 고마울 따름이다. 나는 재빨리 지브리로 영입할 절차에 들어갔다.

미술관 건설에는 몇 가지 어려운 문제가 있었는데, 고로는 그런 문제들을 착실하게 해결했다. 그 모습을 보고 미술관이 완성된 후에는 책임지고 운영할 관장직을 맡기기로 했다. 그런데 미술관 운영이 궤도에 올랐을 무렵, 그가 나를 찾아왔다.

"미술관을 그만두고 싶습니다."

그는 완성된 것을 계속 유지하는 일에는 관심이 없고, 아무것도 없는 상태에서 새로운 것을 만들고 싶어 하는 듯했다. 그런데 미술관을 위해서는 그에게 계속 관장직을 맡겨야 한다. 어떻게 해야 할까? 그때 마침 영화 쪽에서 새로운 기획이 올라왔다. 미국 판타지 작가인 어슐러 르 귄Ursula Le Guin 원작의 『게드전기Earthsea Cycle』[30]였다.

미야자키 고로의 감독 데뷔

『게드전기』는 미야 감독이 젊었을 때부터 좋아해서 영화로 만들기를 열망했던 작품이다. 「바람계곡의 나우시카」를 만들기 전에도 기획한 적이 있었는데, 그때는 르 귄의 허락을 얻지 못해 실현하지 못했다. 그런데 이번에 그쪽에서 "미야자키 하야오 감독이 영화로 만들어주었으면 한다"라는 제안이 들어온 것이다

『게드전기』는 전부 여섯 권이나 되는 대작이다. 영화로 만들려면 어떻게 해야 할지, 작전을 짤 필요가 있었다. 미야는 「하울의 움직이는 성」 제작으로 정신이 없어서, 감독을 지망하는 애니메이터와 서브프로듀서인 이시이 도모히코 등 몇 명이 모여 의논하기로 했다.

나는 고로에게도 그 멤버로 들어오지 않겠냐고 제안했다. 그에게도 기분전환이 될 테고, 지브리가 앞으로 어떤 영화를 만들지는 미술

---

30 원서의 원래 제목은 《어스시 연대기Earthsea Cycle》이다.

관 운영에도 중요한 일이었기 때문이다. 그도 흔쾌히 수락했다.

가장 큰 문제는 여섯 권이나 되는 긴 원작 안에서 어느 부분을 영화로 만드느냐는 것이었다. 나는 제3권인 『머나먼 바닷가The Farthest Shore』가 좋지 않을까 했다. 「모노노케 히메」나 「센과 치히로의 행방불명」 때도 말했지만 고도성장기에서 거품 경제의 붕괴를 거치며 영화의 주제는 철학과 마음의 문제로 넘어갔다. 따라서 마법의 힘이 약해지고 사람들이 무기력해진 나라인 엔라드를 무대로 이야기가 전개되는 제3권이 '현대의 주제'에 잘 맞는다고 판단한 것이다.

그런데 막상 기획을 만들려고 하니 보통 어려운 일이 아니었다. 1968년에 제1권이 나온 이후, 『게드전기』는 수많은 소설과 영화에 영향을 미쳤다. 인간의 마음속에 숨어 있는 빛과 그림자의 싸움을 판타지 세계로 처음 가져온 작품이 바로 『게드전기』다.

그렇게 대단한 원조 판타지 작품을 영화로 만드는 일이 쉬울 리 만무하다. 그런 압박감을 견딜 수 없어서인지, 감독 후보였던 애니메이터가 기획에서 빠졌다. 하지만 여기서 기획을 바꿀 수는 없었다.

나는 고로에게 감독을 해보지 않겠냐고 물었다. 처음에는 그도 망설이는 듯했다. 하지만 내가 보기에는 싫지 않은 모습이었다.

객관적으로 보면 말도 안 되는 이야기다. 하지만 고로라면 할 수 있지 않을까 하는 느낌을 받았다.

왜 그렇게 생각했을까? 내 안에서 예전부터 마음에 걸렸던 의문이 다시 고개를 내밀었다. 미술관 건설을 맡지 않겠냐고 했을 때, 그는 쓸데없는 설명을 요구하지 않고 곧바로 맡아주었다. 아버지와 충돌하리란 것은 알고 있었고, 실제로 진행하는 과정에서 몇 번 문제가 되기도 했다. 그래도 그는 그것을 극복해냈다.

이번에도 그에게 감독을 맡긴다고 하면 많은 사람들이 "미야자키 하야오의 아들이라는 이유만으로 장편 영화의 감독이 되다니. 그게 말이 돼?"라는 시선으로 볼 테고, 아버지와의 알력도 피할 수 없다. 그런데 그는 고개를 가로젓지 않았다. 무엇 때문일까? 영화를 만드는 일과 동시에 내 안에서는 그런 수수께끼를 풀고 싶다는 마음이 소용돌이쳤다.

"감독은 고로 씨로 하려고 합니다."

내 말을 들은 미야는 소스라치게 놀란 것 같았다.

"그게 말이 된다고 생각해? 이봐, 머리가 어떻게 된 거 아닌가?"

반대하는 이유는 명확했다.

"그 녀석은 그림을 못 그려."

나는 그를 설득하기 위해 고로에게 그림을 한 장 그려달라고 했다. 주인공인 아렌과 용이 마주하는 장면이다. 미야가 좋아하는, 큰 것과 작은 것이 나란히 있는 구도다. 그런데 평범하게 그려낸다면 미야를 설득할 수 없다.

그런 그림을 그릴 때, 미야는 대부분 바로 옆이나 정면에서 올려다보는 각도로 그린다. 그렇다면 그가 그리지 않는 각도, 즉 대각선에서 본 시선으로 그리면 어떨까? 그렇게 말했더니 고로는 알겠다고 말하더니 매우 인상적인 그림을 완성해냈다.

그림을 본 미야의 입에서 신음소리가 흘러나왔다. 그리고 결국 고로가 감독을 맡는 것을 인정하게 되었다.

나는 미야에게도 『게드전기』의 세계를 그림 한 장으로 그려달라고 부탁했다. 그는 작품의 무대인 호트타운을 그려주었다. 게드와 아렌을 비롯한 주인공들이 항구의 높은 곳에서 하늘을 나는 용을 바라보는 장면이다. 미술 설정이 되는 결정적인 그림이었다.

그 두 장을 앞에 두고 나는 확신했다. 이제 영화를 만들 수 있다!

원작자 르 귄과의 만남

제작을 시작하고 얼마 지나지 않아 정식으로 허락을 얻기 위해 미국에 있는 르 귄의 자택으로 찾아가게 되었다. 고로가 감독을 맡게 되었다는 말은 하지 않은 상태였다. 허락을 얻기 위해서는 미야의 힘을 빌리는 수밖에 없었다. 그리하여 "영화화의 허락을 얻는 건 프로듀서의 일이잖나?"라고 말하는 미야를 설득해 같이 가기로 했다.

미국 오리건주 포틀랜드에 있는 르 귄의 집은 마치 성곽 같은 벽으로 둘러싸인 마을 안에 있었다. 르 귄과 아들인 테오의 환영 속에서 인사를 마치자마자 미야는 『게드전기』를 향한 뜨거운 마음을 털어놓기 시작했다.

"책을 한시도 곁에서 떼어놓은 적이 없습니다. 다른 영화를 만들다가 곤경에 처했을 때, 몇 번이나 다시 읽곤 했지요. 제가 만든 작품 모두 『게드전기』의 영향을 받았습니다. 따라서 이 작품을 영화로 만들 사람은 이 세상에 저밖에 없다고 생각합니다. 하지만 저도 이미 64세로, 이 작품을 만들기에는 너무 나이를 먹었습니다. 그런데 다행스럽게도 제 아들과 저희 스태프들이 이 작품을 꼭 만들고 싶다고 하더군요. 그들이 『게드전기』의 새로운 매력을 끌어낸다면 그것도 좋지 않겠습니까? 물론 대본은 제가 책임을 지겠습니다. 대본을 읽어보고 부족하다고 판단하면 즉시 그만두게 하겠습니다."

그의 이야기를 차분하게 들은 다음에 르 귄은 이렇게 대답했다.

"두 가지 질문이 있어요. 영화로 만들 때는 제3권이 중심이 된다고 들었어요. 제3권에 등장하는 건 이미 중년이 된 게드예요. 당신은 지금 본인이 늙었다고 말했는데, 오히려 지금의 당신에게 어울리는 주제가 아닌가요? 또 한 가지, 아들이 만드는 대본에 책임을 지겠다고 했는데, 그건 무슨 뜻이죠? 안 되겠다고 판단하면 그만두게 하겠다는 건 또 무슨 뜻인가요? 당신은 지금 영화화 허락을 받으러 온 게 아닌가요?"

분위기는 숨도 쉴 수 없을 만큼 무거워졌다. 미야는 나를 쳐다보며 당황한 얼굴로 물었다.

"내가 해서는 안 될 말이라도 했나?"

"이분은 지금 미야 씨가 이 영화의 프로듀서로서 책임을 지겠냐고 묻는 겁니다."

내가 귀엣말을 한 순간, 미야가 크게 소리쳤다.

"말도 안 돼! 한 영화에 부자가 나란히 이름을 올리다니, 그렇게 꼴사나운 짓은 할 수 없어!"

미국인은 그런 감각을 이해할 수 없다. 마음을 조이며 지켜보고 있었더니, 테오가 옆에서 도움의 손길을 내밀었다.

"오늘 밤에 같이 식사하시지 않겠습니까? 중요한 이야기는 그때 하시는 게 어떨까요?"

그날 저녁, 긴장된 마음으로 식사 자리에 참석했다. 분위기가 무르익자 테오가 르 권에게 "중요한 이야기가 있잖아요?"라고 재촉했다. 그녀는 잠시 침묵한 뒤, 미야의 손을 잡고 말했다.

"당신의 아들인 고로 씨에게 모든 걸 맡길게요."

미야는 감격한 나머지 눈물을 흘렸다. 그 순간만큼은 아버지의 얼굴이었다.

그 아버지에 그 아들

가까스로 허락을 받고 본격적으로 제작에 착수했다. 신인감독을 기용하는 이상 시나리오와 캐릭터, 미술 등 3대 요소는 프로듀서 쪽에서 어느 정도 준비해야 했다.

일단 시나리오는 니와 게이코의 힘을 빌리기로 했다. 실은 『게드 전기』 외에 점 찍었던 작품이 하나 더 있었는데 미야가 티베트 민화인 「개가 된 왕자」를 토대로 그린 『슈나의 여행』이란 그림책이다.

미술은 미야가 그려준 그림에 기본적인 요소가 전부 담겨 있으므로, 그것을 바탕으로 「모노노케 히메」와 「이웃집 야마다군」 등에서 미술감독을 역임한 다케시게 요지를 중심으로 진행했다.

이렇게 해서 기본적인 골격이 완성되었을 때, 고로가 물었다.

"다음에는 무엇을 하면 됩니까?"

고로도 영화의 제작 순서는 대강 알고 있었으리라. 그럼에도 일을 진행할 때마다 일일이 확인했다. 미야도 신작에 들어갈 때마다 "스즈키 씨, 영화는 어떻게 만드는 거였더라?"라고 묻곤 했다. 참 신기한 부자다.

나는 고로에게 그림 콘티를 그려보라고 권했다. 경험이 없는 그가 어디까지 할 수 있을지는 모른다. 하지만 감독을 하려면 그림은 직접 그리는 편이 좋다.

그는 여기서 예상치 못한 능력을 보여주었다. 거침없이 그림 콘티를 그린 것이다. 더구나 완성된 그림 콘티를 보니 완전히 '미야자키 애니메이션'이 아닌가.

"공부했나?"

깜짝 놀라서 물어봤더니, 그는 이렇게 대답했다.

"아버지는 항상 바빠서 집에 안 계셨거든요."

그는 어린 시절에 「미래소년 코난」부터 「바람계곡의 나우시카」, 「천공의 성 라퓨타」에 이르기까지 아버지가 만든 애니메이션을 수도 없이 보았고, 《아니메주》에 실린 아버지의 인터뷰를 수도 없이 읽었다고 한다. 그 결과, 고등학생 무렵부터는 아버지 작품의 장면 구성이나 컷 나누기가 전부 머릿속에 들어가게 되었다. 그래서 갑작스런 요구에도 그림 콘티를 완벽하게 그려낼 수 있었던 것이다.

그 말을 듣고 내 안에서 수수께끼가 풀렸다. 그가 왜 미술관 일을 맡았는지. 왜 「게드전기」의 기획에 참여했는지. 그리고 망설이면서도 감독 일을 거절하지 않았는지…….

본인이 의식했는지 의식하지 않았는지는 둘째 치고, 그는 계속 영화를 만들고 싶었던 것이다.

아버지에게는 없는 능력

솔직히 말하면 그림 콘티가 완성될 때까지는 마음속의 불안이 사라지지 않았다. 미야 감독의 후광에 대한 세상의 눈길은 차가웠고, 사내에서도 불만이 피어오르고 있었다.

그때 고로는 두 가지 능력을 보여주었다. 그중 하나가 그림 콘티였다. 그림 콘티의 완성도를 보고 사람들은 눈을 크게 떴다. 작화감독인 이나무라 다케시는 일부러 나를 찾아와 이렇게 말했을 정도였다.

"그림 콘티를 볼 때까지는 이번 작품이 영화가 되리라곤 생각하지 않았습니다. 하지만 그 정도 그림이라면 인정하지 않을 수 없겠더군요."

사내에서만이 아니다. 미야의 스승이자 애니메이터인 오쓰카 야스오는 "개구리 자식은 역시 개구리였군"이라고 감탄했고, 안노 히데아키는 "완전히 미야자키 애니메이션이군요. 왜 좀 더 일찍 감독을 시키지 않았습니까?"라고 말할 정도였다.

고로가 보여준 또 하나의 능력은 스태프를 하나로 모으는 통솔력이었다. 이것은 아버지인 미야에게 결코 없는 자질이다. 미야는 압도적인 재능으로 스태프를 지배하는 사람이다. 감독이기 이전에 애니메이터이기도 해서, 스태프가 그린 그림을 전부 직접 수정한다. 그리하여 미야자키 하야오밖에 만들 수 없는 영화가 완성되는 것은 분명하지만, 그와 함께 일하는 스태프는 정신적으로도 육체적으로도 피폐해진다.

반면에 고로는 세심한 배려를 통해 스태프의 마음을 사로잡았다.

작화가 시작되자 그는 금세 현장의 조직을 파악하고, 지시 계통을 정확하게 밟으면서 일을 처리해나갔다. 애니메이터가 그린 그림이 좋으면 확실하게 칭찬해주고, 문제가 있으면 명쾌하게 지시했다. 그 결과 스태프들은 모두 편안하게 일에 전념하면서 다른 때보다 더 힘을 발휘했다.

또한 매주 토요일에는 직접 음식을 만들어 모두에게 나눠주기도 했다. 덕분에 스태프는 지금까지 본 적이 없을 만큼 밝은 얼굴로 일을 하게 되었다. 그리고 얼마 지나지 않아 반발했던 베테랑 스태프들도 그를 감독으로 인정하게 되었다.

아들의 영화를 본 미야자키 하야오의 반응

완성된 영화는 고로가 맨 처음에 그린 그림 콘티와 조금 달라졌다. 특히 아렌이 여행을 떠나는 앞부분이 그러하다.

나는 고로의 콘티를 보고 나서 처음에 용이 서로를 잡아먹는 격렬한 장면으로 시작하는 게 어떻겠냐고 제안했다. 그런 다음에 아렌이 여행을 떠나는 장면을 가져오고 아버지를 죽이라고 말했다. 영화의 앞부분에 약간의 트릭이 필요하다는 게 내 판단이었다. 아렌은 국왕인 아버지를 죽이지 않으면 살 수 없고, 고로도 아버지에 대한 콤플렉스를 뿌리치지 않으면 세상에 나갈 수 없다. 그러기 위해서도 그 장면이 필요했다.

고로는 내 제안을 받아들였다. 그도 그 부분의 의미를 알고 있었다고 생각한다. 나중에 임상 심리학자인 가와이 하야오는 고로와의 대담에서 이렇게 말했다.

"미야자키 하야오라는 아버지가 계셔서 고로가 영화를 만들기는 힘들지 않을까 생각했습니다. 그런데 영화에서 아버지를 죽이는 장면을 보고 감동했습니다."

오이디푸스 콤플렉스Oedipus complex[31]는 고전적인 주제이지만, 나는 현대의 관객에게도 통하는 부분이 있다고 여겼다. 옛날 아이들은 부모의 눈이 닿지 않는 자신들만의 세계를 가지고 있고, 그곳에서 여러 가지를 배우며 자기 자신을 발견했다.

반면에 요즘 아이들은 과보호 속에서 성장하고 있다. 부모가 일거수일투족을 감시하는 것이다. 때로는 어른이 되어도 그런 상황이 계속된다. 아이에게는 괴로운 시대다. 이른바 '자기 찾기'가 유행하고 마음속에 어둠이 생기는 배경에는 그런 문제가 존재하는 게 아닐까? '감시에서 도망쳐서 자유로워지고 싶다. 나 자신을 찾고 싶다.' 「게드전기」는 그런 아이들에게 하나의 길을 제시하는 영화가 될 수 있다고 생각했다.

영화의 초반에 나오는 게드와 아렌이 함께 여행하는 장면은 긴장감 넘치는 좋은 장면이다. 마치 공자와 제자들의 대화 같은 느낌으로, 영화가 완성된 후에 전체를 둘의 여행과 대화만으로 구성해도 좋지 않았을까라는 생각이 들었을 정도였다.

그런데 후반부는 내 이미지와 미묘하게 달랐다. 전반부가 문제없이 진행되는 것을 보고 마음을 놓은 탓이다. 고로가 완성한 그림 콘

---

31 아들이 동성인 아버지에게는 적대적이지만 이성인 어머니에게는 호의적이며 무의식적으로 성적 애착을 가지는 복합 감정이다.

티를 봐달라고 했지만 나는 일부러 보지 않았다. 보면 참견하고 싶어질 것 같아서였는데, 나중에 크게 후회했다.

영화가 완성되고 첫 시사회 날, 상영 도중에 미야가 갑자기 일어나 밖으로 나가는 사건이 발생했다. 사람들은 이러쿵 저러쿵 나름대로 이유를 추측했지만 우습게도 그는 화장실에 갔을 뿐이다.

시사회가 끝난 다음에 미야는 혼잣말처럼 중얼거렸다.

"내가 만들었어도 내용은 이렇게 됐을 거야."

『슈나의 여행』을 원안으로 삼기는 했지만 완성도에는 미야 감독도 놀라워했다. 다만 그와 동시에 이렇게도 말했다.

"흉내를 내려면 원래를 알 수 없도록 해!"

아렌과 마법사인 거미가 싸우는 종반부의 액션 장면은 노골적으로 '미야자키 애니메이션'의 모방이었다. 그것을 감추려고 하지 않는 것에 미야는 조바심을 냈다.

물론 영화는 옛날 작품에 영향을 받는 법이고, 완벽한 오리지널은 있을 수 없다. 현대는 오히려 인용과 각색의 시대라고 할 수 있을 정도다. 미야도 옛날 만화나 영화에서 많은 영향을 받아 자신의 작품에 인용하고 있다. 그런데 단순히 인용만 해서는 안 된다. 옛날 작품을 충분히 이해한 뒤에 더 재미있는 장면, 더 손에 땀을 쥐게 하는 장면으로 완성하지 않으면 의미가 없다. 그는 그렇게 말하고 싶었던 것이다.

4장

감독 은퇴?
천재들의 대화

15 벼랑 위의 포뇨

― 토토로를 뛰어넘는 캐릭터를 만들자

「하울의 움직이는 성」을 끝낸 뒤 완전히 탈진한 미야를 보고 새로운 환경이 필요하다는 생각이 들었다. 그는 낯선 곳에서 에너지를 흡수해 새로운 작품을 만들어내는 사람이다. 고갈된 아이디어를 재충전하고 의지를 북돋아줄 수 있을 만한 일이 없을까라는 생각을 하고 있을 때, 피스윈즈 재팬Piece Winds Japan이라는 NGO 단체에서 한 가지 제안을 받았다.

"도모노우라에 오지 않겠습니까?"

피스윈즈 재팬은 이라크처럼 분쟁이 발생한 지역이나 동일본대지진 같은 재해를 당한 지역에서 인도적 지원을 해주는 단체다. 창설자인 오니시 겐스케와 지브리의 해외사업부에서 일하는 다케다 미키코가 대학 동창이라 그동안 친하게 지내왔는데, 그 피스윈즈 재팬의 거점이 세토 내해內海에 있는 도모노우라였다.

도모노우라는 옛날부터 해운의 요충지이자 사카모토 료마[32]의 이로하마루 사건[33] 무대로도 알려져 있는 아름다운 항구 도시다. 과거에는 크게 번성했지만 지금은 완전히 쇠퇴했다. 어떻게든 그곳이 다시 사람들의 시선을 받도록 만들고 싶었던 오니시가 지브리를 찾아 이렇게 제안했다.

"미야자키 감독님께서 도모노우라를 배경으로 영화를 만들어주시지 않겠습니까?"

하지만 영화를 만들려면 수백 명의 스태프가 필요하다. 그들을 전부 도모노우라로 데려가서 영화를 만드는 것은 도저히 불가능하다. 그때 문득 한 가지 생각이 떠올랐다.

"작품을 만들기는 힘들지만 지브리는 매년 워크숍을 가고 있네. 그 워크숍을 도모노우라로 가는 건 어떻겠나?"

"그것도 좋습니다. 꼭 한번 오십시오."

얼마 뒤 미야 감독을 비롯해 지브리의 직원들이 도모노우라로 워크숍을 떠났다. 2박 3일간의 워크숍을 마치고 도쿄로 돌아오자마자 미야는 "도모노우라가 참 좋더군. 그곳에 잠시 체류할 수 없겠나?"라고 내게 물었다. 그는 예전부터 시골에 살아보고 싶다는 바람을 가지

---

32 1835~1867. 일본의 근대화를 이끈 에도시대의 인물.

33 1867년 4월, 료마가 탄 이로하마루라는 배가 세토 내해에서 기슈번의 배와 충돌하여 배상금을 둘러싸고 대립한 사건.

고 있었다.

마침 도모노우라에서 들른 곳 중에 지역 유지의 별채가 있었는데 지금은 아무도 살지 않는다고 했다. 그래서 그곳에 체류할 수 없을까 물어보았더니, 오니시가 그렇게 할 수 있도록 중재해주었다.

이듬해 봄부터 두 달간 미야는 그곳에서 살게 되었다. 매일 산책하고 바다를 바라보면서 그림을 그리고 직접 밥을 지어 먹었다. 아침에 일어나 밤에 잘 때까지 똑같은 일만 하는 단조로운 생활이 이어졌다.

이번 작품의 목표는 캐릭터다

그러던 어느 날, 미야는 마을 변두리에 있는 헌책방에 들렀다가 재미있는 책 한 권을 찾아냈다. 나쓰메 소세키[34]의 『문』이었다. 주인공은 벼랑 밑의 작은 셋집에서 아내와 남동생과 같이 사는 노나카 소스케라는 남자였다. 소설을 읽는 사이에 그의 머릿속에 새로운 기획이 떠올랐다고 한다.

미야가 어떻게 지내는지 보기 위해 도모노우라에 갔을 때, 그는 나를 보자마자 황급히 말했다.

---

34 일본의 소설가 겸 영문학자. 일본의 근대소설을 확립함.

"스즈키 씨, 기획이 생각났네. 제목은 '벼랑 밑의 소스케'야."

"그래요? 괜찮은데요?"

잠시 이야기를 나누는 사이에 그가 "역시 밑보다는 위가 좋겠군"이라고 해서, '벼랑 위의 소스케'라는 가제목이 완성되었다.

그는 도쿄로 돌아오자마자 본격적으로 제작 준비에 착수했다. 이번에는 평소에 일하던 아틀리에가 아니라 지브리 미술관의 전시물을 만들기 위한 시설인 일명 '초가집'에서 작업을 시작했다.

도모노우라에서 바다를 바라보며 한 기획답게 '이번 주인공은 바다에서 온다'는 것이 정해졌다. 그런 다음에는 토토로를 뛰어넘는 캐릭터를 만들고 싶다고 말했다. 그는 매 영화를 만들 때 반드시 목표를 정하는데, 이번에는 토토로를 뛰어넘는 캐릭터를 만드는 것이 그것이었다.

애니메이션 작가는 자신이 과거에 만든 캐릭터를 뛰어넘고 싶어 하는 법이다. 하지만 그것은 여간 어려운 일이 아니다. 월트 디즈니도 미키마우스를 뛰어넘는 캐릭터를 만들고 싶어 했지만 마지막 순간까지 이루지 못했다. 그래서 그가 토토로를 뛰어넘는 캐릭터를 만드는 것은 굉장히 어려운 일이라고 생각했다.

실제로 캐릭터를 만드는 일은 난항을 거듭했다. 그러는 사이에 우연히 눈에 들어온 물건이 있었다. 옛날에 아이들이 욕조 안에서 가지고 놀았던, 금붕어 물뿌리개처럼 생긴 장난감이었다. 그 모양을 토대로 그림을 그렸더니 굉장히 부드럽고 포동포동해서, 만지면 '포뇨'

라는 소리가 날 것 같은 캐릭터가 완성되었다. 그래서 '탱탱하다'라는 일본어 감탄사 '포뇨포뇨'를 본따 '포뇨'라고 이름을 붙이고 제목도 「벼랑 위의 포뇨」로 바꾸었다.

"어린이집을 만들고 싶네"

캐릭터가 정해졌으니 이제 스토리를 짤 차례다. 미야 감독의 영화는 늘 소녀와 소년이 등장하고, 만나자마자 서로를 좋아하게 된다. 그리고 이런저런 일들이 일어나는데, 이번에는 메인 무대를 어린이집으로 하기로 했다. 미야는 오래 전부터 어린이집 영화를 만들고 싶어 했다.

영화를 자세히 보면 알 수 있지만 초반에는 어린이집을 무대로 영화가 진행된다. 그런데 도중부터 상황이 바뀌면서 어린이집 이야기는 어딘가로 날아간다. 무엇 때문일까?

실은 미야가 그림 콘티를 그리기 시작했을 무렵, 아틀리에 옆에 간이 창고가 생긴다는 소문이 들렸다. 그러던 어느 날, 땅을 정비하는 것을 보고 미야가 허겁지겁 내 방을 찾아왔다.

"어린이집 영화를 만들려고 했는데, 이제는 진짜 어린이집을 만들고 싶네."

그의 표정은 매우 진지했다. 무슨 말인가 했더니 미야와 그의 부인이 자신의 손으로, 그것도 가능하면 아틀리에 근처에 어린이집을 만들려고 했던 것이다.

미야는 지금까지 영화를 만드는 한편, 계속 건물을 지었다. 「붉은 돼지」 때는 지브리의 제1스튜디오, 「센과 치히로의 행방불명」 때는 지브리 미술관, 그리고 이번에는 어린이집이다. 뜬금없다는 생각이 들었지만 아이가 있는 스태프들을 위해 아틀리에 옆의 땅을 사들여 어린이집을 짓기로 했다.

그러는 사이에 영화는 잠시 방치되었지만, 어린이집 건설 계획이 궤도에 오른 것을 보고 미야는 안도의 한숨을 내쉬었다. 그런데 그림 콘티 작업으로 돌아왔을 때 문제가 발생했다. 어린이집 영화를 만들려고 했는데, 진짜 어린이집을 만들게 되면서 마음속에 있던 어린이집 이야기가 흩어져버린 것이다.

자, 이제 어떻게 할까? 어린이집 장면을 이제 와서 없는 것으로 할 수는 없다. 결국 포뇨가 해일을 타고 소스케를 만나러 오는 장면으로 이어졌다.

그림 콘티와 작화를 동시에 진행하는 그의 작품에서는 그런 일이 종종 발생한다. 어떻게든 스토리를 짜내려고 노력한 결과, "용케 그런 걸 생각해냈군" 하는 기상천외한 이야기가 태어나는 것이다. 짜맞추기의 천재라고나 할까? 언제든 원하는 대로 방향을 바꿀 수 있는 사람으로, 늘 있는 일이지만 그때마다 감탄사가 절로 나온다.

미야에게 돌아가신 어머니란……

스토리가 순조롭게 진행된다고 마음을 놓은 순간, 또 한 가지 문제가 발생했다. 미야가 별안간 이렇게 말한 것이다.

"스즈키 씨, 나는 분명히 일흔셋에 죽을 거야. 어머니가 그랬으니까……. 죽으면 저세상에서 어머니를 만나겠지. 그때 어머니께 뭐라고 해야 할까?"

농담이 아니라 진지하게 그렇게 생각하는 사람이다. 당시 미야 감독의 나이는 66세. 어떻게 죽음을 맞이할지 미리 마음의 준비를 해두고 싶었을지도 모르겠다. 그런데 너무 깊이 생각한 나머지 슬럼프에 빠지고 말았다.

그에게 돌아가신 어머니의 존재는 굉장히 커서, 작품에서도 종종 모티브로 삼아 왔다. 「천공의 성 라퓨타」에 나오는 쉬타라는 소녀와 돌라라는 아주머니도 그러하다. 미야에게 그들은 둘 다 어머니였다. 쉬타가 나이를 먹으면 돌라가 된다는 것이 그의 생각이었다. 「벼랑 위의 포뇨」에 나오는 토키 할머니도 그 연장선에 있는 사람인데, 이번에는 그 토키 할머니가 문제가 되었다.

종반부에서 토키 할머니를 비롯해 해바라기 양로원 할머니들이 저세상 같은 곳으로 가는데, 최초의 그림 콘티에서는 그 장면이 길게 그려져 있었다.

본인이 저세상을 보고 싶어서 그렸겠지만, 영화의 균형을 생각하면 너무나 길다. 이래서는 도저히 안 될 것 같아서 나는 프로듀서로 서 중단을 요청했다.

"미야 씨, 이 장면이 중요하다는 건 알지만 그러면 소스케와 포뇨의 이야기가 날아갑니다. 그리고 이대로 가면 영화가 길어져서 개봉에 맞출 수 없습니다."

그는 그제야 정신을 차린 표정으로 "그렇군……"이라고 하더니 간결하게 줄여주었다. 가끔은 그대로 계속 그 장면을 그렸다면 어떤 영화가 되었을까? 더 재미있는 영화가 되지 않았을까? 그가 하고 싶어하는 일을 괜히 말렸을까 하는 생각이 들기도 한다.

작가에게 최초의 독자는 편집자인 것처럼, 영화감독에게 최초의 관객은 프로듀서다. 그림 콘티를 보면 감상을 말해야 하고, 방향성이 어긋난다고 판단하면 거침없이 의견을 말해야 한다. 물론 그것이 반드시 정답이라곤 할 수 없다. 「길」이란 작품으로 세계적인 영화감독의 반열에 오른 이탈리아의 페데리코 펠리니 Federico Fellini 감독은 정말로 자기 마음대로 만들지 않는가. 그로 인해 때로는 관객의 외면을 받는 일도 있고, 굉장한 작품이 나오는 일도 있다. 그것을 '상식'이란 말로 말려도 되는가? 지금도 고민스러운 부분이다.

나는 항상 미야에게 상식을 말한다. 「벼랑 위의 포뇨」에서도 라스트 신에서 고민하는 그에게 "보통 바다에서 오면 바다로 돌아가지 않나요?"라고 말했다. 그러자 그는 "아니야, 돌려보내지 않겠어"라고 말하더니 그런 엔딩을 만들었다.

크게 히트한 주제가의 뒤에서

「벼랑 위의 포뇨」에 관해서 말할 때 빼놓을 수 없는 것이 있다. 바로 주제가다. 미야는 처음부터 이번에는 노래가 필요하다고 말했다. 「이웃집 토토로」의 주제가 「산책」처럼 먼 훗날까지 많은 사람들이 부르는 노래를 만들고 싶다는 것이다.

그래서 히사이시와도 이른 단계에서 협의를 했다. 나중에 들은 얘기지만 「벼랑 위의 포뇨」라는 제목을 들은 순간, 히사이시는 그 자리에서 멜로디가 떠올랐다고 한다.

미야 감독이 생각한 노래는 아빠와 아이가 욕조 안에서 같이 흥얼거릴 수 있는 곡이었다. 그래서 작화감독인 콘도 가쓰야에게 가사를 맡기기로 했다. 그에게는 어린이집에 다니는 후키라는 딸이 있는데, 미야도 굉장히 귀여워했다. 그러면 이번 작품에 맞는 가사를 쓸 수 있지 않을까 했는데, 예상한 대로 좋은 가사가 나왔다. 히사이시의 멜로디와도 잘 어울려서 멋진 노래가 탄생했다.

문제는 '누가 부르느냐?'였다. 그때 내가 떠올린 사람은 후지마키 나오야였다. 광고회사인 하쿠호도의 직원이자 지브리 영화 제작위원회 멤버인 후지마키는 학창시절에 '마리쨩즈'라는 밴드 활동을 했는데, 「벼랑 위의 포뇨」를 만들 무렵에 예전의 동료인 후지오카 다카아키와 같이 '후지오카후지마키'라는 그룹을 만들어 음악 활동을 재개했다. 더구나 딸이 둘 있는 딸바보이기도 했다.

당장 후지마키를 스튜디오로 오라고 해서 노래를 들어보았다. 미야에게는 비밀로 했는데, 기척을 느끼고 뒤를 보았더니 어느새 뒤에 서있었다. 더구나 얼굴에는 가벼운 미소조차 없었다.

"스즈키 씨, 지금 뭐 하는 건가?"

"그냥 어떤 느낌인지 확인해보려고요……."

적당히 얼버무렸지만 그는 진심으로 화를 냈다.

"장난도 정도껏 하게!"

그런데 스피커에서 흘러나오는 후지마키의 노래를 듣는 사이에 그의 표정이 달라졌다.

"어? 후지마키 씨, 의외로 좋은데? 괜찮을 것 같아."

미야 감독만 설득하면 된다고 여겼는데, 이번에는 그것으로 끝나지 않았다. 히사이시에게 "후지마키 씨로 하려고 합니다"라고 말한 순간, 안색이 달라진 것이다. 하지만 나에 대한 배려 때문인지, 직접적으로 이의를 제기하지는 않았다.

노래를 녹음하는 날, 후지마키는 여느 때처럼 편안한 모습으로 노래를 불렀다. 히사이시는 처음에 잠자코 듣고 있었다. 그런데 1절이 끝난 순간, 갑자기 일어서서 밖으로 나가더니 그대로 돌아오지 않았다. 할 수 없이 우리끼리 녹음해서 노래를 완성했다.

그 사건 이후 왠지 히사이시를 만나기 거북했는데, 「벼랑 위의 포뇨」 주제가 발표회 때에는 만나지 않을 수 없었다. 더구나 그 자리에서 후지오카후지마키가 라이브로 노래를 부르게 되어 있었다. 발표

260

회에 참석한 히사이시는 나를 봐도 한마디도 하지 않았다. 정말로 화가 난 것이다.

이거 큰일이군……. 하지만 프로듀서로서 이번 발표회를 성공시키지 않으면 안 된다. 그래서 머리를 짜낸 것이 후지마키를 긴장시키는 작전이었다. 후지마키는 누구 앞에서도 주눅 들지 않는데, 그로 인해 무례하고 버릇없게 보이는 경우가 있다. 기자들이 모두 모인 중요한 발표회에서 그렇게 행동하면 모든 것이 엉망이 되어버린다.

나는 후지마키를 보고 말했다.

"화장실에 다녀왔나? 무대에 섰을 때 화장실에 가고 싶어지면 큰일이니까 미리 다녀오는 게 좋지 않겠어?"

"그렇겠네요."

그는 그렇게 말하고 화장실에 다녀왔다. 잠시 후, 나는 다시 똑같이 말했다. 그것을 세 번 반복하는 사이에 그의 얼굴에 긴장감이 감돌기 시작했다. 이렇게 되면 성공이다.

실제로 무대에 올라갔을 때의 모습은 평소와 달랐다. 진지한 모습으로 노래를 부른 것이다. 그 모습을 보고 모두 감동했다. 가장 감동을 받은 사람은 히사이시였다. 발표회가 끝난 다음에 히사이시는 나에게 이렇게 말했다.

"스즈키 씨가 그 사람을 선택한 이유를 오늘에야 알았습니다."

그런데 처음에는 노래 CD가 전혀 팔리지 않았다. CD를 만든 야마하의 요청으로 영화를 개봉하기 6개월 전에 발매했는데, 초판 3만 장

중 6개월 동안 팔린 것은 겨우 3천 장에 불과했다. 마음이 급해진 야마하의 담당자가 앨범을 홍보하겠다고 말했는데, 나는 일부러 막았다. 개봉이 코앞으로 다가왔을 때, 과거에 유례를 찾아볼 수 없을 만큼 압도적으로 광고하려고 했기 때문이다.

GRP~Gross Rating Point~라는, 광고 노출량을 측정하는 지수가 있다. 음악의 최고치는 어느 정도인지 조사했더니, 대강 2천 GRP 정도였다. 그것을 1만 GRP까지 가져가면 어떻게 되는지 실험해보고 싶은 마음도 있었다.

실제로 홍보를 시작했더니 놀라운 결과가 나타났다. 6개월 동안 3천 장밖에 팔리지 않았던 CD가 매일 1만 장씩 팔려나가더니 급기야 50만 장을 뛰어넘었다. CD가 팔리지 않는 시대임을 감안하면 엄청난 사건이었다. 그보다 더 굉장했던 것은 인터넷 다운로드였다. 당시에 유행하던 휴대폰 컬러링으로 날개 돋친 듯 팔려서 최종 다운로드 수는 495만을 기록했다.

하지만 여전히 영화의 흥행을 걱정하는 관계자가 많았다.

"노래가 많이 팔리는 건 좋은 일이지만 그건 어디까지나 어린아이용이야. 어른에게는 어떻게 어필할 거지?"

하지만 나는 노래가 히트하면 영화도 성공하리라고 생각하며 예고편도 노래를 중심으로 만들었다. 이윽고 가는 곳곳마다 '♪ 포뇨, 포뇨, 포뇨'라는 노래가 들리게 되었고 나는 영화의 히트를 확신했다.

나의 예상대로 개봉 직후부터 「벼랑 위의 포뇨」는 엄청난 관객 수를 기록했다. 하지만 나는 진정한 승부는 오봉[35]부터라고 생각했다. 그때 영화를 본 관객들의 입소문을 통해 더욱 관객이 늘어나리라고 판단한 것이다. 막상 뚜껑을 열어보니, 초반의 기세는 무서울 정도였다. 8월까지의 관객 수는 「센과 치히로의 행방불명」에도 뒤지지 않던 것이다.

미야자키 하야오에게는 '시드는' 재능이 없다?

지금 다시 보아도 「벼랑 위의 포뇨」의 첫 부분은 굉장하다. 그것을 전부 손으로 그렸다고 생각하면 눈앞이 아득해질 정도다.

영화감독에게는 두 가지 유형이 있다. 나이에 맞게 잘 시드는 사람과 시들지 않고 그대로 돌진하는 사람이다. 미야자키 하야오는 시들고 싶어 하는 타입이다. 그런데 시드는 재능이 없다고 할까, 그림을 그리기 시작하면 결국 힘이 넘치는 작품을 만든다.

「벼랑 위의 포뇨」에서도 미야는 파도를 거의 혼자 그렸다. 파도의 새로운 표현에 집착한 것이다. 애초에 지금 일본 애니메이터의 파도 그리는 방법은 「미래소년 코난」에서 그가 개발한 것이다. 그것이 널

---

35 매년 양력 8월 15일을 중심으로 지내는 일본의 최대 명절.

리 퍼져나간 지 수십 년이 지나 새로운 파도를 만들기로 결심하다니 정말 대단한 사람이다.

미야 감독에게는 「벼랑 위의 포뇨」라는 작품을 통해 애니메이션을 다시 아이들의 손에 되돌려주고 싶다는 마음이 있었다. 그런 면에서는 분명히 성공이다. 하지만 그 파도를 보고 "이것은 정말로 어린아이를 위한 것일까?"라고 생각한 것도 사실이다. 그 파도에서는 일종의 광기가 느껴졌기 때문이다.

그 이후 동일본대지진이 발생했을 때, 사람들은 「벼랑 위의 포뇨」의 예견 능력을 놀라워했다. 미야의 영화를 보면 극 중에서 있었던 일이 실제로 일어나는 경우가 종종 있다.

그에게는 염세주의적인 면이 있어서, 영고성쇠榮枯盛衰가 있으면 '영'과 '성'을 보고 '고'와 '쇠'를 상상하는 사람이다. 그래서 영화 안에서도 그런 모습을 그린다. 일본이 거품 경제로 들떠 있었을 때도 그는 줄곧 대량소비사회를 비판해왔다. 냉정하게 보면 인생이란 영원한 '영', 영원한 '고'가 없다. '영'이 지나면 반드시 '고'가 오게 되어 있다. 따라서 그의 영화가 현실이 되는 것은 우연이기도 하고 필연이기도 하다.

「벼랑 위의 포뇨」라는 작품이 그에게 어떤 의미가 있는지는 잘 모르겠다. "포뇨의 속편을 만들고 싶다"라고 불쑥 말한 적이 있기 때문이다. 나는 그 말을 잘라버리듯 「바람이 분다」로 나아갔지만……. 프로듀서는 역시 업보가 많은 직업이다.

16 마루 밑 아리에티
— 감독 중심주의에서 기획 중심주의로

「마루 밑 아리에티」와는 별도로 꼭 해보고 싶은 기획이 있었다.

내가 좋아하는 미국의 아동문학작가 중에 코닉스버그Elaine Lobl Ko-nigsburg라는 여성작가가 있다. 『내 친구가 마녀래요』, 『거짓말쟁이와 모나리자』라는 작품으로 널리 알려져 있지만 내가 가장 좋아하는 작품은 『클로디아의 비밀』이다. 클로디아라는 소녀가 남동생 제이미를 데리고 가출해, 뉴욕의 메트로폴리탄 미술관에 숨어 살기 시작한다. 이윽고 두 사람은 미켈란젤로가 만들었다고 추정되는 조각상의 수수께끼를 풀기 위해 모험에 나선다는 이야기인데, 무대가 미술관이라는 점이 내 마음을 사로잡았다.

"언젠가 『클로디아의 비밀』을 영화로 만듭시다."

미야는 좀처럼 다른 사람의 기획에 찬성하지 않는 사람이다. 누군가 괜찮아 보이는 기획을 가져오면 보란 듯이 새로운 기획을 가져온다. 더구나 "이 책이라면 아무도 안 읽었겠지?"라는 작품을 찾아온다. 그중 하나가 영국의 아동문학가인 메리 노턴_{Mary Norton}의 『마루 밑의 작은 사람들』이었다.

"뭐야? 이런 책도 안 읽었어?"

그는 이렇게 말하며 함박 웃음을 지었다. 나는 마음속으로 가벼운 한숨을 쉬며 그 책으로 기획을 만들기 시작했다.

미야의 경영계획

그와 동시에 지브리에서는 대규모 신입사원 채용 계획을 세웠다. 애니메이션 회사는 계속 작품을 만들지 않으면 직원들에게 월급을 줄 수 없다. 따라서 우수한 애니메이터가 없으면 회사가 굴러가지 않는다.

"우수한 선배가 있는 곳에 두세 명이 들어오니까 짓눌리는 거야. 이번에 대규모로 선발하면 어떨까? 열 명 단위가 되면 동기들끼리 결속력도 생겨서 힘을 낼 수 있지 않겠나?"

미야는 그중에서 한 명이라도 우수한 사람이 나오기를 바랐다. 재능 있는 한 명이 애니메이션 스튜디오를 완전히 바꾸는 일도 있기 때문이다.

신입사원 모집 공고가 나가자 많은 사람이 응모했다. 그렇게 첫 번째 지브리의 대규모 신입사원 채용에는 여성 스무 명, 남성 두 명이

선발되었다.

　문제는 신입사원을 연수할 장소였다. 선배가 없는 곳에서 격리하는 게 어떻겠냐는 이야기가 나온 순간, 미야가 갑자기 나고야가 좋겠다고 말했다. 영화 프로모션으로 전국을 돌아다닐 때, "지금 일본에서 기운이 넘치는 곳은 나고야뿐입니다"라는 내 말을 기억하고 있었던 모양이다.

　나는 한 가지 계획을 짜냈다. 나고야는 일본을 대표하는 기업인 토요타 자동차의 본거지다. 그 공장 안에 '서쪽 지브리'를 만들어달라고 해서, 신입사원을 모아두고 연수를 하면 어떨까? 망설이다 토요타 자동차에 문의했더니 흔쾌히 본사 안에 공간을 마련해주었다.

　신입사원 연수를 시작한 것은 2009년이었다. 이듬해에도 다시 열 명을 채용해서 서쪽 지브리의 신입사원은 모두 서른두 명이 되었다. 연수라곤 하지만 계속 그림만 그려서는 아무 소용이 없어서, 미야 감독의 아이디어로 지브리 미술관용 단편영화를 만들기로 했다. 원작은 나카가와 리에코의 그림책 『보물찾기』였다.

마로의 이름을 듣고 동요하다

　그러는 사이에 「마루 밑 아리에티」의 감독을 정할 시기가 되었다. 미야는 자신이 처음 아이디어를 냈다는 것을 잊었는지 내게 이렇게 물었다.

"스즈키 씨, 회사 책임자로서 감독은 어떻게 할 생각이지?"

그때 문득 마로라는 애칭을 가진 요네바야시 히로마사가 떠올랐다. 그림 실력으론 지브리에서 1, 2위를 다투는 애니메이터다.

영화는 감독 한 사람으론 만들 수 없다. 미야 감독에게 마로는 본인 작품을 만들 때 대단히 중요한 스태프였다. 특히 「벼랑 위의 포뇨」는 마로가 없었으면 만들 수 없었다고 해도 과언이 아니다.

"마로는 어떨까요?"

다음 순간, 미야의 얼굴에는 동요하는 표정이 역력했다. 목소리에도 힘이 없어졌다.

"어, 언제부터 그런 생각을 했나?"

"2, 3년쯤 됐을 겁니다……."

"알겠네. 그럼 당장 오라고 하게."

마로가 얼굴을 내밀자 미야는 다짜고짜 말했다.

"마로, 다음 작품은 자네가 감독을 하게!"

마로 쪽에서 보면 청천벽력이 아닐 수 없다. 더구나 마로는 신중한 성격이라서 곧바로 대답하지 않았다. 그런데 성질이 급한 미야와 내가 대답을 독촉했다.

"지금 당장 대답하게."

잠시 후에 마로는 겨우 무거운 입을 열었다.

"영화는 사상이나 주장이 없으면 만들 수 없잖습니까? 저에게는 그런 게 없습니다."

말이 끝나기도 전에 미야와 나는 동시에 책상 위의 원작을 들어올리며 소리쳤다.

"그건 이 안에 쓰여 있어!

"아무튼 읽어보겠습니다."

2주쯤 지났을까? 다행히 마로에게 "하겠습니다"라는 대답이 돌아왔다. 이번에는 미야를 설득할 차례다.

"마로가 하기로 했습니다. 그런데 지금까지 지브리는 미야 씨든 다카하타 씨든, 감독 중심으로 작업을 해왔잖습니까? 반면에 이번에는 기획 중심이고, 더구나 마로에게는 감독 데뷔작입니다. 시나리오까지는 이쪽에서 마무리해서 주어야 할 것 같습니다."

"알고 있어. 내가 해줄게."

미야가 1차 시나리오를 완성하고 최종 정리는 「바다가 들린다」와 「게드전기」에 이어서 니와 게이코가 맡기로 했다.

《아니메주》편집부에 있던 시절, 그녀는 내 밑에서 일한 적이 있었다. 어느 날, 「그녀가 죽었다」의 시나리오 작가인 잇시키 노부유키가 나를 만나기 위해 편집부에 왔다가 그녀를 보고 눈을 크게 떴다.

"너, 여기서 일해?"

두 사람은 쇼치쿠의 시나리오 연수소에 다닐 때 동기였다고 한다. 그때 그녀는 '천재 소녀'라고 불렸는데 어느 날 홀연히 모습을 감추었다고. 어쩐지 잡지 원고가 굉장히 좋았다. 항상 멍한 표정을 짓고 있었지만, 그녀가 쓴 글을 보면 감탄사가 절로 나왔다.

시나리오는 미야가 여러 아이디어를 말하면서 화이트보드에 쓰면, 나와 니와 게이코가 정리하는 형태로 진행했다.

미야는 처음에 전체의 상자를 만들어두고, 그 상자에 자세한 부분을 메워나가는 방식으론 일할 수 없는 사람이다. 순서대로 하나하나 자세한 부분을 만들어나가는 것이다. 세부 설정은 전체에 영향을 주어서 다음 날 세부를 바꾸면 전체가 달라질 수밖에 없는데, 그는 태연한 얼굴로 하루에 세 번씩 디테일을 바꾸기도 한다. 그로 인해 지금까지 수많은 시나리오 작가들이 항복하고 장렬하게 전사했다.

그런데 게이코는 달랐다. 그녀는 미야가 전날 말한 내용을 정리한 뒤 다음 날 그에게 "이 부분의 앞뒤가 맞지 않아요"라고 말한다. 그러면 미야는 "거기는 이미 바꿨으니까 괜찮아"라고 대답한다. 그의 머릿속에는 이미 다른 생각이 있기 때문이다. 그녀는 그의 새로운 아이디어를 듣고 다음 날 다시 시나리오를 써서 가져온다. 그러면 그는 이튿날 아무렇지도 않게 이야기를 바꾼다.

이런 경우 대부분의 시나리오 작가는 미야에게 "큰 줄거리부터 만들어주세요. 이런 식으로 매번 고치는 건 곤란해요"라고 항의했다가 마찰이 발생한다. 반면에 게이코는 그런 요구를 하지 않았다. 그런 상황이 계속되면서 슬슬 걱정이 되기 시작했다.

"미야 씨 말이 계속 바뀌는데, 자네는 괜찮나?"

"괜찮아요. 천재의 사고 과정인걸요. 재미있어요."

얼마 후에 도중까지 완성된 시나리오를 읽어보고, 미야는 감탄사를 연발했다.

"스즈키 씨, 시나리오가 아주 좋아."

난항을 거듭한 그림 콘티

한편 마로는 캐릭터를 그리거나 미술을 준비하기 시작했다. 그런 경우에 미야는 손으로도 참견하고 입으로도 참견한다. 그림을 그리고 있으면 곧장 보러 가서 이래라저래라 지적하는 것이다. 그 말을 듣고 있으면 감독은 혼란에 빠지고 작업도 정체된다.

지금까지 같이 일한 젊은 감독 중에는 미야와 다른 캐릭터를 그리려고 하다가 시행착오에 빠진 채 앞으로 나아가지 못한 경우가 종종 있었다. 그런데 마로는 그런 문제를 너무도 간단히 해결했다. 옥신각신할 것을 예상하고 처음부터 미야의 캐릭터로 선택한 것이다.

"캐릭터는 이걸로 갈 건가?"

그렇게 물어보자 그는 확실하게 대답했다.

"네, 시간이 없으니까요."

미술도 그러했다. 마로는 고집을 부리지 않고, 미야가 그린 집의 설계도를 "고맙게 사용하겠습니다"라고 말하며 그대로 받아들였다. 외모에서 풍기는 이미지와 달리 굉장히 현실적인 사람이란 사실을

271

그때 처음 알았다.

이윽고 「마루 밑 아리에티」 준비실에는 마로를 도와주기 위해 선배들이 속속 모여들었다. 그림을 잘 그리는 애니메이터 중에는 사람들과 잘 어울리지 못하고 붕 뜨는 사람이 많다. 독불장군에다 인품에도 문제가 있어서, 사람들의 신뢰를 통해 모두를 통솔해나가는 일에 어울리지 않는 것이다. 그런데 마로는 선배들에게는 사랑을 받고 후배들에게는 신뢰를 받는 굉장한 재능을 가지고 있었다. 그리고 감독이 된 순간, 그 재능이 놀라운 힘을 발휘하게 되었다.

예상치 못한 능력을 몇 가지나 보여주었지만, 그림 콘티는 난항을 거듭했다. 시나리오를 바탕으로 어떤 식으로 화면을 구성하고 어떤 템포로 영화를 만들지는 전부 그림 콘티로 정해진다. 지금까지 지브리에서는 다카하타 이사오와 미야자키 하야오 이외에 그림 콘티를 직접 그린 감독이 거의 없었다.

"그림 콘티는 어떡할 건가?"

마로에게 물어보았더니 그는 딱 부러지게 대답했다.

"제가 직접 그리겠습니다."

그 말을 들은 미야는 의외로 호탕하게 수락했다.

"그래, 자네는 역시 남자야. 나는 손도 발도 대지 않겠네."

그 말을 진심으로 받아들이면 나중에 엄청난 일을 당할 것이 뻔해서, 나는 근처에 아파트를 빌려 마로를 격려했다.

문제는 그다음 날 발생했다. 미야가 "마로는 어디 갔지?"라고 여기저기 찾으러 다닌 것이다. 그는 마로의 행방을 알 만한 스태프를 한 사람씩 불러서 캐물었다. 하지만 다들 말해주지 않았다. 내가 어디에 있는지 절대로 말하지 말라고 단단히 입막음을 해두었기 때문이다.

그런데 마로의 은신처에 가서 앞부분의 그림 콘티를 본 순간, 나는 경악해서 입을 다물 수 없었다. 쇼우가 할머니와 차를 타고 저택에 도착하기까지 한 부분도 생략하지 않고, 어디에서 커브를 도는 것까지 꼼꼼히 그려져 있었던 것이다. 이럴 수가. 이것은 영화가 아니다. 나는 머리를 껴안고 고민에 빠졌다.

"마로, 영화는 필요한 포인트만을 그려야 해서, 시간을 훔치지 않으면 안 돼."

"네⋯⋯."

마로는 그 말을 끝으로 침묵했다.

지금까지 굉장한 능력을 보여줬는데 역시 안 되는 걸까? 나는 불안을 껴안은 채 이튿날 또 얼굴을 내밀었다. 그런데 그림 콘티가 몰라볼 만큼 좋아진 게 아닌가.

"굉장해! 왜 처음부터 이렇게 그리지 않았지?"

"헤헤헤."

그는 개구쟁이처럼 웃을 따름이었다. 그런데 다음 장면에서는 또 원래의 고지식한 방법으로 돌아왔다. 두 번째는 나도 화가 나서 고함을 질렀다.

"이 장면에서는 여기와 여기만 그리면 되잖아!"

그런데 다음 날 가면 또 완벽하게 수정되어 있었다. 이런 과정을 매 장면마다 계속 반복했다.

"마로, 왜 처음부터 이렇게 그리지 않지?"

그러자 그는 조용히 고백했다.

"버릇입니다……."

원화를 담당했던 시절, 캐릭터의 연기를 그려서 가져가면 미야에게 매번 이러쿵저러쿵 지적을 받다보니 모든 상황을 자세히 그리는 습관이 생겼다는 것이다. 나는 그 말을 듣고 커다란 충격을 받았다.

"그러니까 내가 지적할 때를 대비해 전부 그렸다는 건가?"

"그렇습니다."

이럴 때는 감탄해야 할까, 아연해야 할까.

"이제 그렇게 하지 않아도 되니까 처음부터 자네가 그리고 싶은 대로 그리게."

옛날의 지브리가 돌아왔다

러시 프린트를 볼 때가 되었다. 완성된 영상을 확인하는 것이다. 그런데 최초의 러시 프린트를 본 순간, 배경 그림이 조금 아쉬웠다. 하지만 마로는 아무 말도 하지 않았다.

"어떻게 좀 안 되겠나?"

내가 그렇게 말했더니, 젊은 스태프를 도와주고 있던 오가 가즈오가 물었다.

"레벨을 바꾸라는 거지요?"

다시 말해, 작업량이 많아지는데 괜찮겠냐는 뜻이다. 나는 고개를 끄덕였다.

두 번째 러시 프린트에서는 놀라울 만큼 배경 그림이 좋아졌다. 저택의 정원을 옆으로 쭉 촬영하는 장면을 「하울의 움직이는 성」 등에서 미술감독을 역임했던 다케시게 요지가 그려주었는데, 그림 자체는 크게 손대지 않으면서도 느낌이 완전히 달라졌다. 관객의 눈이 어떻게 움직일지 계산해서 포인트가 될 장소에 역점을 둔 것이다.

"다케 씨, 역시 다르군."

다케시게는 쑥스러운 미소를 지었다.

아직 스태프가 정해지지 않았지만, 다케의 능력을 확인한 이상 망설일 이유가 없었다. 나는 그에게 미술감독을 맡아달라고 했다.

러시 프린트 상영에는 다른 때보다 사람들이 더 많이 모였다. 그런데 마로는 러시 프린트를 보고도 의견을 말하지 않았다. 지금까지는 미야나 다카하타의 판단에 모든 걸 맡겨왔는데, 이번에는 어떻게 정해야 할까? 결국 메인 스태프들끼리 이야기를 하기로 했는데, 그때 마로가 놀라운 말을 했다.

"저는 보지 않아도 됩니다."

그 한마디에 그 자리에 있던 모든 사람들이 얼어붙었다.

그림 콘티까지 완성했으니 이제 자신이 할 일은 캐릭터에 연기를 입히는 것뿐이다. 어떤 색을 칠할지는 컬러 담당자에게, 배경 그림과 균형은 미술감독에게 맡기고 싶다. 자신은 지금까지 애니메이터로 일해서 색이나 미술에 관해서는 잘 모른다. 따라서 러시 프린트도 보지 않아도 된다. 이것이 마로의 생각이었다.

"마로, 이 작품의 감독은 자네잖아?"

옆에 있던 다케시게가 이렇게 말하며 쓴웃음을 지었지만, 자기 일의 범위를 정하면 그 일은 확실하게 하고 그 밖의 일은 다른 사람에게 맡기는 것이 마로의 방식이었다. 그야말로 철저한 현실주의가 아닐 수 없다. 평소에는 실없는 사람처럼 헤실헤실 웃고 있지만 역할 분담에 관해서는 모호한 점이 털끝만큼도 없다. 할 수 없는 일은 할 수 없다고 말하고 모르는 것은 모른다고 말한다.

영화를 한 편 만들고 나면 현장 스태프들은 몸도 마음도 피폐해지지만, 마로가 감독일 때는 모두 마지막까지 밝고 건강하게 일했다. 그것도 그의 특별한 능력이다.

러시 프린트를 보면서 모두 고개를 끄덕였지만 한 가지 마음에 걸리는 점이 있었다. 역시 미야의 반응이었다. 그는 자신의 말처럼 마로의 영화에 일절 관계하지 않았고, 러시 프린트도 보지 않았다.

그리고 맞이한 첫 시사회 날. 영화는 무사히 끝나고 '끝'이라는 자막이 나왔다. 보통은 그 순간에 손뼉을 치지만 이번에는 아무도 입을 열지 않았다. 다들 미야가 무슨 말을 할지 눈치를 본 것이다. 그때 그가 천천히 일어나서 손뼉을 치기 시작했다. 그리고 조용히 말했다.

"완벽해. 마로, 잘했네."

의심할 여지가 없는 완벽한 칭찬이었다. 미야 감독 기준에 맞는 첫 신인감독이 탄생한 순간이다.

언론에서는 "옛날의 지브리가 돌아왔다!"라고 찬사를 보냈고, 관객은 연일 초만원이었다. 아마 신선한 느낌 덕분이리라. 반대로 말하면 「바람계곡의 나우시카」로부터 26년이 흐르면서 지브리도 나이를 먹었다는 뜻일지도 모르겠다.

"요네바야시 감독은 대단해! 그의 영화에는 마법이 있더군. 마법이 있느냐 없느냐, 영화는 그게 전부지. 그는 그걸 가지고 있어."

픽사[36]의 존 라세터John Alan Lasseter 감독도 뜨겁게 칭찬해주었다. 마로에게 그 말을 전했더니 환한 웃음을 지었다.

반면에 미야의 심정은 매우 복잡했으리라. 유능한 젊은 감독이 탄생한 반면, 오른팔이라고 할 수 있는 중요한 스태프를 한 명 잃은 것이니까. 그가 장편 애니메이션에서 은퇴하기로 마음먹은 복선은 이것이 아니었을까?

영화를 개봉한 뒤, 스미다강의 가옥형 배에서 성대하게 뒤풀이를 했다. 당일에는 마로의 부인도 참석했다. 부인은 지브리의 직원이었

---

36 미국에 있는 컴퓨터 애니메이션 영화 스튜디오.

던 사람으로, 그때까지 차분히 이야기할 기회가 없어서 위로 겸 감사의 인사를 전했다.

"이번에 마로가 아주 열심히 해주었어. 정말 고마워."

그러자 그녀는 나를 보며 정색하고 말했다.

"다시는 남편에게 감독을 시키지 말아주세요. 덕분에 저희 집은 엉망이 됐어요."

마로는 아무 말도 하지 않았지만, 그동안 아침부터 밤까지 일에 파묻혀 지내느라 집안에서는 많은 일들이 있었던 모양이다. 안타깝게도 그의 감독 작품은 이번이 마지막인가……. 그러던 어느 날, 그가 먼저 말을 꺼냈다.

"다시 한번 감독을 하고 싶습니다."

마로가 자기 의사를 확실하게 표현하는 것은 매우 드문 일이다.

"왜?"

"아직 남겨놓은 일이 있습니다."

원래 말수가 적은 사람이다. 나도 그 이상 쓸데없는 질문은 하지 않았다. 그것이 다음 작품인 「추억의 마니」로 이어졌다. 「마루 밑 아리에티」 때와 가장 달라진 점은 마로가 감독으로서 현장 전체를 보게 되었다는 것이다. 그리고 「추억의 마니」를 만드는 과정에서 마로는 다시 진화한다.

17 코쿠리코 언덕에서

− 앞을 향해 나아갔던 시대를 그린 청춘 영화

「벼랑 위의 포뇨」의 개봉이 일단락된 2008년 가을, 미야 감독이 계획표 하나를 가져왔다.

"스즈키 씨, 앞으로는 경영계획이 필요해."

그가 내민 문서에는 '앞으로의 3년'이라는 제목이 손글씨로 쓰여 있었다. 그에 따르면 「마루 밑 아리에티」를 만들면서 지브리 미술관용 단편인 「쥐들의 씨름」과 「보물찾기」를 제작하고, 2011년에는 중편 영화를 한 편 개봉한다. 그리고 그곳에서 키운 젊은 스태프를 투입해 대작에 착수한다. 그야말로 장대한 계획이었다.

그 무렵 「게드전기」를 마치고 미술관 일로 돌아갔던 고로가 "영화를 만들고 싶다"고 말하며 기획을 검토하기 시작했다. 그와 이야기하던 도중에 나온 것이 내가 예전부터 영화로 만들고 싶어 했던 코닉스버그의 작품이었다. 『클로디아의 비밀』과 『나와 조지』, 『자콘다 부인의 초상』이 후보에 오르면서 기획을 추진했지만, 여러 사정으로 기획은 암초에 부딪쳤다.

그래서 예전부터 미야가 제안했던 린드그렌의 작품인 『산적의 딸 로냐』는 어떻겠냐고 고로를 설득했다. 고로도 그것을 받아들여 동유럽으로 로케이션 헌팅을 가는 등 구체적인 준비 작업에 착수했다. 그런데 중편으로 만들기에는 어려운 소재라서 이것도 역시 제작이 중단되었다.

제한 시간이 다가오는 가운데, 미야가 별안간 소리쳤다.

"그래, '코쿠리코'야!"

때는 20년 전으로 거슬러 올라간다. 신슈의 오두막에서 여름휴가를 보낼 때, 미야는 조카딸이 놓고 간 소녀만화 잡지를 보았는데 그때 눈에 들어온 것이「귀를 기울이면」과「코쿠리코 언덕에서」였다.

"21세기에 접어들면서 세상은 더욱 이상해졌네. 왜 사회가 이렇게 엉망이 되었을까? 일본이라는 사회가 뒤틀리기 시작한 계기는 고도경제성장과 1964년의 도쿄 올림픽이 아닐까? 영화의 시대 배경을 그때로 정하면 많은 의문을 제기할 수 있지 않겠나?"

미야의 말을 듣고 나도 모르게 고개를 끄덕였다. 고도성장의 결과, 생활은 풍요로워졌지만 그 이후 거품 경제가 무너졌다. 잃어버린 10년을 거치면서 미래가 눈에 보이지 않는다. 사회 전체가 어둠으로 뒤덮여 있다는 느낌이 드는 것이다.

기획의 방향이 보인 순간, 그가 내 얼굴을 쳐다보면서 물었다.

"도쿄 올림픽 때 스즈키 씨는 몇 살이었지?"

"열여섯 살, 고등학교 1학년이었습니다."

"그럼 이건 스즈키 씨 영화야."

덕분에 시나리오를 쓰는 동안, 나는 계속 미야의 취재에 시달려야 했다. 영화의 배경인 1963년은 그가 도에이동화에 취직한 해다. 주인공인 고등학생들과 나이대가 다르다. 당시 중고등학생들이 세상을 어떻게 보고 무엇을 느꼈는지, 깊숙한 곳까지는 잘 모른다.

"그래서 스즈키 씨의 힘이 필요해."

나는 그에게 고등학교 시절의 이야기를 해주었다.

어린 마음에도 1960년대는 밝은 시대였다. 전쟁이 끝난 뒤, 아무것도 없는 폐허에서 일어나 고도경제성장이 시작되었다. 실제로는 가난했지만 경제가 계속 성장하면서 세상의 분위기는 좋아졌다. 우리 앞에는 환하게 빛나는 밝은 미래가 기다리고 있다. 거리에는 그런 분위기가 흘러넘쳤다.

'소득 2배 증가 계획'이라는 말도 똑똑히 기억하고 있다. 경제적으로 풍요로워졌을 뿐만 아니라 과학의 진보가 모든 문제를 해결하고 사람들을 행복하게 만든다고 믿어 의심치 않았다. 「우주소년 아톰」을 만든 데즈카 오사무의 영향이었을지도 모르겠지만, 우리는 어렸을 때부터 모터를 만지작거리고 트렌지스터 라디오를 만들기도 했다.

당시 우리 집은 장사를 해서 짐을 운반하는 차가 있었는데, 나는 초등학교 5학년 때부터 운전을 했다. 길거리에서 경찰관을 만나도

"조심해라"라고 말할 뿐이었다. 믿지 못하는 분도 있겠지만 그때는 그런 시대였다.

주변에 있는 것은 온통 플러스뿐이었다. 마이너스인 부분도 있었겠지만 앞을 향해 정신없이 나아갈 때 사람은 과거를 돌아보지 않는다. 따라서 나쁜 부분은 아무것도 보이지 않는다. 그런데 막상 눈앞으로 다가온 미래는 어떠했는가? 분명히 물질적으로는 풍요로워졌다. 하지만 그 속에서 많은 사람들이 삶의 방식에 고민하고 마음의 문제를 가지게 된 것도 사실이다. 그것이 지금 일본의 현실이다. 그렇다면 그것이 시작된 시대를 그리는 데에 의미가 있을 것이다. 미야와 대화를 나누면서 나는 그렇게 생각했다.

청춘을 이야기하자

감독 중심주의로 일해온 지브리가 기획 중심주의로 일해서 성공한 작품이 「마루 밑 아리에티」였다. 기획에서 시나리오까지는 프로듀서 쪽에서 만들고, 그것을 젊은 감독에게 제공해서 그림을 그리게 한다. 「코쿠리코 언덕에서」도 그 방식을 채택하기로 했다. 미야와 내가 기획을 정리하고, 시나리오는 「마루 밑 아리에티」에 이어서 니와 게이코에게 맡기기로 했다.

시나리오에서 미야가 고집한 것은 두 가지였다. 하나는 학생운동을 담을 것, 또 하나는 도쿠마루 이사장이라는 캐릭터였다. 도쿠마루 이사장의 모델은 도쿠마쇼텐의 창업자인 도쿠마 야스요시 사장이었다. 세상에선 찬사와 비난을 모두 받는 인물이지만, 지브리를 만들고 미야자키 하야오를 세상에 내놓은 후원자임은 틀림없는 사실이다. 실제로 즈시카이세이학원의 교장과 이사장을 역임한 적도 있어서, 고난학원 이사장의 모델로 낙점되었다. 미야 나름대로 도쿠마 사장에 대한 감사와 추모의 마음을 담은 것이리라.

완성된 시나리오를 고로에게 주었더니 처음부터 고개를 갸웃거렸다.

"저희 세대는 온통 이해할 수 없는 것뿐이군요."

그가 태어나기 전의 이야기니까 어쩔 수 없으리라. 나는 미야에게 해준 말을 다시 그에게 해주었다. 그리고 당시에 유행했던 닛카쓰의 청춘영화를 몇 편 보여주었다. 닛카쓰 청춘영화의 주인공들은 그저 밝기만 한 것이 아니다. 청춘의 고민을 가지고 있으면서도 밝게 살아가려고 노력한다. 문제가 발생해도 피하기보다 최선을 다해 부딪히고 극복해나간다. 이는 「코쿠리코 언덕에서」의 주제와도 겹치는 부분이다.

그래서 나는 영화 안에 시대를 상징하는 노래를 넣고 싶었다. 내가 단박에 떠올린 노래는 「위를 보고 걷자」였다. 「위를 보고 걷자」는 유명한 가수이자 배우인 사카모토 규가 부른 명곡이다. 특히 2011년은 「위를 보고 걷자」가 발표된 지 50주년이 되는 해라서 타이밍도 좋았다. 작곡가인 나카무라 하치다이의 아드님에게도 허락을 얻어서 삽

입곡으로 사용할 수 있게 되었다.

여기까지 마치고 나자 가슴이 벅차올랐다. 이번 여름, 지브리와 고로가 '부모와 자식, 2세대에 걸친 청춘'을 그린다!

미야자키 고로, 고뇌에 빠지다

아버지가 만든 시나리오와 프로듀서에게 들은 경험담, 그리고 오래된 청춘영화를 산더미처럼 보면서 자신이 모르는 시대를 그려야 했으니 고로에게는 분명히 힘든 작업이었으리라.

하지만 그는 그 일을 멋지게 해냈다. 이 영화에서 고로가 보여준 것은 사물을 객관적으로 포착하는 힘이었다. 그리고 「게드전기」 때와 마찬가지로 통솔력을 발휘했다. 고로와 같이 일하면 스태프들의 얼굴이 모두 밝다. 이것은 감독으로서 굉장히 중요한 능력이다.

몇 가지 문제는 있었지만 제작은 순조롭게 진행되었다. 그런데 막바지에 들어간 2011년 3월, 동일본대지진이 발생했다. 핵발전 사고의 영향으로 계획 정전이 실시되면서 현장을 어떻게 해야 할지 정해야 했다. 고로는 일단 사흘간 쉬는 게 어떻겠냐고 제안했다. 제작 일정을 감안하면 빡빡하긴 하지만 당시 상황으로는 어쩔 수 없다고 판단했다.

또 한 가지 큰 사건이 있었다. 가와카미 노부오[37]의 등장이다. 2010년 12월, 내가 진행하는 라디오 프로그램인 '지브리 땀투성이'에 그가 게스트로 출연했다. 지금 시대를 두근거리게 만드는 IT 벤처기업가라는 말을 듣고, 솔직히 말해 좋은 이미지가 아니었다. 그런데 구멍이 숭숭 뚫린 너덜너덜한 청바지 차림으로 나타나더니, 어떤 분야에도 진심으로 대답하는 게 아닌가? 더구나 생방송 도중에 뜬금없이 "지브리에서 일하게 해주십시오"라고 말했다. "이 사람은 진심이군"라고 생각해서 다음 날 곧바로 그를 받아들일 계획을 세우기 시작했다.

그는 지금까지 영화를 거의 보지 않았다고 한다. 그래서 모처럼 영화사에 왔으니까 영화 만들기의 전 과정을 체험하게 해주고 싶어서 내가 하는 일을 같이 하기로 했다. 직책은 '수습 프로듀서'였다.

일단 「코쿠리코 언덕에서」의 시나리오를 읽으라고 하고 감상을 들었다. 다음에는 그림 콘티를 읽으라고 하고 감상을 들었다. 애니메틱스animatics[38]를 보여주고 또 감상을 들었다. 그러자 그때마다 하는 말이 달라졌다. 가장 놀란 사람은 그 자신이었다.

"최초의 인상과 180도 다릅니다!"

---

37 IT 기업인 ㈜드왕고의 대표이사. 일본 최대의 동영상 사이트인 니코니코동화도 운영하고 있다.
38 스토리보드의 그림들을 실제 시간에 맞게 편집하여 영상화한 것.

나는 그에게 설명했다.

"그게 영화라네. 시나리오의 단계에선 대부분 이치로 읽히지만, 영상으로 바뀌는 사이에 정보의 질이 달라지지. 영화라는 건 결국 그림이야."

그가 지브리에 다닌 지 얼마 되지 않아서 미야가 나를 호출했다. 가와카미의 자리가 있는 프로듀서실은 미야가 일하다 한숨 돌리기 위해 차를 마시고 이야기를 하는 곳이었다.

"스즈키 씨, 그 사람은 누구지?"

나는 구체적인 설명은 그만두고 한마디로 대답했다.

"은둔형 외톨이입니다."

"아아, 일하고 싶지 않나 보군. 충분히 이해할 수 있어……."

그날을 계기로 두 사람은 가끔씩 대화를 나누게 되었다.

가와카미가 본인의 회사에 가는 것은 일주일에 하루뿐이었다. 그날을 제외하고는 매일 지브리에 출근했다. 다른 사람에게는 콘텐츠 비즈니스를 배운다든지 마케팅 공부를 한다고 말했다는데, 속마음은 그렇지 않았다.

"세상에서 흔히 성공했다는 사람들을 만나보면 다들 행복해 보이지 않았습니다. 그런데 스즈키 씨는 매우 행복해 보이더군요. 그것이 이상했습니다."

호기심이 왕성한 사람이라서 그 이유를 알기 위해 왔던 것이다.

나도 겉으로는 지브리 작품의 인터넷 진출을 위해서라는 둥 이런

저런 이유를 둘러댔지만 사실은 가와카미 노부오라는 사람에게 관심이 있었다. 물론 영화 홍보에서는 니코니코동화가 크게 도와주었지만 그것은 어디까지나 결과론일 따름이다. 서로 계산적으로 접근한 게 아니다. 그 이후 현재에 이르기까지, 그와는 좋은 관계가 이어지고 있다.

그로부터 얼마나 지났을까? 미야가 이렇게 말한 적이 있었다.

"그 청년은 더 젊어졌더군."

실제로 가와카미는 인간적으로도, 경영자로도 달라졌다. 말수도 많아졌고 인상도 밝아졌다.

한편 오랫동안 지브리 작품 홍보에 관여해온 제작위원들도 가와카미의 등장에 자극을 받아 활기가 넘쳤다. 그런 것도 「코쿠리코 언덕에서」라는 영화가 초래한 효과가 아닐까?

판타지와 리얼리즘

「코쿠리코 언덕에서」의 흥행 수입은 44억 6천만 엔! 2011년 일본 영화 중 1위였다. 「마루 밑 아리에티」에는 미치지 못했지만 판타지 요소가 없는 작품을 350만 명이나 봐준 것이다. 지금까지 지브리 작품이 쌓아올린 실적과 팬들의 지지 덕분이라고 생각한다. 이런 작품을 거의 만들지 않게 된 일본에서, 작품을 제대로 만들면 보러 오는 사람이 있다는 사실을 확인한 것만으로도 기분이 좋았다.

실은 시나리오를 만드는 단계에서 미야에게 따진 적이 있었다.

"미야 씨, 이 작품에는 판타지 요소가 전혀 없잖습니까?"

"괜찮아."

그는 판타지 요소가 없는 작품에 관객이 얼마나 드는지 알고 싶었으리라. 어느 의미에서는 「바람이 분다」를 만들기 위한 도움닫기였을지도 모르겠다.

그는 지금까지 자신의 작품이든 다카하타의 작품이든, 흥행 성적에 신경을 쓴 적이 한 번도 없었다. 그런데 이때만은 "스즈키 씨, 어때?"라고 물었다. "관객이 이렇게 많이 들었습니다"라고 말했더니 만족스러운 표정을 지었다.

아들이 감독을 맡은 것에 관해서도 「게드전기」 때와는 반응이 달랐다. 시나리오를 만든 다음에는 현장에도 개입하지 않았다. 첫 시사회를 봤을 때도 우미가 계단에서 내려오는 장면을 비롯해 세심한 연기에는 불평을 했지만 전체적으로는 본인이 생각한 대로 되어서 만족한 듯했다.

각 방면의 평가도 좋았고, 「게드전기」 때처럼 '부모의 후광'이라고 고로를 비판하는 일도 거의 없었다. 그런 의미에서도 다행이라고 생각한다. 검토했던 기획이 잘 되지 않아서 아버지에게 시나리오를 받고 프로듀서에게 이런저런 이야기를 듣는 등, 고로 본인은 힘들었을지도 모르겠지만.

18 바람이 분다

미야 감독이 세운 3년 계획에 따라 「마루 밑 아리에티」와 「코쿠리코 언덕에서」를 만들고 신인 애니메이터도 육성했다. 드디어 미야 본인이 장편 영화 제작에 착수해야 할 때가 되었는데, 문제는 기획이었다. 사실 본인이 원래 하고 싶었던 작품은 「바람이 분다」가 아니라 「벼랑 위의 포뇨」의 속편이었다.

「벼랑 위의 포뇨」를 개봉한 직후, 미야에게 그토록 기다리던 첫 손자가 태어났다. 그 아이를 기쁘게 만들고 싶다는 마음이 있었던 것이리라. 하지만 지브리는 지금까지 속편을 만들지 않는다는 방침으로 일해왔기에, 그 점이 조금 마음에 걸렸다. 또 한 가지 마음에 걸렸던 것은 「벼랑 위의 포뇨」의 속편이 과연 어린아이를 기쁘게 만들 수 있을까 하는 점이었다.

실제로 「벼랑 위의 포뇨」를 상영한 극장에 물어보자 포뇨가 파도를 타고 등장하는 장면에서 울음을 터트리는 아이가 꽤 많았다고 한다. 역시 그 장면에는 일종의 광기가 있다. 어른이 보면 재미있지만 어린 아이가 보면 무서운 것이다.

그것은 「이웃집 토토로」에서도 마찬가지다. 토토로가 등장할 때 울음을 터트리는 아이가 있었다고 한다. 토토로의 존재 자체가 무서운 것이다. 그것을 극복하는 것이 대략 4, 5세 정도이고, 그보다 나이가 많으면 정신없이 빠져서 즐기게 된다.

그것은 우연한 결과가 아니다. 물론 어린아이를 위한 영화는 보고 난 후에 마음이 따뜻하고 다정해지는 편이 좋다. 하지만 세상에는 무서운 것도 있으므로 그런 것도 제대로 그려야 한다는 것이 미야 감독의 생각이다. 그리고 따뜻함과 함께 무서움도 제대로 표현한 작품이 「이웃집 토토로」였다.

미야는 원래 토토로에 관해 이런 망상을 가지고 있었다.

그 옛날, 이 세계에는 수많은 토토로족이 살았다. 그들은 인류와 싸우다 멸망했는데, 그중에 살아남은 자가 여러 시대에 등장한다. 중세라면 원령이고 에도시대에는 귀신이며 지금은 「이웃집 토토로」에 나오는 토토로다……

토토로는 그런 역사를 가지고 있는 존재다. 단지 귀엽기만 한 생물이 아니라 무서움도 가지고 있다. 어린아이는 본능적으로 그런 점을 받아들인 것이리라.

미야를 만나고 40년이 지난 지금, 내가 생각하는 그의 가장 큰 특징은 유아성이다. 그는 항상 어린아이처럼 자유자재로 망상을 팽창시킨다. 망상은 밝음뿐만 아니라 어두움도 포함하고 있다. 그것이 그의 매력이기도 하다.

그런 점에서 본다면 속편은 「벼랑 위의 포뇨」보다 오히려 「이웃집 토토로」가 맞는다고 생각했다. 한때는 실제로 「이웃집 토토로」의 속편을 검토해본 적이 있다. 커다란 태풍이 휘몰아치던 날 밤, 사츠키와 메이 가족에게 일어난 사건을 그리는 것이다. 상당히 좋은 이야기가 될 것 같았지만 가장 중요한 토토로가 나오지 않아서 좌절했다. 그 이후 번외편으로 「메이와 아기고양이 버스」를 만드는 것으로 마음을 달랬지만.

영화로 만들 생각은 털끝만큼도 없었다

「벼랑 위의 포뇨」의 속편 기획이 마음에 내키지 않았던 내가 역으로 제안한 기획이 「바람이 분다」였다.

원작은 미야가 모형잡지에 연재했던 만화로, 제로센[39] 설계자인 호리코시 지로의 이야기였다. 미야는 지금까지 영화를 만드는 틈틈

---

39 제2차 세계대전에서 활약한 일본의 함상전투기.

이 비행기나 전차 만화를 그려왔다. 어디까지나 취미이자 도락의 연장선이고, 영화로 만들 생각은 털끝만큼도 없었다.

나는 그곳에 눈독을 들였다. 그는 옛날부터 전투기나 전차 그림을 좋아해서, 아틀리에의 책장에는 전쟁에 관한 책이나 자료가 대량으로 쌓여 있고 병기에 관한 지식은 전문가도 무색할 정도였다. 반면에 사상적으로는 철저한 평화주의자이고, 젊은 시절에는 데모에 참가해서 "전쟁 반대!"를 외치기도 했다. 이것은 커다란 모순이 아닌가?

미야 감독보다 여덟 살이 적은 나는 전쟁이 끝나고 태어났는데, 당시 어린이 잡지에는 태평양전쟁의 가공 전투 이야기가 잔뜩 실려 있었다. 전차나 전투기 같은 그림이 만화영화에 등장하는 것도 예사였다. 전쟁이 끝나고 민주화가 진행되면서 수많은 사람들이 전쟁 반대를 부르짖는 한편, 사회의 내부에는 전쟁에 대한 관심이 뿌리 깊게 남아 있었던 것이다.

나는 전쟁에 대한 이런 상반된 감정을 해소할 수 있는 영화를 만든다면, 세상에 내놓는 의미가 있지 않을까 하고 생각했다. 그리고 그 연장선상에서 「바람이 분다」의 영화화를 제안했다.

미야는 결단이 빠른 사람이다. 지금까지 모든 기획이 3초 안에 결정될 정도였다. 하지만 이때는 생각에 잠겨 아무런 대답도 하지 않았다. 나 역시 그를 채근하지 않았다. 영화 주제에 관한 나의 진심을 그가 알아줄 것이라고 믿었기 때문이다. 그리고 내가 기획을 제안한 지 6개월이 지났을 무렵, 겨우 하겠다는 말이 돌아왔다.

환상의 충칭 폭격 장면

주인공은 순수하게 아름다운 비행기를 만들고 싶어 하는 청년인 지로다. 그런데 때는 바야흐로 1920년대. 불경기와 가난, 병, 대지진과 함께 전쟁의 발소리도 조금씩 다가오고 있었다. 비행기 만드는 직업을 가지면 필연적으로 군용기를 개발해야 한다. 비행기는 아름다운 꿈임과 동시에 사람을 죽이는 도구로도 사용된다. 지로의 마음속에서는 당연히 갈등이 태어난다. 그 치열한 상황 속에서 청년은 어떻게 살았는가. 주제는 그곳으로 귀결된다.

구체적으로 말하면 지로가 전투기를 개발하는 과정뿐만 아니라 그 전투기가 전쟁에서 무슨 일을 했는지 그려야 한다. 그가 만든 제로센의 최초 임무는 중국의 충칭을 폭격하는 일이었다. 스페인의 게르니카 폭격에 이은, 세계에서 가장 초기에 이루어진 무차별 폭격이다. 그때부터 전 세계에서 도시를 향한 무차별 폭격이 이루어지면서 현대에도 시민을 희생양으로 삼는 공중 폭격이 이어지고 있다. 그 시작이 충칭 폭격이고 제로센이었다. 그때까지 충칭 폭격을 제대로 그린 영화는 없었다. 그것을 그리는 일은 의의가 있고, 미야 감독은 자신이 해야 한다고 말했다.

그런데 그림 콘티를 그리면서 그 장면에 도착했을 때, 그는 격렬한 갈등에 휩싸이며 신음했다. 관객이 그 장면을 어떻게 받아들일까? 무차별 폭격으로 사람들이 무참하게 살해된 후에는 지로가 무슨 말을 해도 공감을 얻기 어려우리라.

한편 나는 중국의 반응이 걱정되었다. 그래서 이 영화의 제작자이기도 한 닛폰 TV의 우지이에 세이치로 회장에게 의논하러 갔다.

"어떻게 생각하십니까?"

솔직하게 물어보자 우지이에 회장은 강력하게 말했다.

"도시오 씨, 해야 하네."

그래서 나도 결심을 굳혔다. 우지이에 회장의 말은 미야에게 그대로 전했다.

'살아가세요'로 바뀐 대사

미야 감독의 내부에서는 또 한 가지 갈등이 있었다. 그림쟁이, 즉 기술자로서의 고민이었다. 제로센이 편대를 짜서 전쟁터로 날아가는 장면을 몇 장이나 그렸지만, 제대로 된 그림이 나오지 않았다. 다른 애니메이터를 불러와 부탁해보기도 했지만 만족할 만한 그림이 나오지 않았다. 고민에 휩싸여서 발버둥 친 결과, 그는 폭격 장면 자체를 없애기로 결단을 내렸다.

애초에 「바람이 분다」는 이상한 구조를 가지고 있다. 실제로 존재했던 호리코시 지로의 반생半生과 호리 다쓰오의 연애소설인 『바람이 분다』라는, 완전히 다른 이야기를 하나로 합친 것이다. 또한 처음에는 지로와 혼조의 우정을 그리려고 해서, 실제로 전반부는 그런 느낌이 강하게 배어나왔다. 그런데 그것은 도중에 페이드아웃되고, 후반부는 완전히 톤이 바뀌어 나호코의 병과 러브스토리가 중심이 되었다.

그리고 맞이한 라스트 신. 무참하게 파괴된 제로센의 잔해를 앞에 두고 지로는 우두커니 서 있는다. 그것이 미야가 도착한 대답이었다.

그림 콘티에서는 마지막에 나호코가 "여보, 오세요"라고 지로를 저 세상으로 데려가는 것으로 되어 있었다. 생각만 해도 가슴 아픈 장면이다. 그래서 미야 감독에게 의논했더니, 마지막 순간에 "여보, 오세요"가 "여보, 살아가세요"로 바뀌었다. 일본어로 한 글자를 추가함으로써 완전히 다른 뜻으로 바뀐 것이다.[40] 그 솜씨에는 입을 다물 수 없었다.

비행기구름

지금까지 미야 감독의 작품은 수많은 주제가로 채색되었다. 그런데 이번에는 일찌감치 본인 입으로 주제가는 없다고 말했다. 영화의 성격상 오락 요소를 줄이고 싶다는 마음은 충분히 이해할 수 있었다.

---

40 일본어로 'きて(오세요)'가 'いきて(살아가세요)'로 바뀜.

그런데 제작이 종반부에 들어간 2012년 연말, 나와 유밍이 공개 토크쇼를 하게 되었다. 그녀의 데뷔 40주년을 기념해서 만든 「일본의 사랑과, 유밍과」라는 베스트 앨범의 출시와 「마녀 배달부 키키」의 블루레이 디스크의 발매 타이밍이 우연히 겹친 것이다.

샘플 CD를 받아 출근하는 차 안에서 들었더니 마지막에 「비행기구름」이 흘러나왔다. 오랜만에 다시 들은 순간, 온몸에 소름이 돋았다. 가사의 내용 때문이었다. 젊은 나이에 세상을 떠난, 하늘을 동경했던 '그 애'가 비행기구름이 되어 하늘을 뛰어다닌다……. 앗, 이건 나호코가 아닌가!

들으면 들을수록 「바람이 분다」의 주제가라는 생각이 들었다. 그래서 토크쇼를 하기 전날에 미야에게도 들려주었다.

"미야 씨, 한번 들어보시겠습니까?"

내가 아이패드로 「비행기구름」을 틀어주자 그도 깜짝 놀란 표정을 지었다.

"이건 주제가잖아?"

다음 날 나는 일찌감치 토크쇼장에 가서 유밍을 기다린 뒤 넌지시 주제가 이야기를 꺼냈다.

"지금 지브리에서 만드는 영화가 있는데, 거기에 「비행기구름」을 사용할 수 있을까요?"

"와아, 소름 돋았어요. 영광이에요!"

그리하여 주제가는 그 자리에서 결정되었다.

당시 미야는 귀신에 홀린 듯한 심경이었다고 한다. 당연하다. 하루 사이에 주제가 정해졌으니까. 그는 스튜디오에 오자마자 "스즈키 씨, 벌써 말했어?"라고 물었다.

「마녀 배달부 키키」의 테마곡을 「루즈의 전언」과 「따스함에 둘러싸 인다면」으로 정한 계기도 회의하기 전날에 내가 우연히 유밍의 콘서트에 갔기 때문이었다. 영화를 만들다 보면 종종 이런 우연한 계기가 좋은 결과로 이어진다.

은퇴 발표, 그리고 철회

「바람이 분다」의 작업이 막바지에 접어들었을 무렵, 다카하타가 햇수로 8년에 걸쳐 만들어온 「가구야공주 이야기」도 끝이 보이기 시작했다. 「가구야공주 이야기」의 담당 프로듀서인 니시무라로부터 보고를 받고 다카하타를 만나러 갔다.

「바람이 분다」와 같은 날에 개봉하면 얼마나 좋을까? 그러면 「반딧불이의 묘」와 「이웃집 토토로」를 동시 상영한 지 25년 만에 역사적인 일이 벌어지는 것이다. 스승과 제자로서, 라이벌로서 오랫동안 일본의 애니메이션을 이끌어온 두 사람이 마지막이 될지도 모르는 작품으로 경연한다. 그렇게 되면 엄청난 화제를 불러일으킬 것임은 틀림없다.

같은 날 개봉 계획을 말하자 다카하타 감독은 오히려 반문했다.

"그런 식으로 작품을 부채질할 건가?"

나는 솔직하게 대답했다.

"그렇습니다."

많은 시간과 돈을 들여 만든 대작이니만큼 되도록 많은 사람들이 봐주었으면 하는 것은 인지상정이 아닌가. 하지만 다카하타는 그런 도발에 넘어가고 싶지 않다고 했다. 「가구야공주 이야기」는 그 후에도 제작이 지연되면서 같은 날 개봉은 포기할 수밖에 없었다.

「바람이 분다」는 흥행 수입 120억 엔을 올리고 2013년의 최고 히트작이 되었다. 그럼에도 불구하고 극장 개봉 수입만으로는 손익분기점에 도달하지 못했다. 다카하타와 미야가 진심으로 영화를 만들면 그 정도 제작비가 들게 된 것이다.

영화가 완성되자 미야는 은퇴를 발표하고 싶다고 말을 꺼냈다. 그리고 사원들을 모두 모아놓고 이렇게 말했다.

"이제 무리입니다."

그 이상은 아무 말도 하지 않았고 사람들도 묻지 않았다. 「바람계곡의 나우시카」로부터 29년, 미야는 자신이 가진 모든 힘을 지브리에 쏟아왔다. 나도 말릴 마음은 없었다.

하지만 곧바로 은퇴 기자회견을 하는 것은 반대했다. 영화 개봉 전에 발표하면 은퇴를 홍보로 이용하는 꼴이 되어버린다. 그것은 좋지 않다고 판단했다. 그래서 서두르는 그를 설득해서 개봉이 일단락되는 9월까지 기다려달라고 부탁했다.

그런데 시간이 지남에 따라 그의 은퇴 결심은 서서히 희미해졌다. 결국 기자회견 전날에는 장편에서의 은퇴로 바뀌었다. 단편은 계속 만든다는 것이다.

지금 돌이켜보면 그때의 내 판단은 안이했다. 그토록 오랫동안 함께했음에도 불구하고 그를 잘못 판단한 것이다. 입으로는 은퇴하겠다고 말했지만 마음 깊은 곳에 있는 진심은 다르다. 어딘가에서 그렇게 느꼈을 텐데 나도 모르게 냉정함을 잃어버렸다. 영화감독에게 은퇴는 없다는 사실을 알면서도 깜빡 속아넘어간 스스로에게 화가 날 정도였다⋯⋯.

19   추억의 마니
- 나는 관리자에 맞지 않는다

「바람이 분다」의 제작이 순조롭게 진행되던 어느 날, 「마루 밑 아리에티」를 연출했던 요네바야시 히로마사, 즉 마로가 내 방에 나타나서 이렇게 말했다.

"감독을 하고 싶습니다."

그 말을 듣고 깜짝 놀랐다.

「마루 밑 아리에티」가 끝난 다음, 마로와는 다음 작품에 관한 이야기를 일절 하지 않았다. 완성을 축하하는 뒤풀이 자리에서 그의 부인으로부터 "다시는 남편에게 감독을 시키지 말아주세요"라는 말을 들었기 때문이다. 그런데 그가 먼저 감독을 하고 싶다고 한다. 그 말을 듣고 나는 반사적으로 물었다.

"부인은 괜찮나?"

"네, 확실하게 얘기했습니다."

"하고 싶은 기획이라도 있나?"

"특별히 생각해둔 것은 없습니다."

"그렇군."

나는 그렇게 대답하면서 한편으로 미야 감독과 스튜디오의 미래에 관해 생각했다.

그 무렵, 미야는 은퇴를 결심하고 있었다. 그리고 「바람이 분다」와 「가구야공주 이야기」가 끝나면 잠시 제작을 쉬자고 말했다. 그의 마음은 이해할 수 있었고, 여러 면에서 신작 제작이 어려운 상황이라는 것도 분명했다. 나도 그의 의견에 반대할 생각은 없었다.

하지만 쉬는 것은 쉬운 일이 아니다. 지브리에는 정규직 스태프가 많이 있고, 그들이 갈 곳을 감안하면 갑자기 그만둘 수는 없었다. 회사를 정리정돈하기 위한 준비 기간이 필요한 것이다. 그러려면 영화를 한 편 만들면서 쉴 준비를 해야 한다는 생각이 들었다. 그런 와중에 마로가 감독을 하고 싶다고 나선 것이다.

"그럼 이걸 해보겠나?"

나는 그에게 책장에 있던 『추억의 마니』란 책을 내밀었다.

"혹시 이 책을 알고 있나?"

"아뇨, 처음 봅니다."

마로는 원래 책을 많이 읽는 사람이 아니다. 하지만 애니메이터로서의 능력은 놀라울 정도였다. 특히 소녀 그림은 마로보다 잘 그리는 사람이 없다. 그 점 하나만 따지면 미야도 이기지 못할 정도다.

"자네 특기는 소녀를 그리는 거잖나? 이 작품에는 소녀가 두 명 나오네. 자네에게는 딱 맞는 기획이 아닐까?"

그 말을 듣고 관심이 생겼는지 그는 "일단 읽어보겠습니다"라고 말하며 책을 가져나갔다.

「마루 밑 아리에티」 때는 책을 읽는 데 오래 걸려서 미야와 나를 애태우더니 이번에는 일주일도 되기 전에 다시 내 방에 나타났다.

"책 자체는 재미있었습니다. 그런데 애니메이션으로 만들기는 굉장히 어려울 것 같습니다."

"그럼 다른 기획으로 하겠나? 뭐가 좋을까?"

"잠시 생각하게 해주십시오."

마로에게는 "사랑스러운 소녀를 그릴 수 있다!"라는 말로 유혹했지만, 내가 이 원작을 선택한 데에는 나름대로 이유가 있었다. 첫째, 주인공인 안나와 마니의 관계를 둘러싼 스토리가 굉장히 재미있다는 점. 둘째, 1960년대의 영국 작품이면서도 현대의 일본 아이들이 껴안고 있는 문제와 그대로 이어진다는 점이었다.

지난 30년 사이에 영화의 주제는 인간의 외면에서 내면으로 옮겨가고, 영혼의 문제를 다룬 작품도 많이 나왔다. 「센과 치히로의 행방불명」이 크게 히트한 이유도 그곳에 있었다. 그런 면에서 볼 때, 원작이 가지고 있는 주제를 현대인이 가지고 있는 자아의 문제로 제대로 그려내면 많은 사람들이 봐주지 않을까라는 생각이 들었다.

그러려면 가장 중요한 것은 시나리오다. 이번 작품의 시나리오를 맡길 사람은 니와 게이코밖에 없다. 그렇게 생각한 이유 역시 두 가지였다.

첫째, 그녀는 요즘 세상에 보기 드문 타입의 작가다. 최근에는 소설가뿐만 아니라 시나리오 작가도 '자기 표현'을 중요하게 여기는 사람이 늘고 있다. 하지만 그녀는 그렇지 않다. 본인이 하고 싶은 말보다 원작의 내용을 살리면서 어떻게 하면 영화를 재미있게 만들 수 있을지 장인 정신을 가지고 추구한다.

"이번 원작은 평범하게 생각하면 영상으로 만들기 힘들어. 마로도 그렇게 말하더군. 하지만 영화는 역시 그림이니까 어떻게 하면 잘될지 생각해주게."

"주제는 무엇으로 할까요?"

"그건 자네가 생각해봐."

농담처럼 말했지만 그것이야말로 그녀에게 시나리오를 부탁한 또 하나의 이유였다. 그녀 자신이 자아 문제로 고민한 제1세대인 것이다.

그녀는 지금까지 '자아'에 부딪히면서 나름대로 극복해왔다. 그런 경험을 살린다면 안나의 심정을 이해하고 그것을 객관적으로 바라보면서 시나리오를 만들 수 있지 않을까?

"원작의 골격 자체가 요즘 사람들이 잘 받아들일 수 있는 주제를 내포하고 있잖아? 두 소녀의 캐릭터 차이를 보여줄 수 있으면 그것만으로 재미있을 거야."

실제로 제1고를 보고 입을 다물 수 없었다. 무겁고 어려운 주제를 완전히 밝은 분위기로 바꾼 것이다. 좋은 시나리오 덕분에 이 작품에 대한 기대감이 높아지게 되었다.

최종 판단은 현장에 맡긴다

드디어 「추억의 마니」 제작이 시작되었다. 지금까지 지브리 작품은 대부분 내가 프로듀서를 맡았는데, 지브리의 미래를 위해서라면 젊은 사람에게 양보하는 것도 좋겠다는 생각이 들었다. 그래서 「가구야공주 이야기」에서 열심히 일해준 니시무라에게 「추억의 마니」의 프로듀서를 해보지 않겠냐고 말했다. 니시무라는 지난 8년간 모든 청춘을 「가구야공주 이야기」에 바친 사람이다. 아직 「가구야공주 이야기」가 완전히 마무리된 것은 아니지만 「추억의 마니」의 시나리오는 이미 완성되었고, 이번 작품은 그렇게 오래 걸리지 않을 거라고 말했더니 안도한 얼굴로 하겠다고 대답했다.

그리하여 스태프 구성이나 제작 현장 관리, 홍보에 이르기까지 프로듀서가 할 일은 전부 니시무라에게 맡기기로 했다. 단, 작품의 핵심인 작화감독과 미술감독만은 내가 정하기로 했다.

일단 작화감독에는 안도 마사시를 기용했다. 안도는 원래 지브리에서 키운 애니메이터이고, 「모노노케 히메」와 「센과 치히로의 행방불명」에서 작화감독으로 크게 활약한 사람이다. 그 이후 지브리를 떠나 여러 현장을 돌아다녔는데, 그때 「가구야공주 이야기」의 스태프로서 다시 지브리 스튜디오에 다니고 있었다.

작화감독으로서의 능력은 더할 나위가 없지만 한 가지 걸리는 점이 있었다. 마로보다 선배라는 점이다. 나는 마로에게 솔직하게 물어보았다.

"안도는 어떤가?"

"안도 선배가 맡아준다면 마음 든든합니다."

그런 다음에 안도에게 물어보았더니, 바로 원작을 읽어보고 하겠다는 대답이 돌아왔다. 그런데 한 가지 희망사항이 있다고 한다. 자신이 이해한 다음에 그림을 그리고 싶으니까 시나리오이나 그림 콘티에도 관여하고 싶다는 것이었다. 그것은 마로와 협의해보겠다고 하고 일단 작업에 들어가기로 했다.

미술감독은 다네다 요헤이에게 부탁했다. 다네다는 예전부터 실사 미술 분야에서 높은 평가를 받은 사람이다. 그가 참여해준다면 애니메이션 미술에 새로운 느낌을 안겨줄지도 모른다. 그렇게 생각하고 부탁하자 그도 흔쾌히 참여하겠다고 했다.

시나리오는 니와 게이코, 그림의 중심에는 안도 마사시와 다네다 요헤이를 맞이했다. 이만한 멤버가 갖춰지면 걱정할 것이 없다. 나머지는 젊은 세대가 어떤 작품을 만들어낼지 조금 위쪽에서 지켜보자고 다짐했다. 그런 뒤 직책도 프로듀서에서 GM General Manager으로 바꾸었다. 마침 그 무렵, 전 프로야구 감독이자 해설자인 오치아이 히로미쓰가 주니치 드래건스의 감독에서 물러나 GM에 취임했는데 그걸 보고 영감을 얻은 것이다.

그런데 이 영화에서 내가 GM으로 물러난 것이 좋았는지 나빴는지는 미묘한 문제다. 올라오는 그림 콘티를 보았더니 내가 생각했던 것과 방향이 조금 달랐다. 구체적으로 말하면 시나리오 제1고에 비해 눈에 띄게 대사가 늘어난 것이다. 깜짝 놀라 니시무라에게 "왜 이렇게 대사가 늘어났지?"라고 물었더니, 안도의 제안으로 원작을 더 많이 반영하는 쪽으로 바꾸었다고 한다.

이건 내 추측이지만, 안도는 캐릭터의 연기에 정당성을 부여하고 싶었던 게 아닐까? 그는 '정확하게 그리는 것'에 집착하는 타입의 애니메이터다. 데생과 움직임도, 연기도, 앞뒤가 맞지 않는 것은 받아들이지 않는다. 그런 면이 이번에는 그림만이 아니라 스토리에도 영향을 미쳤다.

영화에서 사건을 그릴 때는 두 가지 방식이 있다. 하나는 그림을 보면서 따라가면 어쩐지 알 수 있다는 방식이고, 또 하나는 대사로 확실하게 설명해야 한다는 방식이다. 마로와 안도 사이에서 그런 충돌이 일어나고 있는 듯했다. 안 그래도 감독과 애니메이터의 관계는 어려운 법이다. 미야와 안도가 같이 일할 때에도 눈에 보이지 않는 긴장감이 공기까지 얼어붙게 만들곤 했다.

현장에 맡긴 이상 어설프게 참견하는 건 좋지 않을 것 같아서 참았는데, 최종 완성 원고를 보니 대사가 최초의 두 배 가까이 되었다. 내가 프로듀서라면 마로에게 직접 의견을 말하겠지만, 이번에는 프로듀서인 니시무라에게 의견을 말하기로 했다.

"원작의 요소를 더 강하게 보여주고 싶은 마음은 이해해. 그런데 과연 그게 옳은 일일까? 그로 인해 영화의 중요한 부분을 놓쳐버리는 건 아닌가?"

내 의견을 솔직하게 말한 다음에, 나머지는 니시무라의 판단에 맡기기로 했다.

음악도 마찬가지였다. 그때까지 지브리에서는 히사이시 조와 손을 잡고 대규모 오케스트라의 무게 있는 음악을 사용해왔다. 일본의 영화음악에서 본격적으로 오케스트라를 사용한 것은 「바람계곡의 나우시카」가 처음이 아닐까? 그 이전에는 조금 가벼운 음악이 많았던 것이 사실이다. 나는 영화음악도 이제 시대에 맞추어 바꾸는 게 좋지 않을까 하고 생각했다. 그래서 마로에게 이렇게 제안했다.

"이번에는 과감하게 기타 하나로 하는 게 어떻겠나?"

주인공은 소녀 둘에 다루는 소재도 섬세하다. 그렇다면 음악도 너무 장엄하지 않는 편이 좋지 않을까? 극단적으로 말하면 기타 하나만 사용하는 것이다. 그곳에 뭔가 추가한다면 피아노 정도가 좋으리라.

내가 구체적으로 떠올린 작품은 프랑스 영화인 「금지된 장난」이었다. 그 영화의 배경 음악은 스페인 기타리스트인 나르시소 예페스Narciso Yepes의 기타 연주였다. 그 음원을 그대로 사용하면 어떨까?

그런데 마로는 "기타라면 「알함브라 궁전의 추억」은 어떤가요?"라

307

고 말했다. 나도 기타를 조금 치기 때문에 "흐음, 알함브라라······. 트레몰로_{tremolo}[41]군"이라고 말했지만 내가 상상했던 그림과는 전혀 달라 머뭇거리며 대화를 끝냈다.

'어느 면에서 보면 안나와 마니의 관계는 금지된 장난이 아닐까? 음악을 이용해서 그런 면을 부각시키면 지금까지의 지브리 작품과는 다른 이미지를 줄 수 있다. 마로도 무의식적으로 그런 작품을 만들고 싶다는 욕구가 있을 테니까 그것을 끌어내면 좋지 않을까?'

그렇게 생각했지만 지나친 참견인 것 같아 최종적으로는 현장에 맡기기로 했다.

그런데 주제가를 부른 프리실라 안을 둘러싸고 약간의 쟁탈전이 발생했다. 실은 지브리에서 「추억의 마니」를 제작할 무렵, 미야자키 고로는 지브리를 떠나 NHK에서 TV 애니메이션인 「산적의 딸 로냐」를 만들고 있었다. 그때 지브리의 팬인 프리실라 안이 일본에 오기로 되어 있었다. 지브리 미술관에서 콘서트를 하기로 한 것이다. 그 말을 들은 고로와 니시무라가 동시에 그녀에게 주제가를 맡기고 싶다고 말했다. 나는 「산적의 딸 로냐」 쪽에서 그런 이야기가 진행되고 있다는 말을 듣고 니시무라에게 조언했다.

"당장 미국으로 날아가게. 먼저 말한 자가 장땡이니까!"

---

41 같은 음을 같은 속도로 여러 번 치면서 연주하는 주법.

니시무라는 1박 3일의 빡빡한 일정으로 미국에 가서 그녀를 만나 약속을 얻어냈다.

얼마 후에 고로가 그 사실을 알고 불평을 했다.

"너무하시는군요, 저희 쪽에서도 검토하고 있었는데……."

그때 떠오른 사람이 「센과 치히로의 행방불명」에서 유바바 역을 맡은 이후 계속 교류해왔던 나쓰키 마리였다. 언젠가 그녀가 보내준 데모 테이프 속 노래를 들어보니 너무나 멋진 게 아닌가. 「산적의 딸 로냐」에 딱 어울릴 것 같아서 고로에게 주었더니, 그도 마음에 들어 해서 갈등을 피할 수 있었다.

하지만 「추억의 마니」의 홍보는 생각대로 잘되지 않았다. 「너의 이름은」의 히트를 봐도 알 수 있듯이, 요즘 사람들은 광고 냄새가 나는 것을 싫어해서 SNS에 의한 입소문이 가장 큰 홍보 효과를 발휘한다. 그런 경향은 「추억의 마니」 때부터 조금씩 나타나고 있었다. 나는 홍보팀에게 그 점을 특히 강조했다. 현실 세계에서 '이야깃거리'를 만들고, 그것을 소셜 미디어 쪽으로 보내서 화제로 만들어보자. 이번에는 그런 방식의 시금석이 되리라고 말한 것이다.

하지만 결과적으로 홍보는 잘되지 않았다. 옛날식 홍보가 유효했기 때문이기도 하지만, 가장 큰 원인은 영화 홍보에 관여한 사람이 인터넷이나 소셜 미디어를 잘 몰랐기 때문이다. 두고두고 아쉬운 부분이다.

판타지는 어디로 가는가?

내가 직접 관여한 작품이 아닌 탓에 「추억의 마니」에 관해서는 어떻게 생각했었다는 정도일 뿐 할 수 있는 이야기가 많지 않다. 하지만 그렇게 하기로 결정한 사람도 나이므로 어쩔 수 없다.

완성된 영화를 봤을 때는 역시 만족스럽지 않았다.

"내가 처음에 생각한 마니와는 상당히 동떨어졌군. 원작을 존중한다는 게 이런 것인가?"

나는 니시무라와 마로에게 솔직하게 말했다. 물론 마로에게는 훌륭한 연출 능력이 있다. 다른 스태프들도 최선을 다했다. 그래서 어느 정도의 퀄리티는 유지되었다. 하지만 어중간하다는 느낌을 뿌리칠 수 없었다.

흥행 역시 만족스럽지 못했다. 하지만 사실 처음부터 난 이 영화가 흥행할 것이라고 생각하지 않았다.

흥행이 어렵다고 본 이유는 영화의 완성도나 홍보 방식 때문이 아니다. 그보다 더 큰 문제, 즉 세상이 근본적으로 전환기에 접어들었기 때문이다. 구체적으로 말하면 애니메이션에서 판타지 세계를 그리고 그곳에서 현실 세계를 돌아본다는 수법, 이른바 우화적인 영화에 다들 싫증을 내기 시작했다. 제작을 잠시 쉬는 직접적인 이유는 미야의 은퇴이지만, 배경에는 그런 세상의 움직임이 자리한다.

그런 와중에 「추억의 마니」가 건투한 이유는 두 가지다. 하나는 관계자의 노력과 지금까지 지브리가 키워온 신뢰 덕분이고, 또 하나는 중년 아저씨들 중에 이 작품을 좋아하는 사람이 많았던 덕분이다. 후자의 이야기를 듣고는 나도 깜짝 놀랐다.

하지만 그 이유는 알 수 있을 것 같다. 중년에 접어들면 누구나 자신의 미래가 보인다. 미래가 밝은 사람은 한정되어 있고, 그렇지 않은 사람이 압도적으로 많다. 내가 아는 범위 안에서, 인생이 원만한 사람 중에 이 작품이 좋다고 말한 사람은 아무도 없다. 미래가 뻔히 보이는 사람들이 이 영화를 좋아했다. 이 작품에 약자에게 다가가는 따뜻함이 깃들어 있기 때문이다.

지금의 젊은 사람은 드라마 안에 있는 '거짓'을 원하지 않는다. 옛날이라면 "어?"라고 하면서 뜻밖의 전개에 기뻐했을 텐데, 이미 그런 것에는 놀라지 않는다. 어쩌면 이야기 자체를 믿지 않을지도 모른다.

그들은 현실을 움직이는 원칙밖에 믿지 않는다. 공상 안에 흐르는 원칙은 믿지 않는 것이다.

하지만 미야자키 하야오는 다르다. 그가 그리는 세계는 판타지라는 말이 어울리지 않을 만큼 현실감이 존재한다. 하나의 시퀀스 안에 기승전결이 있고 스토리가 있다. 조용한 시간을 만들고 그곳에서 갑자기 강력하게 장면이 전개된다. 그 낙차 안에서 거짓 세계에 무서우리만큼 현실감이 태어난다. 그것이 아이들을 정신없이 만드는 점으로, 그런 영향력을 생각하면 오히려 두려울 정도다.

판타지는 앞으로 어디로 나아갈까? 그것은 나도 잘 모른다. 다만

「추억의 마니」는 현실 세계에서 괴로워하는 사람들에게 조금이라도 위로가 되기를 바라면서 만든 기획이었다. 현실적인 해결책은 제시하지 않을지도 모른다. 하지만 "지금 괴로워하는 사람은 당신만이 아니에요"라고 다정하게 안아줄 수는 있다.

여담이지만 미야 감독은 친절하다고 할까 오지랖이 넓다고 할까, 지금까지 젊은 사람의 작품에 입도 내밀고 손도 내밀었다. 그런데 이번에는 계속 참으면서 현장에 다가가지 않았다. 그런데 마로가 그린 제1탄 포스터를 봤을 때는 도저히 참을 수 없었는지 크게 화를 냈다.

"마로 녀석, 이런 미소녀 그림만 그리고!"

그 무렵, 미야는 지브리 미술관에서 개최하는 「호두까기 인형과 쥐의 임금님 전」이라는 전시회를 준비하고 있었다. 그 포스터에 주인공 마리 그림을 그리게 되었는데, 자세히 보면 마리도 마니와 비슷한 네글리제를 입고 있다. 마로의 마니는 살짝 요염한 미소를 지으며 어딘지 모르게 교태부리는 듯한 모습이다. 반면에 미야의 마리는 똑바로 서서 밝은 얼굴로 앞을 향해 걷고 있다. "나라면 마니를 이렇게 그렸을 거야"라는 미야의 도전장인 셈이다.

미야는 그런 사람이다. 젊은 사람에게도 항상 라이벌 의식을 가지고 도전한다. 은퇴 선언 따위는 이미 어딘가로 날려보냈다. 그런 다음에 미술관용 단편인 「털벌레 보로」 제작에 착수하고, 마침내 장편도 준비하기 시작했다.

한편 「추억의 마니」를 끝낸 마로는 지브리를 떠나 니시무라와 같이 새로운 스튜디오를 만들어 「메리와 마녀의 꽃」 제작에 착수했다. 언젠가 마로는 자신의 신작에 대해 이렇게 말했다고 한다.

"앞으로의 시대를 살아가는 아이들, 그리고 이미 20세기의 마법이 통하지 않는 세계에서 살아가는 우리들의 이야기입니다."

철저한 직업 연출가가 될지, 그 앞에 있는 새로운 영역에 도전할지……. 지금은 그가 어디를 향할지 즐겁게 지켜보고 있다.

지브리의 천재들이
처음이자 마지막으로 나눈 대담

– 2014년 어느 잡지사의 대담 중에서

스즈키	우리 셋이 모여 특별 대담을 하는 건 처음이군요. 어쩌면 마지막이 될지도 모르겠습니다. 올해는 지브리 창립 30주년이군요. 지난해에는 미야자키 하야오 감독의 「바람이 분다」, 그리고 다카하타 이사오 감독의 「가구야공주 이야기」를 개봉하고 미야 씨가 은퇴 선언을 하는 등 굉장히 바쁜 한 해를 보냈습니다. 그래서 오랜만에 세 명이 얼굴을 마주하고 이야기를 하려고 합니다.
	두 분의 작품을 같은 해에 개봉한 건 1988년에 「이웃집 토토로」, 「반딧불이의 묘」를 개봉한 이후에 처음이지요. 「가구야공주 이야기」의 제작이 8년이나 걸리면서 생긴 우연입니다.
다카하타	그런 말을 종종 듣습니다만, 8년간 계속 「가구야공주 이야기」에만 전념했던 건 아닙니다. 지금으로부터 50여 년 전 도에이동화에 다니던 시절, 우치다 도무 감독님께서 「다케토리 이야기」를 만화영화로 만들겠다고 했을 때, 기획서를 쓴 적이 있지요. 그런데 8년 전에 스즈키 씨 사무실에 갔을 때, 불현듯 그 기획서가 떠올랐습니다. "「다케토리 이야기」에서는 가구야공주가 왜 달에서 왔는지 쓰여 있지 않네. 이런 관점에서 영화를 만들면 재미있지 않겠나?" 하고 말한 것이 기억납니다.
	그때만 해도 내가 감독을 하겠다는 마음은 조금도 없었

315

어요. 좋은 기획이니까 누가 만들어도 재미있을 테고, 나는 왕조(王朝) 이야기를 좋아하지도 않고요.

스즈키   그때 다카하타 씨가 이렇게 말했지요. "「다케토리 이야기」는 일본에서 가장 오래된 이야기니까 누군가가 제대로 영화로 만들어야 하지 않겠나?"라고요. 그래서 "다카하타 씨가 그 누군가가 되지 않겠습니까?"라고 말했더니, 알겠다고 하시지 않더군요. 그저 한숨처럼 "하아……" 했을 뿐이죠(웃음).

막상 제작에 들어가자 다카하타 씨는 본인이 신뢰하는 소수정예만으로 진행하는, 지브리로서는 매우 이례적인 방법을 취했습니다. 조금씩이라도 만들어나가면 어느 순간에 완성되리라고 생각했는데, 어느 날 니시무라 프로듀서가 그러더군요. 이대로 가면 20년이 걸릴지도 모른다고요. 결국 「바람이 분다」와 같은 날 개봉하려고 했던 계획은 무산되고 11월에 개봉하게 되었지요(웃음).

미야자키   소수정예라는 말은 거짓말입니다. 자신에게 없는 재능을 가진 사람은 많지만 자신이 원하는 소수정예는 존재하지 않으니까요. 지금 그 자리에 있는 사람으로 작업할 수밖에 없습니다.

다카하타   지금까지 지브리를 지탱해온 두 사람을 앞에 두고 이런 말을 하기는 좀 그렇지만, 내게는 「다케토리 이야기」를 소재로 한 영화를 만들면 되는 게 아니라 목표를 달성하는 게 더 중요했습니다. 그렇게 생각했더니 '진행'이라는 부분에 신경을 쓰지 못하게 되더군요. 회사 측에서 "도대체 뭐 하는 거야?"라고 화를 내는 것도 당연합니다. 하지만 이쪽으로선 대답할 도리가 없었지요.

미야자키   파쿠 씨는 항상 그랬잖습니까?(웃음). 매주 방송하는 TV 시리즈를 같이 만들었을 때도 파쿠 씨는 프로듀서를 붙잡고 "이 작품을 TV 시리즈로 만드는 게 얼마나 무모한지 아나? 그 이유는……"이라고 끊임없이 주장했지요. 이미 제작이 시작되어 현장은 움직이고 있는데 말입니다.

다카하타   그 무렵부터 미야 씨는 항상 앞일을 생각했지요. "이렇게 시간이 걸리는 일을 하면 안 돼"라고 하면서요. 나는 "아무리 앞일을 생각해도, 될 대로 되는 법이지"라는 타입이고요. 그런 점이 크게 달랐습니다.

스즈키   미야 씨는 왜 그렇게 앞일까지 생각하시나요?

미야자키   애니메이션은 공동작업이니까요. 우리가 시간을 많이 들이면 다음 파트를 담당할 사람이 곤란하잖습니까? 가령 장편을 제작할 때는 맨 먼저 종이에 줄을 그어서 일정을 써넣지요. 2014년부터 준비한다고 하면 2015

년, 2016년 정도까지 시나리오를 쓰고, 그때부터 작화에 들어갑니다. 이때 일할 수 있는 스태프가 얼마나 있는지를 써넣습니다. 그러면 2년간의 운명을 확실히 알게 되지요. 그때부터는 스케줄에 맞추어서 매일 작업을 진행할 따름입니다. 그다음 일은 생각하지 않아요.

스즈키 아주 엄격하시군요. 아침에 일어나서 지브리 스튜디오에 올 때까지 샤워타월로 몸을 북북 닦고, 산책하고, 커피를 마시고, 전부 루틴이 정해져 있지요? 저는 절대로 그렇게 할 수 없습니다.

미야자키 나이를 먹으면 누구나 그렇게 됩니다. 규칙적으로 살지 않으면 일의 페이스를 유지할 수 없지요.
뭐, 파쿠 씨가 게으름뱅이고 내가 부지런한 건 틀림없는 사실입니다. 안 그런가요, 스즈키 씨?

스즈키 ……(침묵).

미야자키 그렇다고 하지 않는군요(웃음).

다카하타 미야 씨가 너무 부지런한 겁니다.

스즈키 그나저나 두 분이 애니메이션을 만든 지 벌써 50년이 넘었잖습니까? 다카하타 씨가 도에이동화에 입사하신 게 1959년이지요. 미야 씨는 4년 후인 1963년에 입사하셨고요. 그리고 1968년에 다카하타 씨가 「태양의 왕자 호루스의 대모험」으로 데뷔하셨습니다. 미야 씨는 그

318

작품에 원화로 참여하셨고요.

다카하타　요즘의 젊은 연출가나 애니메이터들은 새 작품을 만들기 힘들 겁니다. 미야자키 작품이 이미 우뚝 솟아 있으니까요. 우리가 젊었을 때는 아무도 하지 않은 것들이 많이 남아 있었지요. 디즈니에는 굉장한 작품이 많이 있지만, 우리의 지향점과 달라서 별로 신경 쓰이지 않았습니다.

미야자키　아니요, 저는 꽤 신경이 쓰였습니다(웃음). 우리 작품을 만들기 전에 참고용 시사라고 해서 디즈니 작품을 빌려와 스튜디오에서 상영회를 했지요. 그걸 보고 제 자리로 터벅터벅 돌아와 제가 그린 그림을 보니 너무 한심하는 생각이 들더군요. 그 차이를 어떻게 메워야 할까 매일 고민했습니다.

다카하타　당시의 디즈니 작품은 그만큼 완성도가 높았습니다. 더구나 혁신적인 시도를 많이 했지요. 그때까지는 연필선을 따라 펜으로 그림을 그렸는데, 「101마리 달마시안」에서는 복사기를 사용한 복사로 바뀌었더군요. 그러기 전에 시험적으로 단편을 만들었지만요.

미야자키　진화한다고 하면 일정 방향을 향한다고 생각하기 쉽지만 꼭 그렇지는 않습니다. 여러 방향으로 갈라져서 언뜻 보기에 오래되거나 단순하게 보이는 수법도 실은 다른 의미로 진화시킬 수 있고, 새로운 표현이 될 수 있으니까요. 물론 그걸 전부 장편 영화에서 사용할 수는 없지만요.

다카하타　「바람이 분다」에서 제로센의 프로펠러 소리, 기관차의 증기 소리, 자동차의 엔진 소리를 모두 사람의 목소리로 표현했지요?

미야자키　제로센의 엔진 소리는 이미 없으니까요. 지금의 비행기 소리는 옛날 엔진 소리가 아니라서 사용할 수 없고요. 어차피 소리를 재현하는 건 불가능하니까 아예 포기하고 사람의 목소리로 만들기로 했습니다. 마이크와 스피커를 잘 이용하면 여러 소리가 나오니까 그쪽이 더 좋다고 판단했지요.

다카하타　그건 참 재미있었습니다. 단순한 기계 소리가 아니라서 그런지 인간미가 느껴지더군요. 특히 놀라웠던 건 엔진이 폭발하는 소리와 관동대지진의 땅울림 소리였습니다. '울린다'는 말에는 신의 분노와 통하는 느낌이 있는데, 인간의 목소리를 통해서 대단히 멋지게 표현했더군요.

스즈키　그때 흥미로웠던 점은 음악을 담당했던 히사이시 조 씨의 지적이었습니다. 효과음은 음악에 방해가 되지 않지만 인간의 목소리는 음악과 부딪친다고 하더군요. 즉,

목소리로 넣은 효과음은 일종의 음악이기도 한 겁니다.

미야자키 그건 예리한 지적이었습니다. 그래서 음악과 부딪치지 않도록 타이밍을 조절하거나 음량을 조정했지요. 「바람이 분다」에서 관동대지진을 그릴 때, 지진의 소리는 무엇일까 하는 생각이 들더군요. 동일본대지진이 일어났을 때 내 아틀리에에서 어떤 소리가 들리는지 귀를 기울여보았는데 선반에서 물건이 떨어지는 소리만 시끄럽게 들릴 뿐 매우 조용했던 것이 기억납니다.

다카하타 인간의 감각은 참 신기해서 눈이나 귀로 느낀 것이 반드시 현실과 일치하지는 않습니다. 반대로 말하면 인간은 실제로 일어난 것보다 더 많은 걸 느낀다고도 할 수 있겠지요.

스즈키 이런 말씀을 드리면 깜짝 놀라시겠지만 「바람이 분다」는 작년 흥행성적 1위로 120억 엔의 흥행 수입을 올렸음에도 손익분기점에 도달하지 못했습니다.

미야자키 그 말을 듣고 경악했습니다. 한 시대가 끝났다는 생각이 들더군요. 영화를 만드는 데 돈이 너무 많이 들게 된 건 사실입니다.

스즈키 「바람이 분다」와 「가구야공주 이야기」의 두 작품에, 보통 일본 영화를 백 편쯤 만들 수 있는 제작비가 들었습니다. 그 막대한 제작비는 두 분의 퇴직금이라고 할 수 있을까요?

「가구야공주」의 제작 책임자는 고 우지이에 세이치로 닛폰 TV 회장님이지요. 우지이에 회장님은 다카하타 씨 작품에 반해서, 본인이 저세상에 갈 때 선물로 가져 갈 작품을 만들어달라고 하면서 협조해주셨습니다. 영화의 완성을 보지 못하고 세상을 떠나신 게 너무도 안타깝습니다.

다카하타   정말 가슴 아픈 일입니다. 그저 고맙단 말밖에 드릴 말씀이 없습니다.

스즈키   작년에 미야 씨가 은퇴하겠다고 하셨지요. 앞으로는 마음대로 작품을 만드실 수 있습니다. 앞으로 어떤 작품을 만드실 거죠?

미야자키   지금은 정말로 몸도 마음도 텅 빈 상태입니다. 아이디어가 머리를 스쳐도 글로 쓰려는 생각이 들지 않아요. 지금은 그저 협심증을 잘 다스리면서, 취미로 마감이 없는 만화를 그릴 따름입니다.

다카하타   저 역시 요즘은 영화는 뒷전으로 돌리고 매일 인생을 즐기고 있습니다. 나뭇잎이 떨어지는 모습만 봐도 즐겁더군요. 집 근처에 있는 공원에 온갖 새들이 놀러 오는데, 가끔 쇠딱따구리 같은 신기한 새가 오기도 하지요. 그것만 보아도 즐겁습니다.

미야자키   저도 틈만 나면 산책을 하고 있습니다. 산책 도중에 근처에 있는 무덤에 가서, 부모님을 비롯해 그동안 신세 진 분들에게 기도를 하기도 합니다. 만난 적이 없어도 글을 통해 제 눈을 뜨게 해주신 분들을 위해서도 기도하고요. 역사 소설가인 시바 료타로 씨나 식물학자인 나카오 사스케 씨, 고고학자인 후지모리 에이이치 씨 등등……

다카하타   그렇게 경건한 일을 하다니. 난 그런 건 생각해본 적도 없습니다. 그분들이 미야 씨를 위해서 글을 쓴 게 아니 잖습니까?

미야자키   하지만 은혜는 입었으니까요. 그래서 산책하는 도중에 절하기 시작하면 아내는 재빨리 먼저 가버리죠(웃음). 그리고 아틀리에 옆에 지브리에서 만든 어린이집이 있는데, 그 아이들의 성장을 보는 게 크나큰 즐거움입니다. 이름과 얼굴이 일치하지 않는 꼬맹이들이 많이 있는데, 어느 날 갑자기 단순한 꼬맹이가 아니라 확고한 존재로서 눈앞에 나타나기도 하지요. 그때 방심해서는 안 됩니다.

다카하타   그런 때는 어떻게 대응해야 하나요?

미야자키   그저 빙긋이 웃지만 말고 제대로 대응해야 합니다. 그 순간, 아이의 행동은 180도 달라지니까요. 이제 방심하고 살아선 안 된다고 긴장에 휩싸이는 게 재미있습니다. 그 순간을 놓치면 다시는 오지 않지요.

다카하타　늙은이에게는 얻기 힘든 즐거움이군요.

미야자키　하하하. 요전에 영국의 『호두까기 인형』이라는 좋은 그림책을 한 여자아이에게 줬더니 아주 좋아하더군요. 그런데 인터넷에서 진짜 호두까기 인형을 살 수 있다는 걸 알고 그 애에게 선물하기로 했지요. 아내에게 그 얘기를 했더니 "우리 손자에게도 사줘요"라고 하지 뭡니까? 남자아이에게 인형을 선물하기는 좀 그랬지만 아내의 말에 반항할 수는 없었지요. 그런데 어느새 스태프의 아이에게도 주기로 되어서, 결국 여덟 개나 샀답니다.

다카하타　미야 씨, 그럴 때는 태연하게 편애해야 합니다.

미야자키　제가 처음에 선물하려고 한 여자아이는 이번 생일에 다섯 살이 되는데, 제게 편지를 써주었습니다. "다음에 몰래 호두를 넣어볼래요. 호두까기 인형은 아직 꿈에는 나오지 않았습니다"라고요. 물론 진짜로 호두를 넣으면 인형이 망가지지요. 그런데 그 아이는 호두를 꼭 넣어보고 싶어 하는 것 같더군요. "아직 꿈에는 나오지 않았습니다"라는 말도 멋지지 않습니까?

스즈키　행복한 일상이시네요. 저는 지금까지 나온 지브리 작품을 블루레이로 만들기 위해 최근에 모든 작품을 다시 보고 있습니다.

다카하타   뭐가 재미있었나요?(웃음)

스즈키   볼 때마다 당시의 일들이 떠올라서 작품에 몰입할 수 없더군요. 어쩌면 이 세상에서 지브리 작품의 재미를 가장 모르는 사람이 제가 아닐까요? 마지막 질문인데, 두 분은 서로의 작품 중에서 뭐가 가장 좋습니까?

다카하타   나는 「이웃집 토토로」가 가장 좋습니다.

미야자키   전 「알프스 소녀 하이디」입니다. 저도 참여했지만, 그건 역시 다카하타 이사오의 작품이지요. 더 제대로 평가를 받아야 하는데, 그러지 못해 화가 납니다.

다카하타   나는 아무래도 상관없지만 「알프스 소녀 하이디」는 천지인, 즉 시기와 환경과 사람의 3박자가 모두 맞았던 작품이었지요.

미야자키   그런 일은 평생에 한 번 있을까 말까 합니다. 일정이 굉장히 빡빡해서 외주로 내보낸 일을 오늘 받지 않으면 스케줄을 맞출 수 없는 날에 폭설이 내린 적이 있지요. 그때 "타이어체인을 살 수 없는데 어떡하지?"라고 야단법석을 피운 것이 기억납니다. 그런 작품을 만날 수 있어서 정말로 행운이었습니다.

교정쇄를 읽으면서 깜짝 놀랐다. 분명히 내가 경험한 일들인데, 자세한 부분이 거의 기억나지 않는다. 어떻게 된 거지? 가벼운 건망증에 걸린 걸까? 정말로 내가 경험한 일일까? 마치 역사적 인물의 사건들을 읽은 듯한 기분이 들었다.

이 책은 내가 지브리에 관해 쓴 세 번째 책이다. 일정이 바빠 인터뷰 형식으로 진행한 뒤 편집자의 도움을 받긴 했지만, 인터뷰어를 상대로 말할 내용과 주제를 미리 정해놓았다. 한 작품에 소요된 시간은 두 시간. 총 스무 편의 작품에 대해 말했으니 무려 48시간이나 이야기를 쏟아낸 셈이다. 그 결과 다카하타 이사오와 미야자키 하야오라는 두 천재에 대해 깊이 생각할 수 있었고, 지브리가 걸어온 길에 대해서도 다시금 정리할 수 있었다.

이 책에는 「가구야공주 이야기」가 빠져 있다. 정리된 원고를 읽어보고 깨달았다. 아직 내 마음속에서 이 작품에 대해 충분히 정리되지 않았다는 사실을. 2년 전 세상을 떠난 다카하타 감독에 대한 그리움 때문일지도 모르겠다.

말한다는 것은 참 무서운 일이다. 지금까지 경험에 비추어볼 때 말을 하고 나면 그 순간 기억이 날아간다. 더는 말할 필요가 없다고, 더는 말하지 않겠다고 스스로 다짐하는 이유다.

2022년, 미야자키 하야오 감독의 신작 「그대들, 어떻게 살 것인가」가 개봉될 예정이다. 천재의 귀환을 환영한다.

스즈키 도시오

• 일러두기 •

이 책은 문춘신서 시리즈 문고인 『지브리의 교과서』 1~20에 실린 『땀투성이의 지브리사』(인터뷰·구성 시마자키 교코, 야나기바시 간)와 《문예춘추》 2014년 2월호에 실린 '스튜디오 지브리 30년 첫 대담'을 가필, 수정하고 편집한 것입니다.

• 책에 실린 포스터는 다음과 같습니다.

「바람계곡의 나우시카」	ⓒ1984 Studio Ghibli·H
「천공의 성 라퓨타」	ⓒ1986 Studio Ghibli
「이웃집 토토로」	ⓒ1988 Studio Ghibli
「마녀 배달부 키키」	ⓒ1989 가도노 에이코·Studio Ghibli·N
「추억은 방울방울」	ⓒ1991 오카모토 호타루·도네 유코·Studio Ghi-bli·NH
「붉은 돼지」	ⓒ1992 Studio Ghibli·NN
「귀를 기울이면」	ⓒ1995 히이라기 아오이/슈에이샤·Studio Ghib-li·NH
「모노노케 히메」	ⓒ1997 Studio Ghibli·ND
「센과 치히로의 행방불명」	ⓒ2001 Studio Ghibli·NDDTM
「하울의 움직이는 성」	ⓒ2004 Studio Ghibli·NDDMT
「벼랑 위의 포뇨」	ⓒ2008 Studio Ghibli·NDHDMT
「마루 밑 아리에티」	ⓒ2010 Studio Ghibli·NDHDMTW
「코쿠리코 언덕에서」	ⓒ2011 다카하시 치즈루·사야마 데쓰로·Studio-Ghibli·NDHDMT
「추억의 마니」	ⓒ2014 Studio Ghibli·NDHDMTK

옮긴이 이선희

1962년 서울에서 태어나 부산대학교 일어일문학과를 졸업하고 한국외국어대학교 교육대학원 일본어교육과에서 수학했다. KBS 아카데미에서 일본어 영상번역을 가르치면서, 외화 및 출판 번역작가로 활동하고 있다. 옮긴 책으로는 기스 유스케의 , 『검은 집』, 히가시노 게이고의 『공허한 십자가』, 『비밀』, 『방황하는 칼날』, 나쓰카와 소스케의 『책을 지키려는 고양이』, 사와무라 이치의 『보기왕이 온다』, 아사다 지로의 『천국까지 100마일』 등이 있다.

전 세계 1억 명의 마니아를 탄생시킨
스튜디오 지브리의 성공 비결

지브리의 천재들

초판 1쇄 발행 2021년 3월 15일
초판 7쇄 발행 2023년 11월 13일

지은이 스즈키 도시오
옮긴이 이선희
펴낸이 김선준

책임편집 임나리 **편집1팀** 배윤주, 이주영 **디자인** 김세민
마케팅 권두리, 이진규, 신동빈 **홍보** 한보라, 이은정, 유채원, 유준상, 권희, 박지훈
경영관리 송현주, 권송이

펴낸곳 (주)콘텐츠그룹 포레스트 **출판등록** 2021년 4월 16일 제 2021-000079호
주소 서울시 영등포구 여의대로 108 파크원타워1 28층
전화 02) 332-5855 **팩스** 070) 4170-4865
홈페이지 www.forestbooks.co.kr
종이 (주)월드페이퍼 **출력·인쇄·후가공·제본** 더블비

ISBN 979-11-89584-88-7 03320

(주)콘텐츠그룹 포레스트는 독자 여러분의 책에 관한 아이디어와 원고 투고를 기다리고 있습니다. 책 출간을 원하시는 분은 이메일 writer@forestbooks.co.kr로 간단한 개요와 취지, 연락처 등을 보내주세요. '독자의 꿈이 이뤄지는 숲, 포레스트'에서 작가의 꿈을 이루세요.